国家社会科学基金项目成果（18BGL268）

U0514498

农村电商生态系统中农产品上行的阻滞与疏通机制研究

雷兵 著

中国财经出版传媒集团

经济科学出版社

Economic Science Press

北京

图书在版编目（CIP）数据

农村电商生态系统中农产品上行的阻滞与疏通机制研究/雷兵著． --北京：经济科学出版社，2023.7

ISBN 978 - 7 - 5218 - 5004 - 8

Ⅰ.①农…　Ⅱ.①雷…　Ⅲ.①农村 - 电子商务 - 研究 - 中国　Ⅳ.①F724.6

中国国家版本馆 CIP 数据核字（2023）第 146420 号

责任编辑：于　源　陈　晨
责任校对：蒋子明
责任印制：范　艳

农村电商生态系统中农产品上行的阻滞与疏通机制研究

雷　兵　著

经济科学出版社出版、发行　新华书店经销

社址：北京市海淀区阜成路甲 28 号　邮编：100142

总编部电话：010 - 88191217　发行部电话：010 - 88191522

网址：www. esp. com. cn

电子邮箱：esp@ esp. com. cn

天猫网店：经济科学出版社旗舰店

网址：http://jjkxcbs. tmall. com

北京季蜂印刷有限公司印装

710×1000　16 开　19.25 印张　326000 字

2023 年 7 月第 1 版　2023 年 7 月第 1 次印刷

ISBN 978 - 7 - 5218 - 5004 - 8　定价：78.00 元

（图书出现印装问题，本社负责调换。电话：010 - 88191545）

（版权所有　侵权必究　打击盗版　举报热线：010 - 88191661

QQ：2242791300　营销中心电话：010 - 88191537

电子邮箱：dbts@ esp. com. cn）

▶ 前 言 ◀

本书将农产品上行纳入农村电商生态系统的范畴，研究其系统结构、物种构成、物种关系以及演化过程，为农产品上行阻滞与疏通机制研究提供分析框架。本书提出，农村电商生态系统主要有龙头企业主导型、电商企业主导型和中小网商聚集型等三种结构，物种类型主要包括领导物种、关键物种和支持物种，物种关系主要包括互利关系、竞争关系、捕食关系和寄生关系，演化过程分为产生领导物种、引入关键物种和完善支持种群三个阶段。

本书按照价值链分析方法，将农产品上行分为农产品开发、供应链管理和电商销售等基本活动以及财务管理、人力资源管理和管理信息系统等辅助活动。依据生态系统理论提出农产品上行三大功能——产品流动、价值增值和信息传递，由此定义农产品上行畅通度概念，从三个维度分析阻滞致因，然后建立仿真模型分析阻滞机理。本书提出，农产品上行阻滞致因复杂多维，任一环节的产品流、信息流或价值流梗阻均将导致农产品上行阻滞，各类物种健全成熟、物种关系相互协调才能保障农产品上行畅通。

本书针对当前农产品上行中产品同质化严重、供应链效率低下、电商流量成本高等关键阻力，将其致因视为物种间关系不协调，即生产者与消费者、流通者与消费者、电商企业与电商平台之间存在捕食关系或寄生关系而非互利关系，提出在数字农业环境下，各物种间通过数字化紧密连接为物种关系转变提供了可能性。本书提出，通过基于电商平台大数据的农产品开发、大数据背景下农产品智慧供应链构建、面向小微经营者的农产品社区O2O模式创新等策略，将关键物种之间的关系转变为互利关系。

本书针对当前农产品上行中流通环境不完善的现状，分别从农村电商生态系统的"电力设施""交通枢纽""配套服务""生命之源"等维度提出了完善农村网络基础设施、健全农产品物流配送网络，优化县域电商公共服务体系，培育农村电商人才市场等四大保障措施。

本书一共包含8章，第1章介绍本书的研究背景，第2章阐述本书的理论基础，第3章对电子商务赋能农产品上行的现状进行调查研究，第4章研究面向农产品上行的电商生态系统构建机制，第5章揭示农村电商生态系统中农产品上行的阻滞机理，第6章探讨了农村电商生态系统中农产品上行的疏通策略，第7章提出农村电商生态系统中农产品上行的保障措施，第8章阐述本书的研究结论和进一步的研究方向。

本书的研究得到了国家社会科学基金的资助（项目号：18BGL268）以及河南省高校人文社会科学重点研究基地——河南工业大学物流研究中心的支持。另外，本书在选题及研究过程中，吸收了大量同行专家的宝贵意见，特此致谢。

因水平有限，书中难免存在疏漏或错误之处，敬请读者指正。

▶ 目　录 ◀

第1章 绪 论

1.1 研究背景

电子商务活动中农产品上行畅通，对于加快推进农村流通现代化、助力乡村振兴具有十分重要的现实意义。2014 年以来，连续八年的"中央一号文件"都涉及部署农村电子商务工作的相关内容，尤其是 2018 年开始聚焦农产品上行，"重点解决农产品销售中的突出问题"，要求"大力建设具有广泛性的促进农村电子商务发展的基础设施，鼓励支持各类市场主体创新发展基于互联网的新型农业产业模式，深入实施电子商务进农村综合示范，加快推进农村流通现代化"。在扶持政策方面，商务部于 2014 年开始实施"电子商务进农村"综合示范工程，截至 2020 年已累计支持 1338 个县；农业农村部于 2019 年开始实施"互联网＋"农产品出村进城工程，目标是 2025 年实现全国主要农业县全覆盖。这些政策的出台大大推动了农村电子商务的发展。

农村电子商务主要包括工业品下行（即城市的工业品销往农村）和农产品上行（即农村的农产品销往城市）两部分，根据商务部统计数据①，2020 年，中国农村地区网络购物（即工业品下行部分）总额为 16318 亿元，而农产品网络零售（即农产品上行部分）总额为 4158 亿元，仅占工业品下行的 25.5%，且六成以上来自东部地区。这充分说明农村电子商务中工业品下行已具备一定基础，但对于推动农业供给侧结构性改革、促进农村一二三产业融合发展的农产品上行问题尚未根本解决。

实际上，农产品上行并非简单地让农民网上开店，而是一项复杂的系

---

① 商务部电子商务和信息化司. 中国电子商务报告 2020［M］. 北京：中国商务出版社，2021.

统工程，既需要电商基础设施、物流配送体系、公共服务体系等环境条件，又需要农产品生产者、加工企业、供应链服务商、电商企业、电商交易平台等多方协作，更要有完善的生态系统。从全国各地实践看，农产品上行中存在标准、品牌、质量安全等方面的问题，低价同质竞争现象严重，物流基础设施不健全，供应链体系不完善，农村电商人才缺乏，农户参与电子商务的难度较大，而这归根结底是农产品上行阻滞，流通不畅。"头疼医头脚疼医脚"的局部施策，虽有"短效"，但更需构建农村电商生态系统，将农产品上行纳入农村电商生态系统的范畴，揭示农产品上行的阻滞机制，探寻疏通之道，方能更见"长效"。为此，本书以"农村电商生态系统中农产品上行的阻滞与疏通机制研究"为题目，展开系统深入研究。

1.2 研究目的及意义

1.2.1 研究目的

1. 剖析农村电商生态系统构成

农产品上行畅通需要有完善的农村电商生态系统作为支撑。因此，本书的首要目的是厘清农村电商生态系统的基本内涵、种群及其关系、演化机制等，进而构建农村电商生态系统概念模型，形成农产品上行研究的理论基础。

2. 揭示农产品上行的阻滞机制

农产品上行受阻的原因已有大量研究文献，但多以单一视角为主，难以获得全面系统地认识。为此，本书将农产品上行视为一个复杂的生态系统，找出评价农产品上行畅通程度的维度及指标，进而揭示农产品上行阻滞机制。

3. 分析农产品上行的疏通策略

在揭示阻滞机制的基础上，针对农产品上行受阻的关键环节和关键因素，依据乡村振兴、数字经济等战略，从农产品开发、供应链管理和电商销售等方面讨论有利于农产品上行疏通的模式和策略。

4. 提出农产品上行的保障措施

农产品上行置身于农村电商生态系统，除了农产品开发、供应链管理和电商销售等关键环节外，生态系统的环境和氛围营造也十分重要。因此，本书将从农村信息基础设施、农产品物流配送网络、县域电商公共服务体系、农村电商人才市场等方面提出农产品上行畅通的保障措施。

1.2.2 研究意义

1. 理论意义

（1）拓展生态系统理论应用领域。本书基于生态系统、价值链、供应链、合作博弈等理论，构建农村电商生态系统，将农产品上行问题纳入农村电商生态系统的范畴研究，对于拓展生态系统理论的应用领域具有重要意义。

（2）丰富农村电子商务理论知识。本书基于农村电商生态系统视角，提出并定义农产品上行畅通度概念，分析农产品上行的阻滞机制，提出农产品上行的疏通策略和保障措施，对于丰富农村电子商务理论知识具有重要意义。

2. 实践意义

（1）为解决农产品上行难提供理论支持。本书通过构建农村电商生态系统，揭示农产品上行阻滞根源，提出农产品上行疏通策略，有利于打通农村与城市的双向通道，弥补农村基础设施欠账，解决农产品电商销售中的突出问题，促进农村一二三产业融合发展。

（2）为政府出台政策文件提供决策参考。本书基于农村电商生态系统视角，从农村信息基础设施、农产品物流配送网络、县域电商公共服务体系、农村电商人才市场等方面提出政策建议，为各级政府出台农村电商相关扶持政策提供决策参考。

1.3 文 献 综 述

1.3.1 农产品电子商务

涉农电子商务主要包括农村电子商务、农业电子商务、农产品电子商务等，它们之间各有侧重，也有交叉：农产品电子商务落脚点是农产品的买卖畅通，而农村电子商务是指发生在农村地区的电子商务活动（叶秀敏，2014）。农产品上行属于农村地区的农产品电子商务活动。农产品电子商务的研究始于 20 世纪末，美国学者金赛（Kinsey，2000）从经济学角度分析了信息技术对农产品供应链的价值重塑，国内学者胡天石（2005）从农业信息化视角系统性研究了农产品电子商务的商业模式。此后，随着农产品电子商务的快速发展，学者们展开大量研究。

1. 发展态势与认识

学者们对农产品电子商务研究的一个主要方向是发展态势和认识，早期以思辨论述和定性研究为主。学者们普遍认为，电子商务改善了农产品市场信息不对称、销售不畅通等问题，能有效拓展农产品的市场空间，平衡供求结构并推动规模生产，健全农产品市场价格形成机制，增加农民收入，实现内生增长和包容式发展，是农业发展的新引擎、实现乡村振兴的重要手段（鲁钊阳和廖杉杉，2016；张驰和宋瑛，2017；田世英和王剑，2019；马晓河和胡拥军，2020）。部分学者应用经验证据研究了电子商务的作用。例如，曾亿武等（2018）基于江苏沭阳花木农户的问卷调查数据，李琪等（2019）基于浙江省 11 个地市的面板数据，马彪等（2021）基于全国农村固定观察点统计调查数据，均发现电子商务对农民增收具有显著的正向影响。然而，中国农产品电子商务存在信息及物流基础设施不健全，缺乏规模化、标准化生产，缺乏品牌意识，农村电商人才匮乏等（郑亚琴和李琪，2007；杨静等，2008；张胜军等，2011），加上电商平台的网络外部性，导致农产品经营主体营销推广费用居高不下（蓝海涛和周振，2018）。学者们还认识到，政策推动是农产品电子商务发展的重要因素，规模化与品牌化发展是提升供应链博弈能力的基础，县域农产品电子商务发展要因地制宜、多方主体共同参与、协调发展（洪涛和洪勇，2017；魏延安，2017；易法敏等，2021）。

2. 发展模式与商业模式

随着农产品电子商务的发展，学者们逐渐聚焦于区域发展模式和企业商业模式等问题。在区域发展模式方面，一是研究了县、乡、村三级行政区域的运营模式，如"公司＋农户＋网络"的沙集模式（汪向东，2010），"沱沱工社"全产业链模式和仁寿县"赶场小站"模式（张永强等，2015），"电商综合服务商＋网商"的遂昌模式（董坤祥等，2016；郁晓和赵文伟，2016），四川秦巴山区的智慧山村模式（颜锦江等，2016）等；二是研究了农村电商产业集群，多以"淘宝村"为研究对象，如崔丽丽等

（2014）以浙江丽水"淘宝村"为例研究了社会创新促进电商产业集群形成的作用机制，王燕等（2016）基于组织生态学并以军埔、东风、北山三个"淘宝村"为例研究了农村电商产业集群，曾亿武和郭红东（2016）以军埔村为例研究了电商协会对产业集群形成的促进作用，刘亚军和储新民（2017）基于20个"淘宝村"的调研资料研究了电商产业集群的演化机理，史修松等（2017）以江苏省"淘宝村"为例研究了电商产业集群空间扩展差异。三是研究了新农人现象，新农人是指运用互联网思维的新型农业经营者，是引领农村电子商务发展的主力军和核心力量（汪向东，2014；张红宇等，2016）。杜志雄（2015）认为，在"互联网＋"的环境下，新农人更能发挥社会价值。在商业模式方面，学者们研究了企业对企业（B2B）、企业对消费者（B2C）、线上到线下（O2O）、预售等模式。关海玲等（2010）对农产品电商的 B2B、B2C、C2C 三种模式进行比较分析，指出不同模式的适应性。张应语等（2015）研究了生鲜农产品电商的 O2O 模式，但斌等（2018）对消费者与企业（C2B）商业模式及其预售模式进行了系统性研究。

3. 行为、因素与机制

农产品电子商务涉及的行为、因素与机制是学者们关注的又一热点领域。一方面，针对消费者，研究了网购农产品的影响因素。何德华等（2014）基于413份调查问卷研究了消费者对生鲜农产品的购买意愿，发现产品安全和质量预期及网站丰富度是主要因素。林家宝等（2015）以水果为例研究了消费者网购生鲜农产品的信任因素，发现质量、感知价值以及沟通等是关键因素，而康培等（2018）发现网络购物临场感也是影响消费者信任重要因素。张耘堂和李东（2016）通过调查具有生鲜网购经历的消费者，研究了农产品原产地形象促进品牌化的作用机制。岳柳青等（2017）通过问卷调查实证了 C2C 模式下消费者对农产品质量信号的态度，发现质量保证信号最受关注。吴春雅等（2019）还研究了消费者对地理标志产品的购买意愿及其不同人群的差异。另一方面，针对农产品经营主体进行了研究。墨菲（Murphy，2003）针对农产品电商与传统零售存在时间和空间上的差距，研究了物流配送问题。易法敏（2009）通过对广东省四个城市农业企业的调查研究，发现企业采纳电子商务的主要因素包括潜在收益、竞争压力等因素。毛拉等（Molla et al.，2010）也做了类似的研究，发现技术能力、财务承诺、对环境有效性的感知、组织规模等因素对涉农企业的电子商务应用有直接影响。葛继红等（2016）以"褚橙"为例，研究了农产品企业电子商务应用的成功关键因素，表明主要包括产品、品牌、定价、渠道以及互联网营销等。侯振兴（2018）调查了甘肃省农产品电商从业者，发现存在专业能力不足、运营成本高等问题。林家宝等（2019）基于制度理论，实证研究了企业采纳电子商务的作用机制，发现模仿性、强制性和规范性压力对感知收益有正向影响。谢金丽和胡冰川（2020）基于农业产业化龙头企业的财务数据，研究了电子商务的促进作用，发现绩效有一定提升但不显著。

4. 供应链与物流体系

供应链与物流是农产品电子商务的重要环节，不少学者将焦点对准该领域。供应链方面，德科斯特（De Koster，2002）较早研究了开展食用农产品的物流配送网络，并分别对O2O和纯线上两种模式的仓储物流提出了建议。巴卡林等（Bacarin et al.，2008）讨论了农产品供应链合同的电子谈判问题，并提出保障质量安全的框架流程。魏来和陈宏（2007）探讨了电商平台对绿色农产品供应链协作的影响，王静（2012）探讨了电商环境下农产品供应链的网络结构和运营机制。张旭梅等（2018）、刘墨林等（2020）从运营管理角度建立数学模型，对生鲜农产品供应链进行了较系统的研究。物流方面，主要从生鲜农产品配送、冷链物流等方面展开研究。例如，王艳玮等（2013）研究了生鲜电商的物流配送模式选择问题，王娟娟（2014）讨论了云物流问题，赵志田等（2014）研究了农产品电商物流发展水平的测度问题，贺曦鸣等（2015）研究了物流服务对农产品电商商家信心的影响问题。又如，陈镜羽和黄辉（2015）分析了我国生鲜电商冷链物流的现状与发展问题，贺盛瑜和马会杰（2016）基于生态系统视角分析了冷链物流系统的演化机理，张喜才和李海玲（2020）讨论了大数据背景下的冷链物流发展模式。

1.3.2 涉农电商生态系统

坦斯利（Tansley，1935）首次提出生态系统概念，认为生态系统是生物成分和非生物成分在一定时间和空间范围内通过彼此间不断交换物质、信息和能量相互联系、相互影响、相互制约的生态学功能单位。摩尔（Moore，1993）将自然生态系统理论引入商业领域，认为面对复杂多变的市场，单个企业无法拥有满足需求的所有资源，需要构建商业生态系统才能使企业处于竞争优势。国内学者方面，胡岗岚等（2009）较系统研究了电商生态系统，认为电子商务是一系列关系密切的企业和组织机构，超越地理位置的界限，将互联网作为竞争和沟通平台，通过虚拟、联盟等形式进行优势互补和资源共享，结成一个有机的生态系统。

随后，涉农电商研究者引入商业生态系统的概念，进一步探讨农村、农业或农产品等涉农电商生态系统。王胜和丁忠兵（2015）针对农产品电商发展中存在诸多问题，基于生态系统、协同学、交易成本等理论，提出了农产品电商生态系统的概念，认为农产品电商生态系统是一个开放互动、多元共生、协同共进、动态演化的系统，并从环境扫描、结构分析、功能分析、演化分析四个方面展开讨论。黄丽娟等（2017）基于系统动力学构建了农村电商生态系统并进行仿真分析，并从政府投资、国家政策、行业环境、人才创新四方面提出了政策建议。还有学者研究了基于地域性的涉农电商生态系统，如郭坤等（2018）针对吉林省农产品电商的现实情况，提出该省农产品电商生态系统的构建策略；刘婕和陈蕊（2018）针对云南省农村电商发展现状，提出该省农村电商集群生态系统构建策略。

在涉农电商生态系统的研究中，不少学者关注"淘宝村"现象。梁等（Leong et al.，2016）通过对中国两个"淘宝村"的实地考察，基于生态系统视角研究了信息通信技术和电子商务赋能偏远山区的问题，研究发现，农村电商生态系统的关键参与者包括"草根"创业带头人、网商、供应链合作伙伴、第三方电商服务提供者以及其他支持机构，农村电商生态系统的演化经历了诞生、扩张、自我更新等阶段。王燕等（2016）从组织生态学视角分析了"淘宝村"的发展模式，认为军埔村采用产品多样化发展模式，东风村走的是产业集群发展模式，而北山村依靠龙头企业发展农村电商。梁强等（2017）也以军埔村为例，研究了农村电商的创业生态系统，发现诱发创业的印记因素包括市场成长性、资源禀赋以及创业者特质，这些因素又影响战略偏向，并极大地决定创业者的生态位。池仁勇和乐乐（2017）以浙江省北牛村为例，运用产业集群理论，提出微生态系统概念，定义了领导、关键、支持及寄生四类种群，分析了微生态系统的运行机制和演化路径。卢宝周等（2020）以烟台福山区淘宝村为例，基于赋权理论研究了外生式农村电商生态系统，发现地方政府和电商平台是核心种群。

1.3.3　研究评述

国内外对于农产品电子商务的研究不断深入，从起初以概念阐释、现状分析为主的定性研究向采用科学规范方法、针对具体问题的实证研究发展，从缺乏理论基础的一般论述向运用价值链、供应链、商业生态系统等理论深入研究发展，许多思想观点不乏真知灼见。但是，农产品上行的快速发展及现实情况，既拷问着相关实践者，也对学界提出了新命题。与本书相关的研究还存在以下不足之处：一是农产品上行问题的理论框架有待进一步完善。尽管现有研究已涉及农产品上行问题及成因，然而多为宏观论述，缺乏理论基础；虽然已有学者从电商生态系统视角展开分析，且不少理论概念具有奠基性和开创性，然而这些研究对农产品上行的运营实践考虑不多，不能满足农产品上行问题的实际需求。二是缺乏农产品上行发展水平的定量测度。现有研究多采用定性分析的方法探讨农产品上行发展状况，鲜有通过构建测量指标对农产品上行发展水平进行科学、定量评估。三是对不同区域的现实条件考虑不足。虽然现有研究针对农产品上行问题提出不少建设性策略，但针对性不强，鲜有考虑农村地区的现实条件，也缺乏对应农产品上行各环节的适配策略。

1.4　研究内容与方法

1.4.1　研究对象

以农产品上行为研究对象，它是指农村地区通过电子商务将农产品销往城市。农产品上行主要包括农产品开发（生产、分级、加工、包装、研发等）、供应链管理（采购、储运、配送等）和电商销售（商品选择、在线交易、客户服务、营销推广等）三个环节。为了研究的可操作性，农村地区以县为单位，主要聚焦商务部批准的"电子商务进农村综合示范县"（2014～2020 年已批准 1338 个示范县）。

1.4.2　研究内容

本书以商业生态系统、价值链、供应链、合作博弈等为理论基础，遵循"问题提出—理论阐释—策略措施"的思路展开研究。首先，结合农产品上行的理论研究、现实困境与政策导向，提出"农产品上行的阻滞如何疏通"这一问题。其次，根据农村电子商务发展现状与特征，将农产品上行纳入农村电商生态系统的范畴进行分析，提出农产品上行畅通度概念，从信息流、产品流、价值流三维度分析农产品上行阻滞机制，为后续提出疏通策略奠定理论基础。最后，基于信息流便捷、产品流优化、价值流增值的目标从农产品上行关键梗阻环节提出疏通策略，并结合农村电商生态系统发展现状提出加快农产品上行的保障措施。研究框架如图1-1所示。

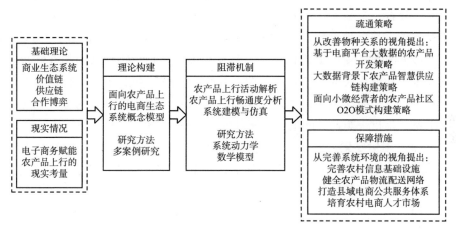

图1-1 本书研究框架

1. 电子商务赋能农产品上行的现实考量

（1）现实意义。站在乡村振兴的高度，从乡村产业兴旺、农民生活富裕和数字乡村建设等维度论述电子商务赋能农产品上行的意义。

（2）发展动力。剖析三股推动力量：一是党中央、国务院及其部委的政策推动，二是阿里巴巴、京东、苏宁等知名电商平台的市场驱动，三是农村青年电商创业者的示范带动等。

（3）发展现状。从整体概况、区域发展、品类发展以及微观市场等角度全面考查电子商务促进农产品上行的真实情况。

（4）面临困境。从农产品供应链体系、农村电商服务体系、农村电商人才供给以及电商运营和流量成本等方面讨论农产品电商上行面临的问题。

（5）发展机遇。深入研读《中共中央 国务院关于实施乡村振兴战略的意见》《数字乡村发展战略纲要》以及近年的"中央一号文件"等，结合农产品电商市场预期，识别未来5~10年的发展机遇。

2. 面向农产品上行的电商生态系统构建

依据领导物种的类型，将面向农产品上行的电商生态系统划分为三种：

龙头企业主导型、电商企业主导型和中小网商聚集型。以农产品上行的三项基础条件——产品流畅通、信息流畅通、价值流畅通作为生态系统构建的原因和结果，通过多案例研究，分析归纳每类生态系统的构建动因、构建机制、构建主体、构建要素及其构建过程，然后对三种类型进行对比分析，最后形成面向农产品上行的电商生态系统概念模型。

（1）物种类型。分为三类，一是领导物种，是指电商生态系统的创立者和主导者；二是关键物种，是指农产品上行各环节的主要参与者；三是支持物种，是指对农产品上行各环节正常运行起保障和支撑作用的参与者。

（2）物种关系。分为四类，一是互利关系，是指物种之间的互动以互利互惠为动因和目标；二是竞争关系，是指物种之间为了争夺稀缺资源展开竞争；三是捕食关系，是指一类物种是另一类物种的猎食对象；四是寄生关系，是指一类物种的生存依靠寄生于另一类物种。

（3）构建要素。它是指电商环境下农产品上行得以实现的价值活动，一是基本活动，如农产品种植、包装、电商交易、运输、配送等；二是辅助活动，如财务管理，人力资源管理，管理信息系统等。

（4）演化过程。划分为形成、扩展、成熟三个阶段，分析每阶段的系统结构、成员规模、种群关系等内容。

3. 农村电商生态系统中农产品上行的阻滞机制

依据面向农产品上行的电商生态系统概念模型，定义农产品上行畅通度概念，以价值链理论为分析工具，对农产品上行进行活动分解，找出影响农产品上行的关键活动，在此基础上建立系统动力学模型，分析阻滞机制。

（1）畅通度测量。生态系统的基本功能是物质循环、信息传递和能量流动，在农村电商生态系统中，与之对应的是产品流、信息流和价值流。因此，农产品上行畅通度的测量基于这三个维度展开。

（2）产品流分析。产品流表示农产品通过加工、包装等，最终到达消费者的过程，分析要点包括产品流通路径、产品竞争力等，产品流畅通度以电商销售农产品占当地总销量的比例、电商销售农产品占全国同类农产品电商总销量的比例为依据。通过分析，提炼导致产品流阻滞的成因。

（3）信息流分析。信息流表示产品信息从生产者传递到消费者的过程，分析要点包括信息传递路径、传递工具与方法等，信息流畅通度以农产品的信息成本为依据。通过分析，提炼导致信息流阻滞的成因。

（4）价值流分析。价值流表示农产品从生产者到消费者过程中的价值增值过程，分析要点包括价值活动分解及其收益计算等，价值流畅通度以农产品附加值、农产品生产者的利润分配为依据。通过分析，提炼导致价值流阻滞的成因。

（5）系统动力学建模与仿真。根据三个维度的成因分析，建立因果回路图、系统流图及方程，探寻农产品上行的阻滞机制。

4. 农村电商生态系统中农产品上行的疏通策略

解决阻滞问题的本质是让农产品上行的信息流便捷、产品流优化、价值流增值。依据面向农产品上行的电商生态系统概念模型，将农产品上行受阻视为物种间关系不协调，与之对应的疏通策略便可视为物种间关系转换，如寄生关系、捕食关系转换为互利关系。

（1）基于电商平台大数据的农产品开发策略。基本思路是通过电商平台提取消费者访问、交易与评论数据，通过机器学习等技术，获取消费者的真实需求，以此决定农产品开发。从生态系统的视角看，该策略将流通者与消费者之间的关系由捕食关系转换为互利关系，目的是缓解产品不对路及同质化问题。

（2）大数据背景下农产品智慧供应链构建策略。基本思路是在电商平台中，生产者根据消费者预期需求安排生产计划，但消费者实际需求以及最终农产品产量可能会发生变化，从而出现供需错配情况，这时通过个性化推荐等智能适配技术达成新的供需匹配。从生态系统的视角看，该策略将生产者与消费者之间的关系由捕食关系转换为互利关系，目的是缓解产销不平衡问题。

（3）面向小微经营者的农产品社区 O2O 模式构建策略。基本思路是通过熟人关系的口碑传播建立"团购群"或"购物群"，构建基于人际关系私域流量的经营模式，将传统电商以平台为主的集中式流量变为基于社交网络的分散式流量。从生态系统的视角看，该策略将电商企业与平台之间的关系由寄生关系转换为互利关系，目的是缓解流量成本过高的问题。

5. 农村电商生态系统中农产品上行的保障措施

依据面向农产品上行的电商生态系统概念模型，结合当前农村电商生态系统构建现状，从完善农村电商生态系统环境的角度提出保障措施。

（1）完善农村信息基础设施。包括升级农村通信网络基础设施，完善农村信息服务基础设施，建设数字农业生产基础设施，建设农村公共数据服务平台等。

（2）健全农产品物流配送网络。包括升级县级物流配送中心，建设产区冷链物流设施，共建共享仓储设备设施，完善农产品物流骨干网等。

（3）打造电商公共服务体系。包括升级县域电商产业园区，构建农产品质量监测体系，营造农村电商创业环境，建立农产品电商行业协会等。

（4）培育农村电商人才市场。包括培育农村电商带头人，吸引农村电商管理人才，培训农村电商实操人员，建立县域电商专家团队等。

1.4.3　研究方法

1. 文献研究

文献主要包括两类：一是涉农电商领域文献，通过学术史梳理，掌握农业农村电商研究动态及不足，为本书的研究找到切入点；二是理论基础相关文献，包括商业生态系统、价值链、供应链以及合作博弈等理论，为本书的研究找到基本分析工具与方法。

2. 实地调研

对农产品上行现状的实地调研，包括河南、四川、浙江、江苏、山东、福建、新疆等省份共计 43 个县域的 300 余家农产品电商经营主体。

3. 大数据采集

针对农产品上行的微观市场调查，选用了大数据分析方法，运用网络爬虫技术，采集主流电商平台生鲜农产品交易数据，使用 Python 清洗数据并进行了描述性统计。

4. 案例研究

针对生态系统构建的机制与过程属于"怎么样""为什么"的问题，选用了案例研究方法，依据生态系统结构特征遴选了 X 果业、H 枣业、W 水果网店、S 坚果电商、Y 湖大闸蟹电商产业集群、A 县铁观音电商产业集群等 6 个典型案例，采取实地观察、半结构化访谈、权威二手资料等形式收集数据，基于扎根理论对数据编码，通过案例对比、归纳演绎构建概念模型。

5. 系统动力学建模

针对农产品上行阻滞属于复杂性问题，选用了系统动力学方法，通过因果关系分析，构建系统流图及方程，运用 Vensim PLE 9.0 软件进行仿真分析。

6. 数学模型推演

针对农产品市场竞争力、供应能力、利益分配属于产业组织问题，选用了经济学、合作博弈论等数学模型推演方法，为分析的科学性提供了坚实的理论基础。

第 2 章　理 论 基 础

2.1　商业生态系统

2.1.1　概念与内涵

生态系统的概念源自生物学，由英国植物学家坦斯利于 1935 年提出，它是指生物和非生物成分在一定的时空范围内通过彼此之间物质循环、能量流动及信息传递而互相联系、互相影响、互相制约的功能单元①。借鉴生物学概念，美国学者摩尔（Moore，1993）提出了"商业生态系统"的概念。摩尔认为，创新型企业应将其视为跨越多个产业的商业生态系统的一部分，通过合作和竞争来支持新产品开发，满足客户需求，并进入下一轮创新。随后，摩尔（1996）出版的《竞争的衰亡——商业生态系统时代的领导与战略》一书，对商业生态系统理论进行系统性阐释，并对商业生态系统概念进行定义，认为它是一个由相互作用的组织和个人（即商业世界的有机体）支持的经济共同体。这个经济共同体为客户创造有价值的产品和服务，消费者也是生态系统的成员。随着时间的推移，他们共同发展自己的能力和角色，并倾向于与一个或多个核心企业设定的方向保持一致。商业生态系统的成员包括核心产品和服务提供者、供应商、分销渠道、消费者等主要参与者，以及互补产品和服务的供应商、利益相关者（包括投资者和所有者、行业协会、工会等）、竞争者、政府机构和其他准政府监管组织等。

有关商业生态系统的内涵，总结韩炜和邓渝（2020）、梁运文和谭力文

---

① 林文雄. 生态学（第二版）[M]. 北京：科学出版社，2013.

（2005）、杜国柱和王博涛（2007）、姜尚荣等（2020）等的研究成果，可以从四个方面予以阐释。一是价值共创。在信息技术高度发达的当下，市场环境呈现复杂多变的局面，经营主体很难独立于环境"单打独斗"，必须吸引各种资源、资本、合作伙伴、供应商和客户来创建合作网络，通过价值共创的方式快速响应客户需求，提供具有竞争力的产品和服务。与自然界生态系统一样，成员之间通过物质循环、能量流动及信息传递实现系统的价值创造。二是相互依赖。商业生态系统的成员之间通过价值网络联系在一起，每个成员既是生态系统的贡献者，又是生态系统的受益者。它们优势互补、资源共享、风险共担，形成共生关系，成员之间无论是领导物种还是追随物种，无论是供应商还是消费者，既存在合作关系，又存在竞争关系。三是跨产业的松散连接。商业生态系统成员不受产业边界的限制，类型非常广泛，跨越多个产业、多个领域。既有同属一条供应链的参与者，如供应商、核心企业、分销商、消费者，又有互补产品和服务的供应商，还有投资者、行业协会、竞争对手以及政府机构等环境提供者。他们之间通常以非契约关系连接在一起，形成松散的组织结构。四是复杂适应系统。与自然界生态系统类似，商业生态系统是一种典型的复杂自适应系统，具有多要素、多层次、多功能、开放、自组织等特性，具有自我维持、自我调节的能力，在成员之间的相互作用下协同进化。

生态系统作为一种隐喻引入商业领域，目的是应对日益复杂且动态变化的市场竞争，企业通过发起或加入生态系统，形成基于价值创造的跨产业边界的众多利益相关主体的网络系统，以便在市场竞争中取得竞争优势（范保群，2005；Iansiti and Levien，2004）。梳理已有战略管理理论，从外部环境决定论到基础资源观再到动态能力观，从价值链到战略联盟、虚拟组织等理论，其分析视角较为单一、静态，缺乏针对复杂商业社区的系统性解释。商业生态系统则弥补了这种不足，它从整体视角面向市场推广价值主张、实现价值共创（韩炜等，2021）。

数字经济时代，互联网、移动通信、云计算、物联网、大数据、人工智能的发展让经营主体的资源和能力更加多元化，促使企业重视资源整合与利用，而这种整合和利用呈现显著的跨产业特征，商业生态系统则正好提供了一种分析视角（韩炜和邓渝，2020）。目前，针对商业生态系统的研究已经深入战略、创新及创业等领域，并应用于商业模式、平台经济、产业集群、商业业态等方面，研究内容不断细化，研究成果不断涌现。

2.1.2 理论模型

借鉴潘剑英和王重鸣（2012）的研究，将商业生态系统的理论模型分为结构模型和评价模型两类。

1. 结构模型

摩尔（1996）为了揭示商业生态系统的内涵，提出了商业生态系统结构模型，如图 2-1 所示。摩尔认为，商业生态系统的物种（参与者）包括核心成员（如核心企业及其供应商和分销商）、扩展成员（如供应商的供应商、客户、客户的客户，以及标准机构和互补产品和服务的供应商）、利益相关者（包括投资者和业主、行业协会、工会）、竞争组织（共享产品和服务属性、业务流程和组织安排）、政府机构（及其他准政府监管组织）等。在商业生态系统的角色地位方面，其中，核心成员和扩展成员是主要物种，核心企业是生态系统的发起者和领导者，利益相关者和政府机构是支持物种（胡岗岚等，2009）。在物种关系方面，存在竞争、互利、捕食以及寄生关系（雷兵，2017），如核心企业与客户之间是捕食关系，与互补产品和服务的供应商是互利关系，与竞争组织之间是竞争关系。摩尔提出，企业要想通过商业生态系统保持竞争优势，必须从七个维度管理商业生态系统：客户、市场、产品、流程、组织、利益相关者、政府和社会。

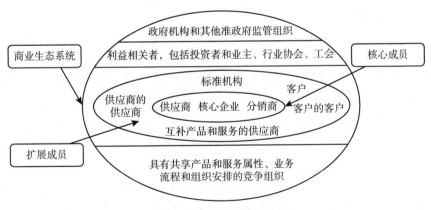

图 2-1 摩尔的结构模型

加恩西和梁（Garnsey and Leong，2008）基于资源和演化理论，提出了商业生态系统的结构模型，如图 2-2 所示。加恩西和梁认为，商业生态系统是企业的交易环境，包括供应商、分包商、分销商、中间客户、最终客户、竞争对手、互补品提供商、投资者、研究机构、劳动力市场、监管机构等。加恩西和梁将商业生态系统视为超越企业直接交易环境的结构，上游是供应商的供应商，下游是客户的客户，以及互补的生产者和服务提供商。加恩西和梁认为，商业生态系统是一个更注重经验的结构，它将企业资源和价值创造性地联系起来，并通过其他人与企业开展业务的意愿来衡量。例如，在生物制药市场，监管机构通过认可或批准公司及其产品，在选择过程中发挥关键作用，消费者偏好由医生、医院和卫生系统官员的产品选择来调节。行业监管机构制定了标准，定义了企业在其环境中运营必须满足的"适合性"要求。

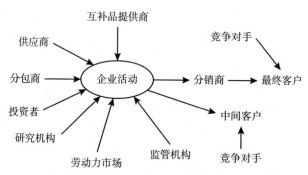

图2-2 加恩西和梁的结构模型

2. 评价模型

商业生态系统的健康评价是学者们关注的重点。伊安西蒂和莱维恩（Iansiti and Levien，2004）提出了基于三个维度的商业生态系统的健康评价模型，如图2-3所示。该模型包括三个维度：一是生产率。衡量生物生态系统健康状况的最重要指标是其将非生物输入（如阳光和矿物质营养）有效转化为生物种群或生物量的能力，与此类似，衡量商业生态系统最重要指标是生产率，包括总要素生产率、生产率改善、创新的实现三个指标。二是健壮性。为了给依赖它的物种提供持久的利益，生物生态系统必须在环境变化时持续存在。与此类似，商业生态系统应该能够经受住诸如不可预见的技术变革等破坏，即健壮性，包括存活率持续性、可预见性、适度淘汰、连续性五个指标。三是利基创造性。在商业生态系统中，大多数公司遵循利基战略，利基公司的目标是开发专门性产品的能力，使其与网络中的其他公司区别开来。通过利用来自其他利基参与者或生态系统基石的补充资源，利基参与者可以将所有精力集中在增强其狭窄的专业领域上。

利基创造性包括多样性、价值创造两个指标。

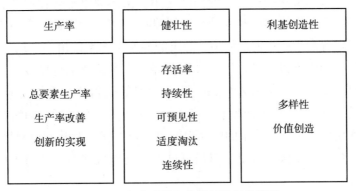

图 2 - 3　伊安西蒂和莱维恩的评价模型

　　在伊安西蒂和莱维恩（Iansiti and Levien，2004）研究的基础上，哈蒂等（Hartigh et al.，2006）对评价模型进行了修改和完善，如图 2 - 4 所示。

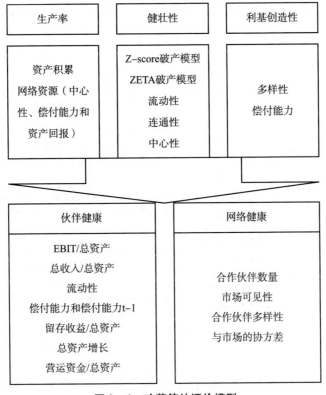

图 2 - 4　哈蒂等的评价模型

哈蒂等认为，商业生态系统的健康有两个主要组成部分：反映财务状况的合作伙伴健康和反映网络实力的网络健康。伙伴健康是合作伙伴管理能力及其利用生态系统中出现机会能力的长期财务表现。因此，它与伊安西蒂和莱维恩所称的生产率密切相关。健康的商业生态系统由多产的公司组成，非生产性公司将难以生存，因此最终会降低生态系统的健康度。伙伴健康包括 EBIT/总资产、总收入/总资产、流动性、偿付能力和偿付能力 t－1、留存收益/总资产、总资产增长、营运资金/总资产等指标。网络健康状况表示合作伙伴在生态系统中的嵌入程度以及合作伙伴对其本地网络的影响。网络健康包括合作伙伴数量、市场可见性、合作伙伴多样性与市场的协方差等指标。

2.1.3　形成过程

关于商业生态系统的形成过程，摩尔（1993、1996）进行了详尽的论述。摩尔认为，每个商业生态系统的发展都有四个不同的阶段：诞生、扩张、领导和自我更新，如表2－1所示。

表2－1　　　　　　　　　商业生态系统的演化阶段

阶段划分	合作挑战	竞争挑战
诞生	与客户和供应商合作，围绕种子创新确定新的价值主张	保护自己的想法不受其他人的影响，他们可能正在努力定义类似的产品；联系关键的潜在客户、关键供应商和重要渠道
扩张	通过与供应商和合作伙伴合作，扩大供应并实现最大市场覆盖率，将新产品推向大市场	击败类似想法的替代实现；通过主导关键市场细分，确保您的方法是同类产品的市场标准
领导	为未来提供令人信服的愿景，鼓励供应商和客户共同努力，继续改进完整的产品	与生态系统中的其他参与者（包括关键客户和重要供应商）保持强大的议价能力
自我更新	与创新者合作，为现有生态系统带来新理念	保持较高的进入壁垒，防止创新者建立替代生态系统；保持较高的客户转换成本，以便争取时间将新想法融入自己的产品和服务中

摩尔认为，在现实中，进化阶段是模糊的，一个阶段的管理挑战常常在另一个阶段出现。在商业生态系统的第一阶段，企业家们关注的是定义

客户想要什么，即提议的新产品或服务的价值以及交付它的最佳形式。从短期来看，诞生阶段的成功往往属于那些最能定义和实施这一客户价值主张的人。此外，在商业生态系统的第一阶段，合作往往是值得的。特别是从领导者的角度来看，业务合作伙伴帮助为客户提供完整的价值包。通过吸引重要的"追随者"公司，领导者可以阻止他们帮助其他新兴生态系统。在第二阶段，商业生态系统扩张，征服广阔的新市场。竞争对手的生态系统可能紧密匹配，并选择攻击同一地区。当每个生态系统试图向供应商和客户施加压力，迫使他们加入时，争斗可能会变得更加激烈。最终，一个商业生态系统可能获胜，或者竞争生态系统可能达到半稳定的适应。在第三阶段，讨价还价的能力来自拥有生态系统需要的东西，并且是唯一的实际来源。有时，这种唯一来源的地位可以通过合同或专利保护来确立。但从根本上讲，这取决于持续创新——取决于创造对整个生态系统的持续性价比提升至关重要的价值。商业生态系统的第四阶段发生在成熟的商业社区受到新兴生态系统和创新的威胁时，或者一个社区可能会经历类似地震的情况：突然出现新的环境条件，包括政府法规、客户购买模式或宏观经济条件的变化，改变后的环境往往更适合新的或以前处于边缘地位的商业生态系统。

2.1.4　农村电商生态系统

自然界生态系统的概念引入经济管理领域以来，呈现出蓬勃发展的态势。近年来，数字经济方兴未艾，市场环境的复杂性显著增加，这也给商业生态系统的研究带来了巨大的机会。学者们纷纷从不同的视角解读商业生态系统，其中一个视角是创新战略，包括技术创新和模式创新，将其视为匹配创新的资源和能力供给网络，原因是创新产品或者服务需要上游组件和下游互补品的支持，需要涉及众多跨行业的利益相关者，而生态系统允许企业创造任何一家企业都无法单独创造的价值（Adner，2006）。

从消费者视角看，一笔电子商务交易非常简单，在线下单后就等着收取货物。然而，要实现这看似简单的一笔交易，涉及第三方平台、供应商、生产商、消费者、金融机构、物流企业、电信服务商、营销服务商、信息技术服务商、代运营服务商、咨询服务商以及行业协会、政府部门等众多利益相关者（胡岗岚等，2009）。因此，电商企业的业务开展需要匹配完善的电商生态系统。

农产品电商是电子商务的一种类型，其业务开展依然需要匹配完善的电商生态系统。王胜和丁忠兵（2015）构建了农产品电商生态系统，涉及生产者、收购者、加工者、渠道商、消费者、农资供应商、农业技术研发机构、农产品质量监督机构等参与方，它们通过交换、合作、竞争等活动实现物质、价值及信息的传递和流动，并在特定的经济社会环境中实现价值共创和不断进化的复杂适应系统，具有开放互动、多元共生、协同共进和动态演化等特征。

从主体性质和地理位置上划分，农产品电商应用主要包括两类：一是位处城市、具有现代化管理能力的农产品企业从事的电商应用；二是农村地区的农产品经营主体从事的电商应用。本书聚焦"农产品上行"，特指第二种电商应用。农产品上行的电商应用所处的生态系统更强调"农村地区"这个地域特征，因此本书将农产品上行的生态系统命名为"农村电商生态系统"，它是指由农村电商创业者、农产品供应商、农产品生产商、消费者、第三方电商平台、电商服务商、物流配送企业、金融机构、电商协会、研究机构、电商培训机构、政府及其他利益相关者形成的组织或群体，这些利益相关者在农村地区的特定环境中互相交换物质、能量和信息，开展电子商务活动，实现共生发展（雷兵和钟镇，2017）。本书引入农村电商生态系统，目标是揭示支撑农产品上行畅通的农村电商生态系统结构、形成机制、演化路径，以及发起者、互补者、参与者的利益分配。

2.2 价 值 链

2.2.1 概念与内涵

波特（1997）指出，竞争优势是企业成败的关键，然而，很难从整体上分析企业的竞争优势，因为竞争优势源于企业的各项相对独立的活动，如设计、生产、营销、交付和支持等，每一种活动都可能影响公司的相对成本地位，并为差异化奠定基础。成本优势可能源于低成本的物流系统、高效的组装过程或卓越的销售团队，差异化也可能源于类似的因素，例如采购高质量原材料、响应式订单输入系统或卓越的产品设计等。为此，波特提出了价值链理论，采用系统分析方法来考察企业的各项活动以及它们之间的相互作用，进而了解企业竞争优势的来源（迟晓英和宣国良，2000）。

波特（1997）认为，战略的基本单位是"活动"，企业每项生产经营活动都是其为消费者创造价值的经济活动，企业所有的互不相同但又相互关联的价值创造活动叠加在一起，便构成了创造价值的一个动态过程，即价值链。事实上，价值链描述了产品或服务从概念到生产的不同阶段（包括物理转化和各种生产性服务的投入）、交付给最终消费者以及使用后的最终处置所需的全部活动（Kaplinsky and Morris，2002）。价值链分析可以让企业了解运营过程中，哪些环节可以创造价值，哪些环节不能创造价值。了解这些是非常重要的，因为只有企业创造的价值大于消耗的成本，才能获得超出平均水平的回报。价值链是一个工具，企业可以用它来分析成本定位，并且识别能促进业务层战略实施的各种方式。

同一行业中不同企业的价值链各不相同，这反映了它们各自的历史、战略和实施的成功。波特（1997）认为，企业的价值链在竞争范围上可能与其竞争对手的价值链不同，这是竞争优势的潜在来源，每家企业都是为设计、生产、营销、交付和支持其产品而开展的活动集合。波特认为，从竞争的角度来看，价值是买家愿意为企业提供的产品支付的金额。价值是由总收入来衡量的，总收入反映了一个企业的产品指令价格和它可以销售的单位。为买家创造超出成本的价值是任何通用战略的目标，如果一家企业所获得的价值超过了创造产品的成本，那么它是有利可图的。在分析竞争地位时，必须使用价值而不是成本，因为企业往往有意提高成本，以便通过差异化获得溢价。

价值链显示的是总价值，包括价值活动和利润。波特（1997）认为，价值活动是企业在物理和技术上进行的不同活动。这些是企业创造对其买家有价值的产品的基石。利润是总价值和从事价值活动的总成本之间的差额。利润可以用多种方式来衡量，例如供应商和渠道价值链包括一个差额，它对于了解公司成本状况的来源很重要，因为供应商和渠道利润是买方承担的总成本的一部分。每个价值活动都使用购买的投入、人力资源（劳动力和管理）和某种形式的技术来履行其职能。每个价值活动还使用和创建信息，如买方数据（订单输入）、性能参数（测试）和产品故障统计信息。价值活动还可能产生存货和应收账款等金融资产，或应付账款等负债。

2.2.2　价值链分析

价值链不仅是一种理论，更是一种分析工具。价值链分析主要包括两个环节：识别活动和分析活动（张鸣和王明虎，2003）。

1. 识别活动

识别价值活动需要分离技术和战略上不同的活动。适当的分解程度取决于活动的经济性和价值链分析的目的，活动分解的基本原则主要有三条，一是具有不同的经济性；二是具有较大差异化的潜在影响；三是活动的成本占比较大或不断增加。通常，企业的价值链可分为基本活动和辅助活动。如图2-5所示，基本活动是企业为了生产产品，并以为客户创造价值的方式销售、配送和售后服务这些产品而完成的活动或任务；辅助活动包括企业为支持生产、销售、配送和售后服务公司正在生产的产品而完成的活动或任务，表2-2为基本活动和辅助活动的内涵解读（Hitt et al.，2016）。企业可以在任何基本活动和任何辅助活动中发展能力或核心竞争力。当企业这样做时，它已经建立了为客户创造价值的能力。事实上，如图2-5所示，当使用价值链分析来确定其能力和核心竞争力时，客户是公司寻求服务的对象。当企业利用其独特的核心竞争力为客户创造竞争对手无法复制的独特价值时，已经建立了一个或多个竞争优势。

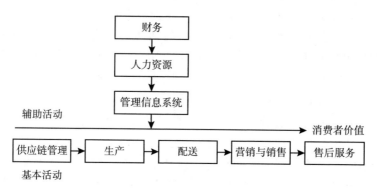

图2-5　价值链的活动结构

表2-2　　　　　　　　　　　价值链各项活动内涵

活动	内涵
供应链管理	企业在获取原材料并将其转化为最终产品的过程中，必须进行寻找资源、采购、兑换和物流管理等活动
生产	将原材料有效地转化成最终产品所需的活动。例如，安排员工的工作表，设计操作设备的生产流程和物理布局，明确生产能力需求，选择和保养生产设备

活动	内涵
配送	将最终产品运送到消费者所涉及的活动。例如，有效地处理客户订单、选择最佳的送货渠道，以及利用财务支持功能将客户付款与送货结合起来
营销与销售	为了根据顾客的独特需求对目标客户进行细分、满足客户需求、留住现有客户以及开发新的客户等的目的而采取的各项活动。例如，广告宣传、开发与管理产品品牌、制定合适的价格战略，培训和支持销售人员
售后服务	为消费者增加产品价值的各项活动。例如，调查消费者满意度，提供售后技术支持和产品的终身保修
财务	与有效获取和管理财务资源有关的活动。例如，获取充足的财务资源，对组织职能进行投资，以支持组织短期或长期的产品生产和配送活动，管理与公司投资者的关系
人力资源	与管理公司人力资本有关的活动。例如，按照创造能力和期望的核心竞争力的要求，进行人力资源的筛选、培训、再培训和薪酬设计
管理信息系统	为获得和管理公司的息和技术而采取的活动。例如，学习和使用高端科技，找出搜集和传播知识的最佳方法，将信息、知识同组织功能联系起来

波特（1997）认为，每一类基本和辅助活动都有三种类型的活动在竞争优势中发挥着不同的作用。一是直接参与为买方创造价值的直接活动，如组装、零件加工、销售人员操作、广告、产品设计、招聘等；二是保障直接活动持续开展的间接活动，如维护、调度、设施运营、销售团队管理、研究管理、供应商记录保存等；三是质量保证，即确保其他活动质量的活动，如监控、检查、测试、审查、检查、调整和返工。波特认为，每个企业都有直接、间接和质量保证价值活动，这三种类型不仅存在于基本活动中，也存在于辅助活动中。

2. 分析活动

对于每一项活动，都需要认清：这项活动在创造价值过程中起着什么作用？它重要吗，是独特贡献，还是可有可无？这项活动花费了多少成本，企业现在完成这项活动的方式是否恰当？总结起来，主要从成本和差异化两个角度展开分析。

每项价值活动都有自己的成本结构，其成本行为可能受到与企业内外其他活动的联系和相互关系的影响。如果企业执行价值活动的累计成本低于竞争对手，则会产生成本优势。波特（1997）指出，成本分析的起点是定义企业的价值链，并将运营成本和资产分配给价值活动。价值链中的每项活动都涉及营业成本、固定资本和流动资本形式的资产。采购投入构成了每项价值活动成本的一部分，并可对营业成本（采购运营投入）和资产（采购资产）作出贡献。确定价值链后，须将运营成本和资产分配给价值活动。运营成本应分配给产生运营成本的活动，资产应分配给使用、控制或对其使用影响最大的活动。影响价值活动成本的因素包括结构性成本驱动因素如规模效益、学习曲线、技术条件、资金密集程度、产品线的复杂性和运营性成本驱动因素如员工对持续改进工作的认同程度、质量意识和质量管理能力、新产品的市场开发周期、利用现有设备能力、工作流程是否合理和高效、企业能否与供应商和经销商密切合作降低成本等。

波特（1997）给出了成本分析的六个步骤：确定适当的价值链，并为其分配成本和资产；诊断每个价值活动的成本驱动因素及其相互作用方式；识别竞争对手的价值链，确定竞争对手的相对成本和成本差异的来源；通过控制成本动因或重新配置价值链和/或下游价值，制定降低相对成本地位的战略；确保降低成本的努力不会削弱差异化，或有意识地选择这样做；测试成本降低战略的可持续性。

差异化源于企业价值链，任何价值活动都是唯一性的潜在来源。波特给出了差异化分析的八个步骤：确定谁是真正的买方；确定买方的价值链以及企业对其的影响；确定买方采购标准主次；评估价值链中现有和潜在的差异化来源；确定现有和潜在差异化来源的成本；选择价值活动的配置，相对于差异化成本，为买方创造最有价值的差异化；测试所选差异化战略的可持续性；降低不影响所选差异化形式的活动成本。

2.2.3 农产品价值链

价值链理论早期主要用于单个企业竞争优势的分析，随着理论的不断发展，学者们把价值链视为一系列利益相关者产品或服务运营过程，共同为客户创造价值（迟晓英和宣国良，2000）。价值链用于农业竞争力分析已有众多研究文献。泰勒（Taylor，2005）开发了基于价值链分析的分阶段方法，将精益价值链改进技术应用于从农场到消费者的食品完整供应链。泰勒的方法分为七阶段，第一阶段了解价值链分析的业务潜力，第二阶段了解供应链结构并选择目标价值流，第三阶段分析供应链上的单个设施，第四阶段开发整个价值链的当前状态图，第五阶段分析整个链条上的问题和机遇，第六阶段制定全链未来状态图和建议，第七阶段为价值链改进创造一个可接受的组织环境。索斯曼等（Sausman et al.，2015）开发了一个国际价值链分析流程，确定在终端消费者眼中创造价值的位置，并突出基于物质流的瓶颈、信息流和参与者之间关系的强度，从现货市场和机会主义到整合和信任关系，该研究试图将供应链管理文献中的过程跟踪和以消费者为导向的需求拉动概念与在出口竞争力背景下制定政策建议联系起来。豪伊森等（Howieson et al.，2016）等开发了一种迭代和关系方法，以便将价值链分析作为战略过程而非诊断工具应用于农产品供应链，该研究展示了价值链分析如何作为一种战略工具应用于创新，并以澳大利亚四个对虾养殖场进行了案例分析。洪银兴等（2009）将农产品基本价值活动分为投入、生产、加工、流通、零售等五个环节，通过价值链分析，发现"反哺三农"就是要转变农业生产的价值链驱动模式，提高农产品价值链上加工企业和大型零售企业的驱动力，提高农业生产率，形成自我实施机制，加强农民专业经济合作组织建设，提高小农在价值链中的参与度，改善农村合同实施环境。张喜才和孔祥智（2020）将农产品价值链分为种植、流通、加工、零售、旅游等基本活动，将土地、技术、资金、组织作为支撑要素，系统性回顾了改革开放以来农产品价值链的演化过程，发现当前农产品价值链各环节依然存在规模小、无序化等特征，产业链延伸不足，农业生产者在收益分配上比重偏低等特征。

本书运用价值链分析方法，将农产品上行划分为农产品开发（包括生产、分级、加工、包装、研发等）、供应链管理（包括采购、储运、配送等）和电商销售（包括商品选择、在线交易、客户服务、营销推广等）三个环节，分析各项活动的成本、收益，确定各项活动的价值，进而探索农产品上行的阻滞机制。

2.3　供　应　链

2.3.1　概念与内涵

供应链的概念在 20 世纪 90 年代开始兴起，目的是强调产业链条上下游企业的分工与协作，以应对日益激烈的市场竞争（陈剑和刘运辉，2021）。关于供应链的概念，拉隆德和马斯特斯（La Londe and Masters，1994）认为，供应链是一系列将物料向前传递的企业，通常，几家独立企业参与制造产品并将其交给供应链中的最终客户，原材料和部件生产商、产品装配商、批发商、零售商和运输公司都是供应链的成员。兰伯特等（Lambert et al.，1998）将供应链定义为将产品或服务推向市场的企业联盟，而且最终消费者也是供应链的组成部分。克里斯托弗（Christopher，1992）则认为，供应链是通过上游和下游联系参与不同过程和活动的组织网络，这些过程和活动以向最终消费者提供产品和服务的形式产生价值；换言之，供应链由多个企业组成，包括上游（即供应）和下游（即分销），以及最终消费者。门策等（Mentzer et al.，2001）按复杂程度将供应链划分为三种："直接供应链""扩展供应链"和"最终供应链"，直接供应链由参与上游和/或下游产品、服务、资金和/或信息的企业、供应商和客户组成，扩展供应链包括直接供应商的供应商和直接客户的客户，他们都参与产品、服务、财务和/或信息的上游和/或下游流程，最终供应链包括参与从最终供应商到最终客户的产品、服务、资金和信息的所有上游和下游流程的所有组织。

乔普拉（Chopra，2019）认为，供应链是动态的，涉及不同阶段之间信息、产品和资金的持续流动。例如，当客户从电商平台购物时，供应链包括客户、电商平台、仓库、向客户交付包裹的配送企业以及所有供应商以及供应商的供应商。电商平台向客户提供有关定价、产品种类和产品可用性的信息。选择产品后，客户输入订单信息并支付产品费用。然后从电商企业的仓库中拣选和装运产品。随着库存的减少，仓库向供应商发出补货订单。

每个供应链的目标都应该是使产生的净价值最大化，供应链产生的净价值是最终产品对客户的价值与整个供应链在满足客户要求时产生的成本之间的差额，即供应链盈余。供应链流程（物流、信息流和资金流）的设计和管理与供应链的成功密切相关。成功的供应链管理需要许多与信息流、产品流和资金流相关的决策，每一个决策都应该提高供应链剩余。这些决策分为三类或三个阶段，具体取决于每个决策的频率和决策阶段产生影响的时间范围（Chopra，2019）。

关于供应链管理的定义，不同学者有各自的理解。哈兰（Harland，1996）将供应链管理描述为管理业务活动和关系：组织内部、与直接供应商、与供应链上的一级和二级供应商和客户以及整个供应链。斯科特和韦斯特布鲁克（Scott and Westbrook，1991）以及纽和佩恩（New and Payne，1995）将供应链管理描述为连接从原材料到最终客户的制造和供应过程的各个要素的链条，包括几个组织边界；根据这一广义定义，供应链管理涵盖了整个价值链，涉及从原材料提取到使用寿命结束的材料和供应管理。刘宝红（2019）认为，供应量管理是对贯穿供应链中的产品流、信息流和资金流的集成管理，以便实现最大化客户价值、最小化供应链成本；从实践上看，供应链管理包括三部分：供应管理（采购）、运营管理（加工）和物流管理（交付）。

2.3.2　数字化供应链

为了获得可持续的竞争优势，李（Lee，2004）提出了 AAA（agile、adaptable、aligned）供应链的概念。其中 agile，即敏捷性，能快速响应供应或需求的突然变化，能够平稳、经济高效地处理意外的外部中断，能迅速从自然灾害、流行病和计算机病毒等冲击中恢复过来。大数据背景下，产品生命周期不断缩短，消费者需求呈多元化特征，这要求供应链比以往任何时候都更加敏捷。林等（Lim et al.，2017）讨论了一个分销网络设计框架，该框架通过集成高级需求预测、需求和库存数据的实时共享以及配送路线的灵活分配，在线零售商能够跨地理位置分散的设施执行虚拟库存池，从而在不影响效率的情况下实现敏捷性。adaptable，即适应性，能够随着经济进步、政治变化、人口趋势和技术进步重塑市场，随着时间的推移而演变。数字化为供应链的适应性战略带来了新的挑战和机遇。一方面，数字平台提供的市场及消费者数据的广度和深度，以及先进的机器学习工具，使企业具备了前所未有的能力，能够在市场结构趋势发生时（甚至在发生之前）检测和预测市场结构趋势。另一方面，这些能力现在已经平民化，因此那些未能利用这些能力应对和适应市场变化的人将被甩在后面（Mak and Max，2021）。aligned，即协作性，将所有参与企业的利益与自己的利益保持一致，最佳状态是每个参与者利益最大化。数字化背景下，中间媒介通常采用数字平台的形式，阿里巴巴就是一个很好的例子。阿里巴巴推出了菜鸟智能物流平台，该平台作为"数字控制塔"运行，以协调配送过程。虽然配送过程通常涉及多个独立参与者（卖方和一个或多个第三方物流商），但该平台旨在确保物流和电子商务平台之间紧密的数字集成，以实现高效率和灵活性（Mak and Max，2021）。

数字技术的普及和新一代精通数字技术的消费者的崛起给供应链管理人员带来了新的挑战。受社交网络和数字媒体的影响，消费者的偏好和需求正在以前所未有的速度发展和提升。随着消费者体验在社交网络上迅速可见和共享，供应链维持其服务水平并满足消费者需求的重要性一如既往。这就需要高度的灵活性和适应性，因为供应链必须快速甚至主动地对波动和结构变化作出响应，并保持一致性，因为来自最终消费者的信息必须快速通过整个供应链，以便供应链采取协调行动。在此背景下，从消费者到生产者（C2M）模式应运而生，它为供应链提供了一个新的框架，以在最终消费者和上游生产阶段之间建立直接联系（Mak and Max，2021）。

2.3.3 农产品供应链

供应链在农产品中的应用研究始于 20 世纪 90 年代，农产品供应链是一个为了生产销售共同产品而相互联系、相互依赖的组织系统，它类似一种超级组织，它包括交换过程中的各种关系，是交换的推动器（刘召云等，2009）。国内外关于农产品供应链的研究主要集中在概念与内涵、组织模式、成员关系、信息管理、物流配送、模式创新等方面（赵晓飞，2012）。阿拉米安等（Aramyan et al.，2007）提出了农产品供应链绩效的评价体系，包含四个维度：高效性、灵活性、响应能力和农产品质量。高效性维度包括成本（生产成本、配送成本和交易成本）、利润、投资回报和库存等指标，灵活性维度包括客户满意度、产量灵活性、配送灵活性、延期交货订单量、销售损耗率等指标，响应能力维度包括订单满足率、产品迟发性、客户响应时间、订货交付时间、客户投诉、配送错误等指标，农产品质量维度包括产品质量（感官特性和保质期外观、产品安全与健康、产品可靠性和方便性）和流程质量（生产系统特性、环境层面、市场营销）等指标。赵晓飞认为，我国传统农产品供应链存在渠道链条缺失、成员间关系不稳定、信息流通不畅、服务体系不完善、质量安全管理体系欠缺等问题，现代化农产品供应链体系构建应以信息化为基础、以渠道体系为核心、以组织体系为支撑、以服务体系和安全体系为保障（赵晓飞，2012）。

从狭义上讲，农产品上行本质上是一条农产品供应链，该供应链始于农户、合作社、龙头企业等农产品生产者，经流通渠道最终到达城市消费者。本书从价值链角度将农产品上行划分为农产品开发、供应链管理和电商销售三个环节，其中供应链管理部分就是将农产品上行视为供应链进行分析，供应链管理则遵循刘宝红（2019）的划分将其分为采购、储运、配送三个环节。

2.4 合 作 博 弈

2.4.1 概念和内涵

博弈论是研究个体或团队的行为发生相互作用时的决策及其均衡问题的理论（张维迎，2004），一个博弈涉及博弈参与者（players）、各博弈方策略（strategies）或行为（actions）、博弈次序（orders）、博弈方收益（payoffs）等（谢识予，2006）。博弈论由一系列数学模型组成，数学模型是用来理解观察和经验的抽象，它给出的理解在社会、政治和经济领域尤其重要，研究博弈论模型（或其他适用于人类互动的模型）也可能会提出一些方法来改变我们的行为，以改善我们自己的福利（Osborne，2003）。博弈论可以分为非合作博弈和合作博弈两种类型，非合作博弈是指参与者不可能达成具有约束力协议的博弈类型，而合作博弈则是指参与者之间部分合作部分冲突的博弈类型（Lemaire，1991）。

在多数情况下，参与者只能自己作出决策，因为与其他参与者的合作要么不可能实现，要么没有任何好处。然而，在某些情况下，如果参与者之间可以达成具有约束力的协议，并且通过与其他人的合作可以获得附加值，那么对于参与者来说，组建联盟是有意义的，这些联盟共同合作并实现互利。因此，合作博弈研究的是在有约束性协议的情况下的战略决策，参与者可以集体行动（Chalkiadakis et al.，2012）。

合作博弈的两个重要概念是联盟和分配。每个参与者从联盟中分配的收益正好是各种联盟形式的最大总收益，每个参与者从联盟中分配到的收益不小于单独经营所得收益。合作博弈的基本形式是联盟博弈，合作博弈的结果必须是一个帕累托改进，博弈双方的利益都有所增加，或者至少是一方的利益增加，而另一方的利益不受损害。合作博弈的核心问题是参与人如何结盟以及如何重新分配结盟的支付。分配是一个 n 维向量集合，之所以 n 是维向量，是由于每个参与人都要得到相应的分配，n 维的分配向量称为博弈的"解"。

2.4.2 沙普利值

在一个博弈中，分配有无限个，且许多根本就得不到执行。利用"优超"的概念，对分配进行了分类，形成了核心的概念，但遗憾的是，许多博弈中核心可能是空集。为此，引入了超出这一指标，寻求最大超出最小化的分配，即核仁。核仁这一解的优势体现在核仁总存在，且是唯一的，这一解的缺陷就是计算太复杂，因为共有 2^n 个。

为了解决这一问题，美国学者沙普利（Shapley）于 1953 年提出了沙普利值的概念和求解方法（谢识予，2006）。沙普利值的计算公式如下：

对每个博弈 (N, v)，存在唯一的沙普利值 $\phi(v) = (\phi_1(v), \phi_2(v), \cdots, \phi_n(v))$，其中

$$\phi_i(v) = \sum_{S \subset N/\{i\}} \frac{|S|!(n - |S| - 1)!}{n!}(v(S \cup \{i\}) - v(S)) \quad (2.1)$$

下面对这一计算公式给出非数学化的解释：

（1）$\phi(v) = (\phi_1(v), \phi_2(v), \cdots, \phi_n(v))$，$x_i = \phi_i(v)$ 就是按照参与人的平均贡献来安排的分配设计。

（2）在一个博弈中，每个人的所得应该与其贡献成正比。对于联盟 S，其合作剩余 $v(S)$。如 i 加入 S，则新联盟的合作剩余是 $v(S \cup \{i\})$。因此 i 的贡献是 $v(S \cup \{i\}) - v(S)$。

（3）在博弈 (N, v) 中，不包含 i 的 S 有 2^{n-1} 个，对每个 S 都有一个贡献值 $v(S \cup \{i\}) - v(S)$，因此，沙普利值的计算公式中有 $\sum$ 项。

（4）即使对于一个固定的 S，$v(S \cup \{i\}) - v(S)$ 与 S 中参与人的排列顺序无关。因此 $v(S \cup \{i\}) - v(S)$ 的系数中存在 $|S|!(n - |S| - 1)!$。系数中用到 $n!$ 主要是为了计算 $v(S \cup \{i\}) - v(S)$ 的平均值。

（5）对于 $\frac{|S|!(n - |S| - 1)!}{n!}$ 也可以作出这样解释：i 加入 S，其贡献是 $v(S \cup \{i\}) - v(S)$。i 加入 S 的概率是多少？如果 n 个局中人依次参加博弈，当 i 加入该博弈时，其前面已有一些参与人 S，i 加入后，后继的参与人集合 $N - S - \{i\}$。S 和 $N - S - \{i\}$ 中参与人的顺序与 $v(S \cup \{i\}) - v(S)$ 无关。i 加入 S 的概率是 $\frac{|S|!(n - |S| - 1)!}{n!}$，$v(S \cup \{i\}) - v(S)$ 的数学期望（或者平均值）就是沙普利值。

（6）沙普利值不一定是个分配，即理性约束 $\phi_i(v) \geq v(\{i\})$ 可能不满足。

2.4.3 农产品利益分配

改革开放以来，我国农业呈现产业链不断延伸和价值链不断扩张的发展态势。产业兴旺是乡村振兴的基础和重点，乡村振兴首先在于产业兴旺，农产品价值链收益能否持续增加、利润能否留在农村是农业现代化的关键（张喜才和孔祥智，2020）。农产品上行涉及的利益相关者包括农业生产者、电商企业、电商平台、物流服务商等众多环节，农产品的总收益、总利润需要以一种公平的形式进行分配，才能保障各方利益，尤其是农业生产者的利益。

关于农产品各方参与者利益分配问题，许多学者将其看作合作博弈问题，并借助沙普利值进行分析。例如，黄勇（2017）在调查猪肉供应链参与方利益分配问题时发现，超市的收益远大于养殖户和加工厂，这对于生猪供应链的稳定性极为不利，为此，他利用沙普利值提出了超市、加工厂以及养殖户的建议分配比例。王志刚等（2013）调查了北京市绿富隆蔬菜产销合作社的农超对接模式，核算了圆白菜的利益分配情况，并用沙普利值评估了各方收益，发现合作社的收益较低。杨洁和周赟俊（2021）研究了生鲜农产品共同配送成本分摊问题，将各方参与者的贡献分为个体资源、联盟地位差异和承担运送风险等三类，并基于沙普利值提出了成本分摊的协调策略。

农产品上行的过程中，除了产品流、信息流要畅通外，价值流畅通也非常重要，而农产品附加值以及价值活动各相关主体的利益分配比例是判断价值流畅通的主要依据。根据波特的价值链理论，价值创造源自价值链上的各种基本活动和辅助活动，这些活动涉及众多参与主体，它们之间只有在密切合作的情况下才能发挥最大价值（波特，1997）。因此，本书在探讨农产品上行中价值流畅通问题时引入了合作博弈的思想并以沙普利值作为各方利益分配的基本原则。

第3章 电子商务赋能农产品上行的现实考量

3.1 现实意义

电子商务赋能农产品上行，不仅有利于乡村产业兴旺和农民生活富裕，还有利于数字乡村建设。

3.1.1 有利于乡村产业兴旺

乡村振兴的重点是产业兴旺，深化农业供给侧结构性改革，构建农业现代化生产、经营和产业体系，推动农村一二三产业融合发展，加快农业从增产导向转向提质导向，有利于提升我国农业创新力和竞争力。

电子商务改善了信息不对称现象，消除了空间时间限制，降低了市场进入门槛，农业生产者通过电子商务直面广阔的大市场，"一条网线"就能连接国内外消费者，大大减少了农产品流通的中间环节（曾亿武等，2016）。与此同时，进入同一市场的农产品品种及数量明显增加，农业生产者之间的竞争加剧。要想在市场中处于优势地位，农业生产者必须通过规模化生产、现代化经营和品牌化发展，才能有效降低成本，提高产品质量，生产出满足消费者需求的特色农产品。电子商务拓展了农业生产者的市场空间，反过来又倒逼农业生产的标准化和规模化，促进农业企业现代化经营，加快农产品特色化和品牌化发展。

一笔电子商务的达成需要信息基础设施、电子商务系统、物流配送服务、供应商、零售商、电商运营服务商、电商人才市场等多方支持，与城市相比，农村地区基础设施落后、配套服务薄弱、专业人才匮乏，要想发展电子商务，农业经营者势必"抱团"发展，共享基础设施及配套服务，加上农户之间因邻里关系、亲缘关系构建的熟人网络（李小建等，2013），极易产生知识外溢和羊群效应，在乡村能人的示范带动下，出现规模性创业模仿，进而形成农村电商产业集群（雷兵和刘蒙蒙，2017）。根据阿里研究院的报告，截至2021年，全国淘宝村①数量达到7023个，覆盖28个省份，占全部行政村的1%，淘宝镇②数量达到2171个，覆盖27个省份，这充分说明电子商务促进农村产业集聚效应显著。

电子商务让农业生产者直面市场，消费者的需求通过电商平台的评论文本、网络浏览日志、在线客户沟通等信息化方式及时反馈给农业生产者，农业生产者根据这些消费者大数据判断需求动态情况，预测农产品未来销量，进而调整生产品类、质量、数量等关键指标，减少农业生产的盲目性，从而达到优化农业产业结构、实现产业升级的目的。电商平台拼多多通过"农货中央处理系统"与云南、四川等省份农村地区合作建立"多多农园"，联合农业科研院所改良实验地，指导农户种植生产，直连"最初一公里"和"最后一公里"，实现农业产业结构优化，走上现代化产业发展道路。

电子商务在农村的深入发展，将带来产业生态的变化，势必推动农村物流、特色小镇、农产品加工、农村金融、智慧"三农"、设施农业、乡村旅游等农村新兴产业快速发展，出现"农村电商＋旅游业""农村电商＋在线服务"等多产业融合的新态势，促进农村一二三产业融合发展。

3.1.2 有利于农民生活富裕

乡村振兴的根本是生活富裕，不断拓宽农民增收渠道，全面改善农村生产生活条件，促进社会公平正义，有利于增进农民福祉，让亿万农民走上共同富裕的道路。

电子商务让农民直面市场，提升了价格搜索能力，降低了交易成本，增强了农民创业积极性，提高了利益分配比例。已有多项研究表明，电子商务增加了农民收入。鲁钊阳和廖杉杉（2016）面向15个省份（东部地区8个省份、中部地区4个省份、西部地区3个省份）农产品电商从业者发放了2131份调查问卷（有效问卷），发现增收效应显著；鲁钊阳（2018）还

---

① 淘宝村是指通过阿里平台年销售额达到1000万元及以上、活跃网店数量达到100家及以上或活跃网店数量达到当地家庭户数的10%及以上的行政村。

② 淘宝镇是指淘宝村等于或大于3个，或在阿里平台年销售额达到3000万元、活跃网店数量达到300家及以上的乡镇或街道。

利用该问卷数据证实了具有地理标志的农产品对农民增收脱贫的显著正效应。吕丹等（2021）在湖北省也做了类似的问卷调查，他们面向该省17个地市的家庭农场、专业大户、合作社、龙头企业发放了589份调查问卷（有效问卷），研究表明农业经营者采纳电子商务提升了动态能力进而增加了农民收入。曾亿武等（2018）以江苏省宿迁市沭阳县为例，研究了该县1009户花木农户采纳电子商务的收入变化情况，结果表明农民增收效果显著，增收的主要原因是电子商务促进了花木销量和利润率的增加。除了问卷调查外，部分学者运用政府部门、研究机构的统计数据进行了计量分析。唐跃桓等（2020）将商务部开展的"电子商务进农村"综合示范项目看作准自然实验，收集了2011～2017年23个省份中1686个县的面板数据，被解释变量为农民人均可支配收入，核心解释变量为是否入选商务部"电子商务进农村"示范县，计量分析表明该政策促进了农民增收，增幅为3%。邱子迅和周亚虹（2021）使用清华大学、中央财经大学、中国社会科学院等机构联合发布的"中国电子商务发展指数"，以及中国家庭追踪调查（CFPS）数据库的数据，从需求与供给有效对接视角展开分析，研究发现电子商务不仅提高了农户收入，还缩小了农村内部收入及城乡收入差距。

2020年，我国成功实现了消除绝对贫困这一宏伟目标，但电子商务作为扶贫工作的重要方式，起到了帮助贫困户对接需求市场、促进贫困户就业创业、提升贫困户自身素质等作用。2014年，国务院扶贫开发领导小组办公室将电商扶贫纳入精准扶贫战略的"十大工程"。随后，国家部委、省市等各级政府部门推出了一系列支持政策用以开展电商扶贫工作。根据中国人民大学中国扶贫研究院发布的《中国深度贫困地区农产品电商报告（2020）》显示，2019年上半年，832个国家级贫困县网络零售额达到1109.9亿元，年均增长幅度巨大。王胜等（2021）从2015年开始对重庆市集中连片贫困山区电商扶贫工作进行多年跟踪研究，发现通过产品培育、主体改造、服务改善、利益联结等形式，取得显著成效。在深度贫困地区，大力发展电子商务，对于缓解农产品滞销、带动贫困户发家致富具有重要意义。

3.1.3 有利于数字乡村建设

数字乡村是伴随网络化、信息化和数字化在农业农村经济社会发展中的应用，也是伴随农民现代信息技能的提高而内生的农业农村现代化发展产物。数字乡村既是乡村振兴的战略方向，也是建设数字中国的重要内容。

根据中央网信办、农业农村部等 7 部门联合编制的《数字乡村建设指南 1.0》中提出的数字乡村总体架构，包括信息基础设施、公共支撑平台、数字应用场景、建设运营管理和保障体系建设等模块，其中信息基础设施是数字底座，公共支撑平台是系统基础，数字应用场景是建设目标。

乡村信息基础设施包括网络基础设施、信息服务基础设施及传统基础设施数字化升级等。电子商务以信息基础设施为技术支撑，农村地区开展电子商务的第一步就是乡村信息基础设施建设。近年来，电子商务赋能工业品下乡、农产品进城，有力推动了农村移动通信网络、互联网主干网络的建设步伐。根据中国互联网络信息中心数据，2016～2020 年，全国行政村通光纤增加数为 13 万个，4G 基站增加数为 5 万个，通光纤和通 4G 比例均超过 99%，城乡互联网接入鸿沟逐步消弭，农村电商成为重要推动力量。

公共支撑平台包括公共数据平台和应用支撑平台。其中，公共数据平台实现农业农村、民政、公安、商务、市场监管、自然资源等数据的全汇聚，应用支撑平台包含用户身份认证、业务流程、行政区划、投诉建议、信用信息等基本模块。许多县域在发展电子商务的过程中，逐渐认识到数字化建设的重要性，尤其是将农村电商大数据与电子政务大数据对接，实现集政务、商务、便民服务于一体的公共服务平台。例如，商务部"电商进农村"示范项目要求示范县与"农村电子商务和社区商业信息系统"实现数据对接，示范县绩效考核要求梳理建立本地农村产品的数据库。

数字应用场景是指农业农村在生产生活各个领域与信息化深度融合的适用情景，农村电商是典型的数字应用场景。在农村地区，农民既需要购买工业品、农业生产资料以及缴纳通信费、水电费等各类日常生活支出，又需要将生产出来的农村产品销往村外甚至全国、全球。传统环境下，农村地区开展商务活动极不便利，进而导致商业不繁荣、流通效率低。电子商务的引入正好解决此类困境，为农村商贸流通插上"腾飞的翅膀"。2020 年 4 月 20 日，习近平总书记在陕西金米村调研时表示，电商作为新兴业态，既可以推销农副产品、帮助群众脱贫致富，又可以推动乡村振兴，是大有可为的。①

另外，近年来农村电商的深入应用已经培养了一大批掌握数字化使用

---

① 习近平在金米村直播平台话脱贫［EB/OL］.（2020－04－21）［2020－04－21］. http://jh-sjk. people. cn/article/31681769.

技术的人才，这为数字乡村建设的人才体系提供了有力支撑。

3.2 发展动力

近年来，电子商务在农业农村的快速发展，主要源于三股推动力量，首先是党中央、国务院及其部委的政策推动，其次是阿里巴巴、京东、苏宁易购等电商平台的市场驱动，最后是农村青年电商创业者的示范带动等。

3.2.1 政策推动

国家十分重视农业农村电商的发展，2001～2018 年，中共中央、国务院及其部门、全国性社会团体发布的政策文件中，涉及农业农村电商的文件超过 300 份（肖开红等，2019）。

早在 2005 年的"中央一号文件"[①] 就指出，鼓励发展电子商务等新型业态，加快农产品流通建设。2014～2021 年，"中央一号文件"更是连续八年部署农村电商工作，并在 2018 年开始聚焦农产品上行，2021 年又进一步指出，加快完善县乡村三级农村物流体系，改造提升农村寄递物流基础设施，深入推进电子商务进农村和农产品出村进城，推动城乡生产与消费有效对接。国务院除在相关的政策文件中提到涉农电商外，还相继出台了《国务院办公厅关于促进农村电子商务加快发展的指导意见》《国务院办公厅关于推进农村一二三产业融合发展的指导意见》等专门性政策文件，将涉农电商提到前所未有的高度。

商务部于 2014 年起开展"电子商务进农村"综合示范工作，截至 2020 年已累计支持示范县 1338 个，实现 832 个国家级贫困县全覆盖。获得"电子商务进农村"项目资金支持的示范县，需要按照申报时的承诺在规定的时间内完成相应的目标任务。例如，2020 年获批示范县的重点任务有四项，一是完善农村电子商务公共服务体系；二是健全县乡村三级物流配送体系；三是推动农村商贸流通企业转型升级；四是培育农村电商创业带头人。据有关部门统计，2014～2019 年的 1180 个示范县累计实现农产品网络零售额 725.8 亿元，同比增长 29.8%，其中 832 个国家级贫困县为 281.1 亿元，同

---

① 《中共中央 国务院关于进一步加强农村工作提高农业综合生产能力若干政策的意见》。

比增长 28.9%。农业农村部也于 2020 年推出"互联网＋"农产品出村进城工程试点工作，优先选择包括贫困地区、特色农产品优势区在内的 100 个县域开展试点。在商务部及农业农村部的政策推动下，农村农业电商发展快速渗透到全国各地，有力地推动了农村农业电商发展。

除上述政策外，国务院扶贫开发领导小组办公室等部门还发布了《关于促进电商精准扶贫的指导意见》《关于贯彻落实网络扶贫行动计划的通知》《关于推进网络扶贫的实施方案（2018－2020 年）》《关于推动邮政业服务农村电子商务发展的指导意见》《关于持续加大网络精准扶贫工作力度的通知》等文件。

3.2.2　市场驱动

在国家政策的有力推动下，国内知名电商平台企业纷纷开启农村电商应用推广和市场争夺大战。

2014 年，阿里巴巴推出"千县万村"计划，提出在 3～5 年内投资 100 亿元，建设 1000 个县级运营中心和 10 万个村级服务站。根据阿里巴巴报道，截至 2018 年，作为阿里巴巴"千县万村"计划落地项目，农村淘宝在全国开展的合作县域达到 1038 个，落地 3 万多个天猫优品服务站，其中国家级贫困县 313 个。虽然当时农村淘宝主要是"工业品下乡"而非"农产品上行"，但阿里巴巴的推动在一定程度上加快了农村电商的发展，广大农户从中感受到电子商务的强大力量，进而激发起农产品电商上行的想法和行动。

依托多年的农村市场耕耘经验，供销系统较早实施电商应用，在农业农村电商推广中发挥了应有的作用。中国供销电子商务有限公司为中国供销集团的全资子公司，主要业务包括农产品电商和棉花电商两大板块。农产品电商板块包括脱贫地区农副产品网络销售平台（以下简称"832 平台"）和"供销 e 家"平台。"832 平台"为政府采购 B2B 交易平台，目标是拓宽贫困地区农副产品销售渠道，带动建档立卡，帮助脱贫人口增收。"供销 e 家"平台引入"832 平台"中具备 C 端属性的商品进行平台销售，为社会各界爱心脱贫人士提供采购窗口。棉花电商板块则由全国棉花交易市场负责建设运营，立足于"棉花供应链综合服务平台"的战略定位，包括交易、监管物流、资金、数据信息等板块。

中国邮政拥有全国覆盖面最广的物流配送网点，尤其是在我国广袤的农村地区，邮政网点具有不可比拟的优势。农业农村电商的发展，无论是"工业品下行"还是"农产品上行"，物流配送皆是十分重要的环节。中国邮政利用网点优势，一方面开展电商物流配送业务，另一方面建立邮乐网电商平台，加大农村电商推广力度。截至2020年，邮乐网包括零售和批销两大业务，拥有网站个人会员2000万人、小店会员100万人、邮储会员6亿人，实现一县一仓，并运用邮政信息系统连接全国批销网点。邮乐农品是邮乐网专门打造的农产品专区，通过中国邮政遍布全国的4.7万邮政支局所以及30万便民服务站进行农品销售，能够迅速推广到全国各地，让消费者体验到全国特色农产品。

此外，京东乡村推广、苏宁农村电商战略、一亩田等均为农村电商提供了平台、渠道等资源的有力支撑。

3.2.3　示范带动

近年来，农村地区出现了一批"新农人"，他们以农为业，利用新型业态从事农产品生产经营活动，逐渐成为农业发展的一支生力军（汪向东，2014）。新农人中年轻人占多数，受教育程度普遍较高，在有一定工作阅历、创业经验和资金积累后，进入农业领域"再创业"。新农人是农村的创业能人，在"双创"活动中起示范带头作用。

杜千里是河南辉县上八里镇杨树庄村人，2006年考取了工商管理硕士（MBA）。2008年11月，他回到村里注册了"山之孕"淘宝店。2011年，网店销售额突破200万元，"山之孕"网店被评为"阿里巴巴全球百佳网商"，截至2019年，"山之孕"已是拥有四个皇冠的8年老店。杜千里不仅销售本地土特产，还把辉县周边市山区特产收购上来放到网上销售，大大促进了当地农业经济的发展，提高了农民的人均收入。根据阿里研究院等机构发布的《2020中国淘宝村研究报告》，江苏省宿迁市沭阳县颜集镇的堰下村位居《农产品百强淘宝村名单》榜首。堰下村主要产业为花木业，早在2011年，堰下村有5000多名农民投入电商创业大潮中。

嗅觉敏感的涉农企业、协会等单位在没有外力推动的环境下，自发先行探索，从无到有，由小到大，率先形成了一定规模和影响力。近年来，不少县乡和企业"扬鞭策马自奋蹄"，不等不靠，主动作为，不断成长壮大，赢得农村电商发展先机，产生了突出的引领和带动作用。

3.3　发 展 现 状

在政策推动、市场驱动和示范带动下，农业农村电商从无到有，呈快速发展态势。为了摸清翔实具体的发展现状，本书全面考查电子商务促进农产品上行的真实情况。

3.3.1　整体发展现状

农业农村电商发展的一个重要基础是农村网民规模。根据中国互联网络信息中心（CNNIC）统计数据，"十三五"期间，全国农村网民规模从2015年的1.95亿人增长到2020年的3.09亿人，增幅高达58.5%，已占总体网民的31.3%。图3－1为"十三五"期间全国农村网民规模增长情况。

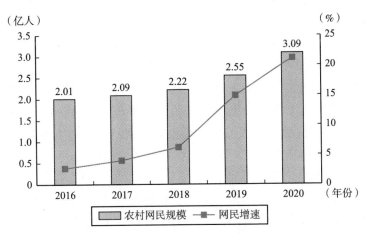

图3－1　"十三五"期间全国农村网民规模

资料来源：中国互联网络信息中心发布的《第47次中国互联网络发展状况统计报告》。

农村网络零售额是农村电商发展的核心指标，该指标反映农村地区生产的工业品和农产品通过电子商务出售给消费者的交易规模。根据商务部发布的数据，2020年，全国农村实物网络零售额达到1.79万亿元，占总体网络零售额的15.3%，比2019年增长8.9%。其中，农村实物网络零售额达到1.63万亿元，贡献最大的前三位品类为服装鞋帽针纺织品、日用品和家具，这些品类主要源自农村产业集群，利用较低成本的劳动力生产价廉物美的商品。与工业品相比，农村地区农产品网络零售额占比较小，仅4158亿元，但增速较快，同比增长26.2%。由于国家给予贫困地区更多的政策优惠，国家级贫困县农产品电商发展更加迅猛，2020年国家级贫困县农产品网络零售额为406.6亿元，同比增速高达43.5%。农业农村电商的发展离不开物流等基础设施建设。根据商务部发布的数据，2020年，全国县级电商公共服务中心和物流配送中心已达2120个，村级电商服务站点为13.7万个，农村地区揽收和投递快递包裹量超过300亿件，农村电商与农村物流的互动式发展态势十分明显。

农产品电商上行的特征之一是农产品呈现规模化品牌化发展态势。电子商务是工业化与信息化的联合产物，通过互联网，电子商务实现了时空的跨越，理论上市场空间可以无限拓展。然而，电子商务也是一把双刃剑，一方面它既降低了市场门槛又加剧了市场竞争，规模和效率成为市场竞争的关键。另一方面，电子商务交易环境的虚拟性使信用问题成为电子商务发展的关键，而品牌化是缓解信用问题的重要方式。因此，随着农产品电商的发展，原本不重视品牌的农产品开始走向品牌化发展道路。根据艾媒咨询于2020年第一季度的调查，中国受访居民线上购买农产品，品牌与非品牌的比例为87.2%和12.8%，差距十分显著。

农产品电商的第二个特征是农产品供应链走向原产地直发。传统农产品供应链环节多、效率低。电子商务尤其是移动商务的发展，个性化推荐成为电商交易的新形势。通过个性化推荐，商品与消费者实现精准匹配，进而改善上游供应链结构，实现厂商到消费者（farmer to consumer，F2C）。电商平台拼多多推出农产品原产地直发，通过加大资金投入、直播扶持、人才培育、供应链优化等综合举措，不断完善农产品上行模式，助力区域公用品牌建设；电商平台美团优选推出"农鲜直采"计划，通过加大源头直采力度、带动农产品冷链物流基础设施发展、培养农村电商带头人等方式，为优质农产品上行提速。

社区生鲜团购的兴起是农产品电商发展的又一大特征。社区团购基于线下社区场景，电商平台提供品牌、技术、货源、物流、售后服务等支持，将社区关键意见领袖（key opinion leader，KOL）、便利店长、快递站长等发展成为团长来连接小区居民，在线上销售或预售，线下分发货品（即落地配）。新冠疫情发生时，社区电商发展加速，阿里巴巴、腾讯、京东、美团、拼多多、滴滴等大型电商平台进入这一领域。此外，专门从事社区团购的平台，如十荟团、兴盛优选、源创优品、考拉精选等都积极加入该领域。社区团购的核心品类为居民日常购买的生鲜农产品，社区团购的出现加速了农产品电商的发展。

另外，直播带货逐渐成为农产品上行新通路。借助直播模式和电商平台的流量扶持，贫困地区农产品打通了上行销路，电商平台刮起了"县长直播潮"。淘宝网专门针对国家级贫困县开通了"脱贫直播频道"，帮助当地农民脱贫致富。快手平台开展了一系列乡村扶持计划，如"福苗计划"帮助国家贫困地区将优质特产推广到全国各地。字节跳动积极帮扶贫困县，据字节跳动扶贫白皮书统计，2018～2020 年，字节跳动全平台帮助 554 个国家级贫困县的 14587 个活跃商家获得收入，其中来自 465 个国家级贫困县的商家年销售额突破百万元。

3.3.2　区域发展现状

中国幅员辽阔，陆地总面积约 960 万平方公里。根据国家统计局数据，截至 2020 年，全国有 2844 个县级行政区，38741 个乡级行政区，大约有 69 万个行政村。各地由于地理位置、自然禀赋、经济基础、风俗文化等差异较大，农产品电商发展并不平衡。整体上看，东部地区明显优于中西部地区（王昕天等，2020）。根据阿里研究院发布的《2020 中国淘宝村研究报告》，淘宝村百强县有 97 个位于东部地区，而中西部地区仅 3 个。

农村电商的热销品类仍以工业品为主，如服装、饰品、家居用品、家电等，农产品占比不高，但增幅较大。相对于工业品，农产品电商的发展在区位上分布更广泛，根据农业农村部管理干部学院和阿里研究院联合发布的《2021 全国县域数字农业农村电子商务发展报告》显示，我国 2020 年农产品电商销售百强县中东部地区占 64 个，中西部地区 26 个，东北地区 10 个，覆盖 21 个省份（见表 3－1）。其中，山东省数量最多，有 20 个县入围，占 20%，这与山东省农业产业化发展高度相关。

表 3－1　　　　　　　2020 年农产品电商销售百强县名单

排名	省份	地级市	县市	代表农产品
1	江苏省	宿迁市	沭阳县	花木
2	福建省	泉州市	安溪县	茶（铁观音）

续表

排名	省份	地级市	县市	代表农产品
3	江苏省	徐州市	丰县	水果（苹果）
4	山东省	烟台市	栖霞市	水果（苹果）
5	福建省	南平市	武夷山市	茶（大红袍、金骏眉）
6	浙江省	金华市	武义县	茶（花果茶）
7	江苏省	泰州市	兴化市	调味品
8	江苏省	连云港市	东海县	绿植、坚果（腰果）
9	福建省	宁德市	福鼎市	茶（白茶）
10	黑龙江省	哈尔滨市	五常市	粮油（大米）
11	浙江省	金华市	义乌市	滋补品、肉干
12	江苏省	徐州市	邳州市	茶（花果茶）
13	江苏省	苏州市	昆山市	水产品（大闸蟹）
14	江苏省	徐州市	新沂市	果树、核桃仁
15	河南省	许昌市	长葛市	蜂产品
16	河南省	商丘市	夏邑县	食用菌（双孢菇）
17	山西省	运城市	临猗县	水果（苹果）
18	湖南省	长沙市	浏阳市	豆制品
19	云南省	西双版纳	勐海县	普洱
20	山东省	潍坊市	寿光市	家庭园艺种子
21	四川省	成都市	蒲江县	水果（橘子、猕猴桃）
22	云南省	文山州	文山市	三七
23	山东省	临沂市	平邑县	果树
24	福建省	漳州市	龙海区	多肉、绿植
25	广东省	揭阳市	普宁市	梅类制品
26	吉林省	白山市	抚松县	滋补品（人参）
27	广东省	潮州市	饶平县	茶叶（凤凰单丛）
28	河北省	保定市	安国市	滋补品
29	山东省	临沂市	郯城县	坚果（花生）
30	安徽省	宿州市	砀山县	水果
31	山东省	烟台市	海阳市	水产品（虾）、水果（樱桃）
32	广西壮族自治区	玉林市	北流市	水果（百香果）
33	辽宁省	丹东市	东港市	水果（草莓）
34	江苏省	苏州市	常熟市	水产品（大闸蟹）
35	山东省	聊城市	东阿县	滋补品（阿胶）

排名	省份	地级市	县市	代表农产品
36	江苏省	徐州市	沛县	滋补品（养生茶）
37	山东省	烟台市	龙口市	水果（苹果）、水产品
38	山东省	烟台市	莱阳市	水果（梨）、水产品
39	福建省	宁德市	古田县	食用菌（银耳）
40	山东省	枣庄市	滕州市	调味品
41	山东省	青岛市	平度市	坚果（花生）
42	宁夏回族自治区	中卫市	中宁县	滋补品（枸杞）
43	辽宁省	沈阳市	新民市	水果（西瓜）
44	山东省	威海市	荣成市	水产品
45	江苏省	泰州市	靖江市	猪肉制品
46	福建省	泉州市	晋江市	坚果（花生）、水产品（鱼干）
47	湖南省	长沙市	长沙县	坚果炒货（瓜子）
48	山东省	青岛市	胶州市	水产品（虾、海参）
49	江苏省	苏州市	太仓市	水产品
50	福建省	宁德市	霞浦县	水产品、水果（荔枝）
51	山东省	临沂市	蒙阴县	水果（蜜桃）
52	浙江省	嘉兴市	海宁市	水果（西瓜）
53	重庆市		丰都县	牛肉
54	山东省	潍坊市	青州市	多肉
55	江苏省	扬州市	高邮市	肉禽蛋（咸鸭蛋）
56	浙江省	湖州市	安吉县	茶叶（安吉白茶）
57	浙江省	丽水市	松阳县	茶叶、水果（杨梅）
58	浙江省	衢州市	江山市	茶叶
59	福建省	漳州市	南靖县	水果（香蕉、龙眼）
60	浙江省	温州市	苍南县	茶叶、水果（四季柚）
61	广西壮族自治区	钦州市	灵山县	水果（香荔、龙眼）
62	湖南省	岳阳市	平江县	豆腐干
63	云南省	大理白族自治州	大理市	水果（梨、梅子）
64	安徽省	黄山市	歙县	茶叶

排名	省份	地级市	县市	代表农产品
65	重庆市		奉节县	脐橙
66	湖南省	长沙市	宁乡市	茶叶（毛尖茶）
67	吉林省	延边朝鲜族自治州	延吉市	粮油（大米）
68	山东省	烟台市	招远市	龙口粉丝、水果（苹果）
69	浙江省	温州市	瑞安市	茶叶（白毛茶）
70	浙江省	嘉兴市	桐乡市	茶叶
71	安徽省	黄山市	祁门县	茶叶
72	福建省	莆田市	仙游县	水果（荔枝、桂圆）
73	吉林省	长春市	公主岭市	粮油（大米）
74	江苏省	苏州市	张家港市	水产品
75	黑龙江省	黑河市	孙吴县	水果（沙棘）、豆制品
76	河北省	沧州市	沧县	枣制品
77	福建省	福州市	闽侯县	粉干、芦笋
78	山东省	济宁市	邹城市	坚果（核桃）
79	河南省	郑州市	新郑市	蜂蜜
80	安徽省	六安市	霍山县	石斛、茶叶（黄芽）
81	吉林省	长春市	农安县	粮油（大米）
82	河北省	保定市	涞水县	米、杂粮
83	浙江省	台州市	温岭市	水果（杨梅、脐橙）
84	云南省	红河州	蒙自市	水果（石榴、枇杷）
85	江西省	吉安市	遂川县	腊肉
86	浙江省	绍兴市	诸暨市	糕点类
87	福建省	泉州市	石狮市	糕点类
88	江苏省	徐州市	睢宁县	水果（梨）、豆制品
89	湖北省	荆州市	洪湖市	咸鸭蛋、水产品（大闸蟹）
90	山东省	青岛市	莱西市	水产品（银鱼）、坚果（花生）
91	贵州省	黔西南州	兴义市	石斛、板栗
92	山东省	聊城市	阳谷县	白酒
93	广西壮族自治区	防城港市	东兴市	水果（肉桂）、茶叶

排名	省份	地级市	县市	代表农产品
94	吉林省	通化市	通化县	粮油（大米）、板栗
95	山东省	聊城市	莘县	水果（香瓜）、食用菌
96	吉林省	吉林市	蛟河市	食用菌（香菇）、滋补品（人参）
97	福建省	漳州市	平和县	茶叶（白芽奇兰茶）
98	浙江省	温州市	永嘉县	茶叶（乌牛早茶）
99	福建省	龙岩市	长汀县	茶叶（擂茶）
100	山东省	泰安市	新泰市	水果（樱桃）

资料来源：农业农村部管理干部学院和阿里研究院发布的《2021阿里农产品研究报告》。

从行政村区域看，根据阿里研究院数据，2020年，全国有145个行政村在阿里平台的农产品销售额过千万元。其中东部地区农产品百强淘宝村（见表3-2）高达84个，中西部地区14个，而东北地区仅2个，这说明阿里平台的市场集中度更高。按省份统计，江苏省的农产品百强淘宝村数量最多，达到33个，其次是广东省，占19个。

表3-2　　　　　　　　　农产品百强淘宝村名单

排名	省	市	区	镇/街道	村/社区	主要产品
1	江苏	宿迁市	沭阳县	颜集镇	堰下村	花卉、绿植
2	江苏	徐州市	丰县	凤城街道	史店村	苹果、番薯
3	江苏	苏州市	相城区	阳澄湖生态休闲区	新泾村	大闸蟹
4	江苏	苏州市	相城区	阳澄湖镇	消泾村	大闸蟹
5	江苏	苏州市	相城区	阳澄湖镇	车渡村	大闸蟹
6	江苏	宿迁市	沭阳县	新河镇	新槐村	花卉、绿植
7	浙江	温州市	鹿城	藤桥镇	潮济村	肉干肉脯
8	江苏	苏州市	相城区	阳澄湖镇	戴溇村	花果茶、大闸蟹
9	浙江	杭州市	余杭区	仓前街道	连具塘村	粽子、大米
10	浙江	杭州市	临安区	昌化镇	白牛村	核桃仁、山核桃
11	河南	许昌市	长葛市	佛耳湖镇	尚庄村	蜂产品
12	广西	玉林市	北流市	北流镇	新城村	橘子、芒果

续表

排名	省	市	区	镇/街道	村/社区	主要产品
13	浙江	杭州市	西湖区	西湖街道	梅家坞村	西湖龙井
14	福建	泉州市	安溪县	城厢镇	过溪村	普洱、铁观音
15	江苏	宿迁市	沭阳县	新河镇	周圈村	花卉、绿植
16	河南	商丘市	夏邑县	何营乡	王营村	混合坚果、枣制品
17	广东	潮州市	饶平县	钱东镇	上浮山村	肉干肉脯
18	江苏	宿迁市	沭阳县	新河镇	沙河村	花卉、绿植
19	江苏	连云港市	赣榆区	海头镇	大兴庄村	冻虾、贝类制品
20	福建	泉州市	安溪县	城厢镇	砖文村	铁观音、花果茶
21	广东	广州市	番禺区	南村镇	里仁洞村	天然粉食品
22	江苏	宿迁市	沭阳县	新河镇	堰头村	花卉、绿植
23	河南	许昌市	长葛市	大周镇	和尚杨村	蜂产品
24	山东	临沂市	郯城县	马头镇	爱国西村	炒花生、豆制品
25	湖南	岳阳市	平江县	汉昌镇	天岳村	豆腐干
26	江苏	宿迁市	沭阳县	新河镇	大营村	花卉、绿植
27	浙江	杭州市	余杭区	崇贤街道	三家村	牛肉
28	福建	漳州市	龙海区	九湖镇	长福村	绿植、多肉
29	河南	许昌市	长葛市	大周镇	双庙李村	蜂产品
30	浙江	杭州市	萧山区	宁围街道	新华村	调味品
31	广东	佛山市	南海区	大沥镇	黄岐村	普洱
32	河北	沧州市	运河区	小王庄镇	红庙村	海参
33	浙江	嘉兴市	海宁市	长安镇	褚石村	花卉、种球
34	福建	南平市	武夷山市	武夷街道	角亭村	大红袍、金骏眉
35	江苏	苏州市	常熟市	常福街道	中泾村	花卉
36	江苏	宿迁市	沭阳县	新河镇	巴房村	绿植、花卉
37	四川	成都市	郫都区	团结镇	平安村	果酱沙拉
38	江苏	连云港市	赣榆区	青口镇	里沙村	活虾、冻虾
39	山东	临沂市	兰山区	柳青街道	福源村	鸡肉、牛肉、黑木耳
40	河南	商丘市	夏邑县	何营乡	何营村	混合坚果、黑木耳
41	浙江	嘉兴市	海宁市	长安镇	天明村	花卉、种球

排名	省	市	区	镇/街道	村/社区	主要产品
42	江苏	宿迁市	沭阳县	新河镇	解桥村	家庭园艺种子、花卉
43	山东	东营市	河口区	河口街道	刘坨村	猕猴桃、柠檬
44	江苏	宿迁市	沭阳县	新河镇	维新村	花卉、绿植
45	福建	泉州市	安溪县	城厢镇	仙苑村	铁观音、金骏眉
46	广东	东莞市	东莞市	寮步镇	向西村	果酱沙拉
47	四川	成都市	郫都区	安靖镇	雍渡村	火锅调料
48	江苏	宿迁市	沭阳县	庙头镇	聚贤村	花卉、绿植
49	广东	广州市	白云区	人和镇	东华村	滋补品、芒果干
50	新疆	乌鲁木齐市	米东区	芦草沟乡	人民庄子村	混合坚果、杏仁
51	河北	沧州市	沧县	崔尔庄镇	鲁安庄村	葡萄干、枣制品
52	山东	青岛市	胶州市	李哥庄镇	魏家屯村	冻虾、鳕鱼
53	浙江	金华市	义乌市	福田街道	下西陶村	猪肉制品
54	江苏	苏州市	昆山市	巴城镇	阳澄湖村	大闸蟹
55	浙江	杭州市	余杭区	良渚街道	良渚村	纯牛奶、大米
56	江苏	苏州市	常熟市	辛庄镇	杨园村	花卉、果树
57	福建	漳州市	龙海区	九湖镇	邹塘村	多肉、绿植
58	北京	北京市	房山区	窦店镇	大高舍村	咖啡豆、橄榄油
59	江苏	泰州市	兴化市	林湖乡	姚富村	烧烤调料、味精
60	安徽	亳州市	谯城区	华佗镇	小奈村	药食同源、养生茶
61	广东	广州市	白云区	太和镇	大源村	滋补品、橄榄油
62	广东	潮州市	饶平县	黄冈镇	霞西村	凤凰单丛
63	江苏	连云港市	东海县	牛山街道	贯庄村	绿植
64	福建	南平市	武夷山市	武夷街道	公馆村	大红袍、金骏眉
65	广东	揭阳市	普宁市	洪阳镇	宝镜院村	果树、花卉
66	江苏	宿迁市	沭阳县	颜集镇	虞北村	绿植、花卉
67	江苏	常州市	武进区	洛阳镇	圻庄村	樱桃、桃
68	黑龙江	哈尔滨市	五常市	杜家镇	七一村	大米
69	山东	临沂市	平邑县	保太镇	李家白壤村	果树
70	浙江	嘉兴市	桐乡市	梧桐街道	城南村	花果茶

续表

排名	省	市	区	镇/街道	村/社区	主要产品
71	江苏	苏州市	太仓市	双凤镇	新湖村	豆腐干、豆制品
72	广东	东莞市	东莞市	大岭山镇	连平村	调味品
73	江苏	宿迁市	沭阳县	颜集镇	贯勤村	花卉、绿植
74	吉林	吉林市	蛟河市	黄松甸镇	黄松甸村	黑木耳
75	广东	广州市	白云区	钟落潭镇	良田村	花生油
76	重庆	重庆市	九龙坡区	白市驿镇	海龙村	牛肉
77	云南	昆明市	晋宁区	宝峰街道	宝峰村	多肉
78	山东	济宁市	泗水县	圣水峪镇	救驾庄村	家庭园艺种子
79	江苏	苏州市	相城区	黄桥街道	胡湾村	大闸蟹
80	广东	汕头市	龙湖区	外砂镇	华埠村	腌制/榨菜/泡菜
81	福建	泉州市	安溪县	西坪镇	尧山村	铁观音
82	广东	广州市	花都区	花东镇	联安村	绿植
83	河南	许昌市	长葛市	佛耳湖镇	岗李村	蜂产品
84	江苏	宿迁市	沭阳县	新河镇	双荡村	花卉、绿植
85	广东	广州市	花都区	狮岭镇	新扬村	绿植
86	江苏	苏州市	常熟市	支塘镇	枫塘村	大闸蟹
87	福建	莆田市	城厢区	灵川镇	太湖村	贝类制品
88	福建	南平市	武夷山市	武夷街道	天心村	大红袍、金骏眉
89	浙江	杭州市	余杭区	崇贤街道	沿山村	梅类制品
90	江苏	宿迁市	沭阳县	扎下镇	顺河村	多肉
91	江苏	徐州市	丰县	大沙河镇	李寨村	苹果、梨
92	江苏	连云港市	赣榆区	青口镇	宋口村	海苔、寿司料理
93	广东	东莞市	东莞市	长安镇	乌沙村	果酱沙拉、番茄酱
94	广东	揭阳市	揭东区	云路镇	陇上村	凤凰单丛
95	广东	东莞市	东莞市	大岭山镇	梅林村	鸡精/味精
96	北京	北京市	怀柔区	庙城地区	郑重庄村	香肠/腊肠
97	江苏	苏州市	张家港市	金港镇	张家港村	果酱、红豆
98	广东	广州市	白云区	太和镇	田心村	柿饼
99	广东	东莞市	东莞市	常平镇	土塘村	果酱沙拉
100	广东	广州市	南沙区	东涌镇	大同村	奶油

资料来源：阿里研究院发布的《2020 中国淘宝村研究报告》。

农产品电商作为重要的扶贫方式，已显现出较为明显的成效。根据农业农村部信息中心和中国国际电子商务中心联合发布的《2021 全国县域数字农业农村电子商务发展报告》，832 个国家级脱贫县中，农产品网络零售前 5 强全部来自西南地区，前 20 强全部来自中西部地区（见表 3 - 3），热销农产品多为地方特色农产品，这充分说明偏远农村地区的优质特色农产品在电商的赋能下具有广阔的市场前景。

表 3 - 3　　　　　　　　2020 年脱贫县农产品网络零售前 20 强

排名	所属省份	县域	网络零售额占比（%）	热销农产品
1	西藏自治区	堆龙德庆区	11.54	白酒
2	重庆市	丰都县	4.84	猪肉、牛肉、羊肉等
3	云南省	勐海县	3.84	普洱
4	四川省	古蔺县	3.32	白酒
5	云南省	文山市	1.89	三七
6	湖南省	平江县	1.84	其他加工食品
7	重庆市	秀山土家族苗族自治县	1.67	调味品
8	安徽省	砀山县	1.47	其他中草药
9	河南省	固始县	1.35	白酒
10	河南省	内乡县	1.31	饼干蛋糕
11	河北省	涞水县	1.28	其他粮油调味
12	江西省	石城县	1.12	猪肉、牛肉、羊肉等
13	甘肃省	岷县	1.10	其他中草药
14	河北省	万全区	1.10	杂粮
15	贵州省	黎平县	0.97	白酒
16	安徽省	舒城县	0.94	猪肉、牛肉、羊肉等
17	内蒙古自治区	翁牛特旗	0.93	肉干肉脯
18	安徽省	利辛县	0.82	其他中草药
19	安徽省	太湖县	0.80	猪肉、牛肉、羊肉等
20	河南省	虞城县	0.75	牛奶

资料来源：农业农村部信息中心和中国国际电子商务中心发布的《2021 全国县域数字农业农村电子商务发展报告》。

3.3.3　品类发展现状

农产品种类繁多，按照农业产业结构划分，包括种植业、林业、畜牧业、渔业四大类产品，按照是否加工又可分为初级品和加工品两大类，不同品类的物理性质、物流配送条件差别迥异，对电子商务的适应性各不相同。根据商务部发布数据，2020 年，网络零售额排名前 10 位的品类为休闲食品、粮油、滋补食品、茶叶、水果、水产品、肉禽蛋、调味品、奶类、蔬菜和豆制品（见图 3 - 2），其中前三位占比分别为 19.8%、14.6% 和 11.3%，同比增速均超过 50%。

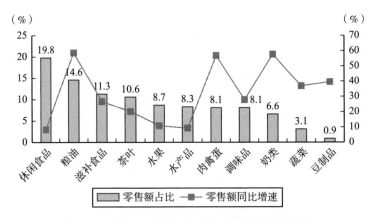

图 3 - 2　2020 年全国各品类农产品网络零售情况

资料来源：商务部电子商务和信息化司发布的《中国电子商务报告 2020》。

不同电商平台其热销品类也存在差异，如阿里平台网络零售额前 10 位的品类分别是纯牛奶、混合坚果、普洱、大米、代用/花草茶、牛肉类、鸭肉零食、牛排、即食燕窝、天然粉食品（见表 3 - 4），这些农产品可以分为三种类型，一是工业化的农产品，如纯牛奶、即食燕窝等；二是干货农产品，如混合坚果、普洱、大米、代用/花草茶、天然粉食品等，此类产品耐储存，也容易运输；三是冰鲜农产品，如牛肉类、牛排等①。

----

① 农产品电商出村进城研究：以阿里平台为例［R］. 农业农村部管理干部学院，阿里研究院报告，2021.

表3－4　　　　　　　　　　**2020年阿里平台农产品电商品类销售额排名**

排名	产品	排名	产品	排名	产品
1	纯牛奶	10	天然粉食品	19	酱类调料
2	混合坚果	11	苹果	20	绿植
3	普洱	12	燕窝	21	多肉植物
4	大米	13	养生茶	22	猪肉类
5	代用/花草茶	14	海参	23	铁观音
6	牛肉类	15	枣类制品	24	大闸蟹
7	鸭肉零食	16	其他药食同源食品	25	香肠/腊肠
8	牛排	17	火锅调料	26	豆腐干
9	即食燕窝	18	花卉		

资料来源：农业农村部管理干部学院和阿里研究院发布的《2021阿里农产品研究报告》。

地方特色农产品一直是电商平台销售的热门农产品，深受广大网购者的青睐（雷兵等，2021）。根据阿里巴巴电商平台大数据分析，截至2018年，淘宝和天猫平台登录的地方特色农产品数量超过2900种，全国各地均有上榜产品。其中，山东、四川、湖北的农产品数量排名前三，云南、福建、浙江的销售金额领先。表3－5列出了各省销量前列的地方特色农产品。

表3－5　　　　　　　　　　　**淘宝天猫地方特色农产品**

省份	特色农产品	省份	特色农产品	省份	特色农产品
黑龙江	五常大米	广西	永福罗汉果	安徽	霍山石斛
	林下参		百色芒果		黄山毛峰
	大兴安岭蓝莓		巴马火麻		祁门红茶
吉林	长白山人参	海南	海南菠萝	福建	安溪铁观音
	延边辣白菜		三亚芒果		武夷红茶
	延边大米		海南荔枝		武夷岩茶
辽宁	大连海参	陕西	陕西苹果	江西	赣南脐橙
	盘锦大米		富平柿饼		广昌白莲
	丹东草莓		眉县猕猴桃		庐山云雾茶

省份	特色农产品	省份	特色农产品	省份	特色农产品
北京	北京鸭	宁夏	宁夏枸杞	广东	凤凰单丛茶
	燕山板栗		枸杞茶叶		新会陈皮
	平谷大桃		盐池滩牛肉		化橘红
山东	日照绿茶	甘肃	兰州百合	内蒙古	科尔沁牛
	烟台大樱桃		花牛苹果		苏尼特羊肉
	栖霞苹果		岷县当归		阿拉善肉苁蓉
江苏	阳澄湖大闸蟹	青海	青海冬虫夏草	天津	沙窝萝卜
	高邮咸鸭蛋		玉树虫草		小站稻
	阳山水蜜桃		祁连牦牛		茶淀葡萄
上海	松江大米	四川	蒲江猕猴桃	河北	迁西板栗
	马陆葡萄		安岳柠檬		黄骅冬枣
	奉贤黄桃		凉山苦荞茶		沧州金丝小枣
河南	信阳毛尖	重庆	涪陵榨菜	新疆	若羌红枣
	温县铁棍山药		老四川牛肉干		天山雪莲
	怀姜		奉节脐橙		阿克苏核桃
湖北	秭归脐橙	西藏	林芝灵芝	山西	平遥牛肉
	洪湖莲藕		林芝松茸		沁州黄小米
浙江	龙井茶		西藏藏药		运城苹果
	临安山核桃	贵州	贵州绿茶	云南	普洱茶
	安吉白茶		修文猕猴桃		文山三七
湖南	安化黑茶		都匀毛尖		
	麻阳冰糖橙				

资料来源：阿里巴巴发布的《全国地方特色农产品上行报告》。

3.3.4 微观市场现状

为了进一步了解实践中农产品电商发展情况，本书以淘宝和天猫平台出售的生鲜农产品为例，通过平台交易大数据分析微观市场现状。

本部分所用数据采集于 2018 年 10 月至 2019 年 4 月。通过淘宝网站内搜索（包含天猫）分别搜索"水果""蔬菜""肉""蛋""水产"等 5 个关键词，每个关键词返回 100 页搜索结果，每页平均显示 48 款商品链接，返回的商品来自淘宝和天猫两个平台。首先，获取所有搜索商品的网址、标题、店铺名、商品详情等基本信息，经过技术分析，滤掉非生鲜农产品类目商品，形成生鲜农产品商品链接列表；其次，每月固定时间（每月 28 日凌晨开始）对列表商品的动态数据采集一次，包括月销量、累计评价数、价格、店铺信誉等数据项，连续采集 6 次。数据采集、清洗和描述性统计分析均通过 Python 3.7 实现。

经数据清洗，删除缺失值、异常值后，确保纳入统计的每款商品在 6 个月内均有正常的统计数字，最终生鲜农产品款数如表 3 - 6 所示。

表 3 - 6　　　　　　　　　生鲜农产品款数

项目	水产	水果	肉	蔬菜	蛋	合计
产品款数	1334	1041	5182	851	1854	10262

五类商品合计 10262 款，其中肉类最多，达到 5182 款，超过了 50%，蔬菜最少，仅 851 款。人工分析后发现，肉类之所以款数多，原因是肉类加工品的工业化程度高品种繁多且生产厂家多。在水产、水果、肉、蔬菜、蛋等五大类别中，商品款数分别排名前三位的是鲍鱼、黄花鱼、黄鱼；苹果、百香果、黄柠檬；牛肉、肉松、猪肉脯；荔浦、板栗、马铃薯；鸡蛋、鸭蛋、柴鸡蛋，每个品类 10 款以上商品统计如表 3 -7 所示。人工分析后发现，每种商品的款数与入驻平台的商户数高度相关。

表 3 -7　　　　　　　　　10 款数以上商品统计

品类	商品名	款数	品类	商品名	款数	品类	商品名	款数	品类	商品名	款数
水产	鲍鱼	197	水果	榴莲	50	肉	鸭	51	蛋	咸鸭蛋	147
水产	黄花鱼	90	水果	鸡蛋果	26	肉	凤爪	45	蛋	鹌鹑蛋	71
水产	黄鱼	77	水果	青柠檬	25	肉	鸡腿	45	蛋	咸蛋	65
水产	海蛎子	68	水果	火龙果	24	肉	土猪	41	蛋	胚蛋	63
水产	鱼干	61	水果	奇异果	22	肉	咸鸭	40	蛋	茶叶蛋	44
水产	鲳鱼	52	水果	牛油果	21	肉	红烧肉	38	蛋	卤蛋	27
水产	牡蛎	37	水果	冰糖心	19	肉	腊猪	38	蛋	鸽蛋	23
水产	活虾	36	水果	香蕉	19	肉	脆骨	37	蛋	喜蛋	12

续表

品类	商品名	款数	品类	商品名	款数	品类	商品名	款数	品类	商品名	款数
水产	母蟹	32	水果	石榴	18	肉	锁骨	35	蛋	种蛋	11
水产	银鱼	31	水果	脐橙	17	肉	排骨	34	蛋	鸽子蛋	11
水产	白鲳	30	水果	枇杷	16	肉	腿肉	32	蔬菜	荔浦	70
水产	鳕鱼	29	水果	菠萝蜜	15	肉	腌肉	29	蔬菜	板栗	46
水产	鲈鱼	28	水果	木瓜	12	肉	羊肉	26	蔬菜	马铃薯	44
水产	海胆	27	水果	菠萝蜜	12	肉	鸡	26	蔬菜	马铃薯	42
水产	章鱼	27	水果	金煌芒	12	肉	鸡翅	24	蔬菜	生菜	36
水产	八爪	25	水果	蜜柚	11	肉	鸭腿	24	蔬菜	香芋	28
水产	海螺	20	水果	梨	10	肉	鸭舌	22	蔬菜	番茄	22
水产	龙虾	20	水果	莲雾	10	肉	卤鸭	21	蔬菜	沙拉	21
水产	三文鱼	19	肉	牛肉	1252	肉	鸭爪	21	蔬菜	芹菜	19
水产	鳗鱼	19	肉	肉松	471	肉	瘦肉	19	蔬菜	莼菜	17
水产	咸鱼	16	肉	猪肉脯	317	肉	板鸭	18	蔬菜	黄瓜	17
水产	虾	16	肉	鸡肉	289	肉	猪头肉	17	蔬菜	南瓜	16
水产	公蟹	15	肉	牦牛肉	270	肉	酱鸭	17	蔬菜	萝卜	15
水产	青蟹	15	肉	猪肉	268	肉	午餐肉	16	蔬菜	山药	13
水产	娃娃鱼	13	肉	腊肉	262	肉	松鼠	15	蔬菜	青菜	13
水产	大闸蟹	11	肉	香肠	113	肉	辣子鸡	14	蔬菜	蔬菜沙拉	12
水产	海虾	10	肉	牛肉干	110	肉	鸭翅	14	蔬菜	胡萝卜	11
水产	蛤蜊	10	肉	熏肉	102	肉	盐焗鸡	12	蔬菜	莲藕	11
水果	苹果	127	肉	猪油	102	肉	鸡腿肉	12	蔬菜	菜头	11
水果	百香果	80	肉	驴肉	95	肉	牛排	10	蔬菜	铁棍山药	11
水果	黄柠檬	78	肉	鸭肉	68	肉	粉蒸肉	10	蔬菜	洋柿子	10
水果	红富士	70	肉	五花肉	67	肉	鸡爪	10	蔬菜	脱水蔬菜	10
水果	梨子	58	肉	鸭脖	61	蛋	鸡蛋	610	蔬菜	芦笋	10
水果	芒果	56	肉	猪蹄	60	蛋	鸭蛋	496	蔬菜	莴笋	10
水果	番石榴	51	肉	鸡胸肉	51	蛋	柴鸡蛋	228	蔬菜	豌豆	10

在半年累计销量方面（见图 3 – 3），款数最多的肉类其销售额也是最高，达到 13.98 亿元，平均每月 2.33 亿元；款数并不多的水果品类销售额紧随其后，达到 12.93 亿元，平均每月 2.16 亿元。肉类和水果是淘宝和天猫平台生鲜农产品的主力军，贡献了绝大部分销售额，分析其原因，主要是肉类以常温制品为主，通过切割、加工或封装后，与工业品相差无几，非常适合电商销售；而水果在现有的快递条件下，能够保证新鲜度和完好性。销售额较低的水产、蛋类和蔬菜分别为 2.58 亿元、2.25 亿元和 0.76 亿元，平均每月在 4000 万 ~ 1000 万元。

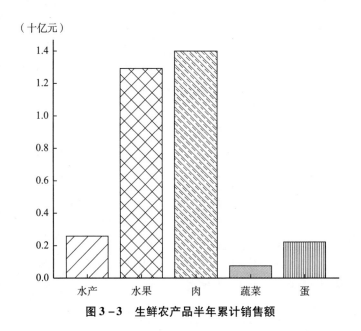

图 3 – 3　生鲜农产品半年累计销售额

客单价方面，主要集中在 50 ~ 100 元，这在一定程度上反映了网购生鲜农产品的消费能力。其中，水产最高，为 112.92 元/单，这与水产品的价值高度相关，其余四个品类差距不大，具体情况如表 3 – 8 所示。

表 3 – 8　　　　　　　　　　各品类生鲜农产品客单价　　　　　　　　单位：元/单

品类	水产	水果	蛋	蔬菜	肉
客单价	112.92	70.14	63.06	54.75	54.48

统计单个种类，半年累计销售额达到 300 万元的商品如表 3 – 9 所示，

其中肉类占 39 种，水果占 28 种，水产占 12 种，蛋类占 11 种，而蔬菜仅有 3 种。单品半年累计销售额达到 1 亿元的有猪肉脯、苹果、牛肉、脐橙、活虾、榴莲。

表 3 - 9　　　　　半年累计销售额达到 300 万元的生鲜农产品　　　单位：万元

品类	商品名	销售额	品类	商品名	销售额	品类	商品名	销售额
水产	活虾	13325.52	水果	管溪蜜柚	754.84	肉	驴肉	1005.17
水产	鲍鱼	2340.49	水果	香蕉	734.16	肉	猪蹄	1000.46
水产	虾	953.66	水果	菠萝蜜	715.21	肉	卤鸭	822.37
水产	黄鱼	838.09	水果	摩尼果	633.82	肉	鸡胸肉	759.58
水产	龙虾	708.60	水果	菠萝蜜	566.12	肉	鸡翅	727.74
水产	虾皮	697.26	水果	杨桃	538.25	肉	羊肉	682.58
水产	海蛎子	559.45	水果	柿子	435.79	肉	鸭	641.94
水产	螃蟹	345.68	水果	青柠檬	434.16	肉	土猪	555.94
水产	黄花鱼	339.33	水果	凤梨	424.79	肉	红烧肉	533.02
水产	墨鱼	327.71	水果	金煌芒	415.40	肉	鸡	523.35
水产	白虾	317.31	水果	红心柚	406.93	肉	排骨	494.15
水产	海虾	301.57	水果	柠檬	386.99	肉	午餐肉	456.30
水果	苹果	29733.89	水果	石榴	350.38	肉	五花肉	427.04
水果	脐橙	16557.78	水果	香瓜	326.17	肉	盐焗鸡	415.66
水果	榴莲	10673.01	水果	菠萝	320.16	肉	牛蹄筋	414.00
水果	百香果	8697.93	肉	猪肉脯	33640.44	肉	咸鸭	384.18
水果	奇异果	5290.74	肉	牛肉	26548.84	肉	鸡腿	355.05
水果	橙子	5241.73	肉	鸭脖	8137.89	肉	腿肉	339.36
水果	冰糖心	4875.98	肉	牦牛肉	8013.70	肉	腌肉	309.02
水果	芒果	4452.47	肉	鸡肉	7238.23	蛋	鸭蛋	11516.98
水果	鸡蛋果	4144.49	肉	肉松	5667.83	蛋	鸡蛋	3090.07
水果	黄柠檬	3465.11	肉	牛肉干	5065.02	蛋	咸鸭蛋	2286.34
水果	牛油果	3343.21	肉	松鼠	3346.43	蛋	咸蛋	1388.24
水果	火龙果	3022.89	肉	熏肉	3292.87	蛋	柴鸡蛋	1084.79

品类	商品名	销售额	品类	商品名	销售额	品类	商品名	销售额
水果	番石榴	2741.97	肉	腊肉	3115.94	蛋	鸽蛋	783.77
水果	红富士	2598.30	肉	猪肉	2970.61	蛋	胚蛋	720.61
水果	人参果	2023.00	肉	香肠	2776.85	蛋	茶叶蛋	531.77
水果	梨子	1881.48	肉	脆骨	2015.82	蛋	鹌鹑蛋	456.18
水果	柑橘	1723.49	肉	鸭舌	1889.82	蛋	卤蛋	190.44
水果	柑	1478.58	肉	鸭肉	1744.17	蛋	鸽子蛋	114.40
水果	木瓜	1473.86	肉	凤爪	1429.52	蔬菜	菱角	2032.42
水果	莲雾	1430.21	肉	牛排	1392.19	蔬菜	板栗	1181.93
水果	雪莲果	1216.28	肉	锁骨	1307.25	蔬菜	荔浦	350.04
水果	枇杷	1053.28	肉	猪油	1089.42			
水果	橘子	921.26	肉	板鸭	1014.75			

从该表可以看出，同品类不同商品的销量也千差万别，通过计量分析发现，影响销量的因素众多，除价格外，主要包括消费者需求、物流配送条件、品牌、网络口碑以及是否特色农产品等（雷兵等，2021）。

在淘宝和天猫平台，店铺可分为淘宝店和天猫店两大类，淘宝店对入驻商户要求较低，个人持有效身份证就能开店（截至统计期内），天猫店铺则需要以企业身份入驻，且还有相应的资质要求，如注册商标等。对于淘宝店铺，平台还设置了信用等级，该信用等级以 6 个月内的累计信用分为划分依据，信用分则采用消费者购买后"好评加 1 分、中评不加分、差评扣一分"的规则累计，4 ~ 250 分为星级，251 ~ 10000 分为钻级，10001 ~ 500000 分为皇冠级，500001 分以上为金冠级。

分品类不同店铺类别的统计情况如表 3 - 10 所示。

表 3 - 10　　　　　　　　生鲜农产品不同类别店铺数量及占比

品类	店铺总数	天猫店占比（%）	淘宝店		
			占比（%）	淘宝皇冠店占比（%）	淘宝普通店占比（%）
水产	485	42.1	57.9	23.9	34.0
水果	449	60.6	39.4	20.3	19.2

续表

品类	店铺总数	天猫店占比（%）	淘宝店		
			占比（%）	淘宝皇冠店占比（%）	淘宝普通店占比（%）
肉	2491	25.0	75.0	52.7	22.3
蔬菜	427	28.8	71.2	32.8	38.4
蛋	828	29.7	70.3	31.4	38.9

从表 3-10 可以看出，水果品类的商业化程度较高，天猫店占 60.6%，其次是水产，天猫店占 42.1%。淘宝店中，肉类竞争最为激烈，皇冠级以上店铺高达 52.7%。

淘宝和天猫平台生鲜农产品市场集中度较高，各品类排名前 20 位店铺累计销售额中（见表 3-11），水产类高达 60.27%，这意味着其余的 465 家店铺仅占总销售额的 39.72%。虽然肉类前 20 位店铺累计销售额占比最低，仅为 38.31%，但肉类总店铺数为 2491 家，因此肉类店铺销量的长尾分布现象十分明显。

表 3-11　　　　　　　各品类排名前 20 位店铺累计销售额占比　　　　单位：%

排名	水产类累计占比	水果类累计占比	肉类累计占比	蔬菜类累计占比	蛋类累计占比
1	11.95	3.98	5.64	7.71	5.79
2	21.62	7.71	9.90	12.60	11.30
3	27.54	11.44	13.66	16.10	14.90
4	33.21	14.38	16.02	18.93	18.48
5	37.41	17.33	18.12	21.51	21.97
6	40.77	20.20	20.05	24.06	25.43
7	43.16	23.07	21.91	26.39	27.77
8	45.20	24.86	23.77	28.67	29.96
9	47.03	26.44	25.54	30.89	31.93
10	48.44	28.03	27.30	32.68	33.46
11	49.78	29.51	28.69	34.27	34.67
12	51.07	30.99	30.07	35.69	35.78
13	52.32	32.39	31.35	36.93	36.86
14	53.58	33.79	32.60	38.09	37.88

续表

排名	水产类 累计占比	水果类 累计占比	肉类 累计占比	蔬菜类 累计占比	蛋类 累计占比
15	54.83	35.15	33.76	39.24	38.85
16	55.99	36.52	34.91	40.33	39.82
17	57.14	37.83	35.89	41.40	40.80
18	58.27	39.14	36.73	42.45	41.68
19	59.38	40.34	37.53	43.47	42.54
20	60.27	41.46	38.31	44.44	43.39

从地域分布看（见表 3 - 12），江苏、四川、广西、山东、湖北、湖南、山西、新疆和安徽排名前 10 位，这些省份要么拥有大量优质特色农产品，要么是生鲜农产品的物流分拨枢纽。排名靠后的西藏、贵州、青海、宁夏等省份虽然特色农产品资源丰富，但交通运输条件较差且电商应用相对较弱，农产品上行还存在不少困难。

表 3 - 12　　　　　　　　各省份半年销售额排名　　　　　单位：%

排名	省份	占比	排名	省份	占比	排名	省份	占比
1	江苏	15.86	10	安徽	4.20	19	河北	0.75
2	四川	12.92	11	海南	3.47	20	西藏	0.70
3	广西	10.46	12	云南	3.19	21	贵州	0.61
4	山东	7.29	13	福建	3.11	22	甘肃	0.53
5	湖北	5.63	14	广东	3.10	23	辽宁	0.51
6	湖南	5.59	15	江西	2.87	24	吉林	0.24
7	浙江	5.02	16	内蒙古	2.19	25	青海	0.12
8	山西	4.76	17	陕西	1.48	26	黑龙江	0.02
9	新疆	4.28	18	河南	1.09	27	宁夏	0.01

按地市排名（见表 3 - 13），泰州、成都、徐州、玉林、运城、阿克苏、烟台、武汉、怀化、赣州位居前 10 位，这些城市要么是地方特色农产品的主产区，如泰州的水产品、阿克苏和烟台的苹果等；要么是物流分拨通道，如运城主要承担来自新疆的水果分拨职能；要么是省会城市，如成都、武

汉，它们既是农产品电商运营中心，又是物流配送中心。

表 3 - 13 各地市半年销售额排名

排名	地市	排名	地市	排名	地市	排名	地市	排名	地市
1	泰州	21	资阳区	41	汕头	61	孝感	81	宜宾
2	成都	22	长沙	42	红河	62	临沂	82	威海
3	徐州	23	钦州	43	合肥	63	江门	83	亳州
4	玉林	24	荆州	44	宁德	64	赤峰	84	商丘
5	运城	25	宣城	45	呼和浩特	65	马鞍山	85	西安
6	阿克苏	26	广州	46	潮州	66	周口	86	桂林
7	烟台	27	乐山	47	德州	67	镇江	87	日照
8	武汉	28	眉山	48	石家庄	68	荆门	88	曲靖
9	怀化	29	温州	49	宝鸡	69	达州	89	台州
10	赣州	30	通辽	50	南充	70	济宁	90	渭南
11	三亚	31	厦门	51	天水	71	阿坝	91	湘西
12	漳州	32	阿坝	52	仙桃	72	绍兴	92	莆田
13	昆明	33	海口	53	黔南	73	保定	93	泉州
14	南宁	34	绵阳	54	潍坊	74	自贡	94	中山
15	杭州	35	拉萨	55	连云港	75	苏州	95	长春
16	芜湖	36	岳阳	56	大连	76	江山	96	南京
17	北海	37	延安	57	宿州	77	凉山	97	南通
18	嘉兴	38	攀枝花	58	福州	78	巴音郭楞	98	焦作
19	扬州	39	晋中	59	益阳	79	无锡	99	宁波
20	青岛	40	阜阳	60	宿迁	80	锡林郭勒	100	淄博

3.4 面临困境

　　虽然近年来我国农业农村电商取得了巨大的成绩，但是受农产品供应链体系、农村电商服务体系、农村电商人才供给以及电商运营和流量成本的影响，农产品电商上行还存在不少阻力。

1. 农产品供应链体系不健全

我国农业以家庭为单元的"小而散"生产方式，导致农产品标准化和规模化程度偏低，难以适应瞬息万变的市场环境。不少地方特色农产品出自家庭作坊式生产，农民品控能力弱，没有形成农产品标准，农产品品质得不到保障。农产品经营以单一农户为主，在生产、加工、运输、销售等方面规模小、服务能力和市场竞争力不强。电子商务是高度发达市场经济的体现，对供应链要求极高。比如，一次电商促销可能带来成千上万的订单量，完成该次交易对于大多数工业品并不困难，但农产品的生产特征和商品属性将导致采购及备货环节成为该次交易的关键难题。当前，我国农产品供应链的商业化程度较低，联盟化的渠道链条缺失，成员间信息流通不畅，服务体系不完善（赵晓飞，2012），这势必影响农产品货源组织、分级分拣、质量安全溯源、供应链金融、信息管理等诸多方面，进而影响农产品供货能力。

2. 农村电商服务体系不完善

地方特色农产品是电商销售的主力军，然而，许多特色农产品分布在西藏、新疆、甘肃、青海、云南、贵州等西部地区，如西藏的林芝灵芝、林芝松茸等，由于地处高原，路途遥远，物流配送成本比内地高出80%以上，且时效性差，即使产品再好也难以实现农产品上行，中部地区、东北地区甚至东部地区的偏远乡村也存在类似情况。虽然近年来农村快递物流体系建设取得长足进步，但在配送及时性、可靠性、服务水平、快递成本等方面，与城市比较仍存在较大差距。在电商交易服务方面，由于农业经营主体分散在农村地区，难以被主流电商平台的业务部门所触及，普遍缺乏电商平台选择、入驻等方面的经验，对平台规则的理解更是不足。在电商运营服务方面，如在软件开发、仓储快递、冷链物流、营销运营、摄影美工、追溯防伪、人才培训、金融支持等产业链环节要么存在一定程度的空白，要么缺乏优秀的电商服务企业，电商服务商的数量和水平还不能满足快速发展的农村电商需求。电商服务的滞后制约了农村电商整体竞争力的提升，亟须建立一个本地化、开放共享、线上线下结合、上行下行贯通的农村电商服务体系[①]。

3. 农村电商人才供给不充足

农村电商人才供给不充足是制约农村电商发展的重要因素。在创业者

---

① 商务部电子商务和信息化司. 中国电子商务报告 2020［M］. 北京：中国商务出版社，2021.

或高端运营人才方面，农村缺乏电商"能人"。生于甚至长于农村的人口中不乏优秀的创业者或带头人，但他们多数选择在城市拼搏，鲜有回乡创业扎根农村的。农村电商"能人"的缺乏，大大制约了农业农村电商的发展。中层运营人才是电商企业的关键，他们在电商运营中处于核心地位。然而，农村电商中层运营人才的市场供给严重不足，许多农产品电商经营者即使花高薪也难雇用到满意的运营人才。电商还需要大量的基层操作人才，然而，农村电商培训市场不成熟，政府组织的培训又存在形式主义等问题。由于农民个体差异较大，当前农村电商培训内容和培训方法针对性有待加强，主要表现在以下两方面：一是农村电商人才培训形式单一。理论课多，实践课少；现场课多，远程课少；电脑端多，手机端少；上课培训多，跟踪辅导少。二是培训内容有限且不成体系。一些电商培训机构只教开设店铺、撰写文案、上传图片、发布消息和接受订单等基本平台操作知识，对产品策划、运营推广、美工设计、数据分析、客户关系维护、物流仓储等专业课程没有系统培训。

4. 电商运营和流量成本偏高

电商运营具有显著的高固定投入特性。以入驻天猫平台为例，除了要求经营主体具有较高的资质之外，每年需要缴纳几万元的年费及 1% ~2% 的交易佣金，日常运营还要花费数额不菲的广告推广费，加上各种管理费、业务费、办公费、仓储物流费用以及人员工资，许多企业年销售额数百万元甚至上千万元还不能实现盈利，这对于规模较小的单一农业经营者更是高不可攀的交易方式。再加上互联网流量的稀缺性带来的流量竞争，进一步抬高了经营者的获客成本。例如在休闲食品领域，S 坚果电商属于电商企业。2020 年，S 坚果电商实现营收 97.94 亿元，然而净利润仅 2.45 亿元，其中用于电商平台的销售费用高达 9.61 亿元，远高于公司的净利润。S 坚果电商由于业务规模较大，电商运营的固定投入已经摊薄，若放在小规模的农业经营者，电商运营和流量成本可能更高。由此可以看出，电商运营的高固定投入特性带来的规模化特征与"小而散"的农业生产经营方式的矛盾是制约农产品上行的又一重要因素。

3.5 发展机遇

1. 农产品电商市场增速带来的机遇

经过多年的市场培育，传统平台电商、社交电商、直播电商、社区电商等多种模式创新，农产品电商的消费群体日益扩大，新冠疫情期间，大多数消费者接受网络购买生鲜农产品，其市场空间逐年扩大。我国人口规模超过 14 亿人，目前农产品电商市场处于成长期，还远未到达成熟期，未来很长一段时间将是农产品电商的高速增长期，这将为农业经营者带来前所未有的机遇。

"十四五"期间，商务部将开展"数商兴农"行动，目标是提升电商基础设施数字化、网络化、智能化水平，推动直播电商、短视频电商等新模式向农村普及，培育农产品网络品牌，加强可电商化农产品开展"三品一标"认证和推广；农业农村部继续实施"互联网＋"农产品出村进城工程，目标是培育县级农产品产业化运营主体，提升益农信息社农产品电商服务功能，建立健全适应农产品网络销售的供应链体系、运营服务体系和支撑保障体系。两项产业促进政策的实施，必将有力推动农产品电商市场快速发展。

2. 乡村振兴战略带来的发展机遇

乡村振兴战略是党的十九大提出的一项重大国家战略，目的是解决城乡发展不平衡和农村发展不充分问题（黄祖辉，2018）。《中共中央 国务院关于实施乡村振兴战略的意见》提出"二十字"方针，即产业兴旺、生态宜居、乡风文明、治理有效、生活富裕。产业兴旺是乡村振兴的经济基础，核心是加快构建现代农业产业体系、生产体系、经营体系，提高农业创新力、竞争力和全要素生产率。电子商务具有促进农产品流通、推动农业现代化发展等作用，是助推产业兴旺的重要途径（徐丽艳和郑艳霞，2021）。

《全国乡村产业发展规划（2020 – 2025 年）》提出大力拓展乡村特色产业，以信息技术打造供应链，促进农户生产、企业加工、客户营销和终端消费协同运作，推进农商互联、产销衔接，增强供给侧对需求侧的适应性和灵活性。同时，要坚持融合发展，充分利用电子商务的产业效应，推进"一产往后延、二产两头连、三产走高端"，加快农业与现代产业要素跨界配置。总之，农产品电商发展既是乡村振兴战略的一项重要任务，也为其发展带来了巨大的机遇。

3. 数字乡村建设带来的发展机遇

农村电商是数字乡村建设重要的组成部分，是数字化应用最活跃、最广泛的部分，农村电商的高速发展促进了数字乡村的发展。随着"电子商务进农村""'互联网＋'农产品出村进城"等工程的推进，农村地区网络基础设施建设显著加强，农村电子商务统计体系逐渐完善，县乡村三级物流体系基本搭建，大数据与农业生产进一步融合，农村电商将成为数字乡村最大的推动力和发展基础。未来数字技术还将进一步实现对节水灌溉、农机装备、粮经饲、畜禽渔、分拣加工、物流仓储、产业链金融等诸环节的贯穿渗透，形成网络化、智能化、精细化的"产购销"与"调存加"。

《国家数字乡村发展行动计划（2022－2025年）》提出数字基础设施升级行动，一是推进乡村信息基础设施优化升级，开展农村地区4G基站补盲建设，逐步推动5G和千兆光纤网络向有条件、有需求的乡村延伸；二是推动乡村传统基础设施数字化改造升级，提升农村公路管理数字化水平，支持国家骨干冷链物流基地、区域性农产品冷链物流设施、产地冷链物流设施等建设；三是加快农业生产数字化改造，建设智慧农场、智慧牧场、智慧渔场，完善国家农产品质量安全追溯管理信息平台。国家数字乡村发展行动计划的实施，势必提升农村信息基础设施建设水平，为农产品电商发展提供坚实的环境保障。

第4章 面向农产品上行的电商
生态系统构建

4.1 引 言

自然界生态系统的概念为理解不同参与主体如何随着时间的推移而产生、适应和协调提供了基础（Moore，1993）。它作为一种隐喻引入商业领域，其目的是分析错综复杂市场环境中的竞争战略（钟耕深和崔祯珍，2008）。电子商务环境下农产品上行既涉及众多参与主体，又需要基础设施、公共服务体系等环境支撑，是一项复杂的系统工程。引入电商生态系统概念分析农产品上行问题是一种合适的方法，这种分析方法已得到学术界和实践界的普遍认同。

较早研究涉农电商生态系统的学者是王胜和丁忠兵（2015），他们基于交易费用等理论提出了农产品电商生态系统的概念，并从环境、结构、功能和演化四个维度设计了农产品电商生态系统分析框架。几乎在同一时间段，梁等（Leung et al.，2016）从信息系统的视角，通过对浙江省遂昌县和缙云县淘宝村的案例研究，发现信息和通信技术（ICT）赋能中国农村地区，从而形成了自组织的农村电商生态系统。随后，雷兵与钟镇（2017）对农村电商生态系统的结构进行了剖析，将其细分为农村基础产业、电商创业、电商服务、电商交易四个子系统，认为农民是核心种群，农村电商创业子系统起到主导作用。部分学者还对涉农电商生态系统的构建进行了研究。黄丽娟等（2017）从农民收入持续增长、农村经济持续发展的角度，基于生态位等理论，考虑经济、政治、文化、教育、行业等要素，把农村电商产值、农村居民收入和农业总产值作为关键指标，构建了农村电商生态系统的系统动力学模型，并以广州市农村为例进行了仿真分析。毕玮和陈胜男（2019）以破除农产品上行困境为目标，认为农村电商生态系统的种群由"三驾马车"构成：核心种群——涉农生产者、关键种群——电商平台以及重要种群——各级政府，并提出了平台运营、价值共创、特色品牌等促进农产品上行的构建机制。卢宝周等（2020）根据农村电商生态系统演化的驱动因素将其划分为内生式和外生式两类，并借助赋权理论，以烟台福山为例，分析了外生式生态系统的构建机理。该项研究发现，地方政府和电商平台是核心种群，系统的构建过程就是核心种群对关键种群赋权的过程，包括结构、心理和资源三类赋权方式，IT 是核心种群的赋权工具。还有学者针对区域发展情况构建生态系统。如郭坤等（2018）在深入调研吉林省农产品电商发展现状的基础上，从种群和商域两个维度研究了吉林省农产品电商生态系统的构建。种群维度上，主要包括 6 类：一是核心种群，主要是电商平台；二是关键种群，主要是交易主体；三是支持种群，包括物流、支付、金融、园区、政府、协会、电信服务商等；四是寄生种群，主要指网络营销、技术外包、供应链、人才培训、电商研究、电商法律等增值服务商；五是外围种群，主要由居民、线下销售企业、废品回收企业、高院、人才市场等构成；六是外部环境种群，由政策、法律、商业、技术、社会、人文和自然资源禀赋等构成。商域维度上，主要包括 3 类：一是交易域，由核心种群和关键种群产生，是生态系统的核心，起到创造核心价值的作用；二是服务域，由支持种群和寄生种群产生，起到创造附加价值的作用；三是环境域，由外围种群和外部环境产生，起到促进生态系统演化的作用。又如刘婕和陈蕊（2018）对云南省农村电商集群现象进行了深入调研，将其生态系统种群划分为 4 类：领导种群（电商平台）、关键种群（交易主体）、支持种群（交易依附组织）、共生种群（增值服务提供商），提出存在关系（信任、信用）、利益（利益分配和激励约束）、信息（信息沟通和资源共享）、运作（种群和环境培育）等 4 类协调机制。

上述文献分别从不同的情景、目标研究了涉农电商生态系统的构建，主要涉及物种构成及其关系、构建机制以及演化过程等，学者们的研究普遍建立在深入基层一线的调查基础上，研究结论不仅丰富了涉农电商生态系统的理论体系，还对实践具有较强的指导意义。然而，这些研究也存在一定的局限性：首先，农村电商包括"上行"的农产品电商和农村生产的工业品电商以及"下行"的工业品电商，不同的情境对应不同的生态系统，已有文献虽然均涉及"上行"情景，但仅毕玮和陈胜男（2019）、郭坤等（2018）专门针对农产品上行。其次，中国幅员辽阔，各地农村在自然资源禀赋、经济状况、人口结构、社会环境等方面差别巨大，农产品上行的发展模式并非唯一，脱离发展模式讨论生态系统，既不符合实际情况，也不利于理论构建。第三，生态系统构建的内涵不仅包括参与主体，还包括构建要素及构建机制，而且是一个动态演化过程（吕一博等，2017）。

　　因此，本书在对农产品上行的阻滞和疏通机制展开分析之前，将采用多案例研究，通过数据收集、数据分析以及归纳和推演构建面向农产品上行的农村电商生态系统。

4.2　研究设计

4.2.1　研究方法

　　生态系统构建的机制与过程属于"how（怎么样）"和"why（为什么）"的问题，且该领域处于研究初期，适合采用探索性的案例研究方法（Yin，2014）。遵循艾森哈特（Eisenhardt，1989）提出的案例研究步骤，本书首先确定研究问题，然后选择研究案例并设计研究工具及流程，通过实地调研、访谈及二手资料等收集数据后，对数据进行整理、编码，最后构建理论。分析框架方面，在借鉴吕一博等（2017）做法的基础上，以农产品上行的三项基础条件——产品流畅通、信息流畅通、价值流畅通作为生态系统构建的原因和结果，从构建动因、构建机制、构建主体以及构建要素等维度进行分析，分析框架如图 4-1 所示。

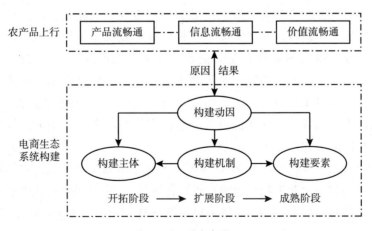

图 4-1　分析框架

图 4 – 1 中，构建主体是指应用电子商务开展农产品上行的各类利益相关者及其关系，即生态系统的物种及其关系。为分析方便，本书将物种分为领导物种、关键物种和支持物种三类，领导物种是电商生态系统的创立者和主导者，关键物种是农产品上行各环节的主要参与者，支持物种对农产品上行各环节的正常运行起保障和支撑作用。构建要素是指电商环境下农产品上行得以实现的基本价值活动，如农产品种植、包装、电商交易、运输、配送等。构建动因是农产品上行过程中产品流或信息流或价值流阻滞的原因，构建机制是疏通农产品上行过程中产品流或信息流或价值流阻滞的具体做法。

4.2.2　案例选择

本章采用多案例研究，多案例研究遵循复制逻辑，通过跨案例比较，识别各案例的共同点和异质性，进而构建理论模型（李亮等，2020）。与实证研究不同，案例研究采用理论抽样而非统计抽样，原因是案例的选择要契合研究主题（Eisenhardt，2007）。课题组在前期预研中发现，由于农村地区资源要素、社会经济环境存在异质性，其生态系统结构并非唯一。根据摩尔（1996）的研究，商业生态系统存在一个领导种群（又称为核心企业），为了获得持续竞争优势，它推动商业生态系统的产生和发展。判断是否为核心企业，主要依据是在构建农产品上行的价值链上是否起主导性作用。电子商务环境下，农产品上行的农村电商生态系统主要有三种类型：龙头企业主导型、电商企业主导型和中小网商聚集型。龙头企业主导型是指该农村电商生态系统的核心企业是农业产业化龙头企业，该类企业通过电商赋能农产品销售，本章选取 X 果业和 H 枣业两个案例，X 果业和 H 枣业均为农业产业化国家重点龙头企业，都从事农产品生产、收购、加工、销售等业务，前者以新疆特色农产品为主而后者专注红枣单一品类，且在同类企业中较早实施电子商务，已取得阶段性的经营业绩。电商企业主导型是指该农村电商生态系统的核心企业是农产品电商品牌企业，该类企业创立之初便从事农产品初级品及加工品的电商销售，通过产品开发、品牌推广发展壮大，本章选取 W 水果网店和 S 坚果电商两个案例，它们均为淘品牌（即通过淘宝和天猫平台培育的知名品牌），W 水果网店从事水果（农产品初级品）的电商销售，S 坚果电商从事休闲食品（农产品加工品）的电商销售，两家公司均为各自品类的头部企业。中小网商聚集型是指以农产品经营为主的农村电商产业集群，其特点是在一个或多个行政村聚集了大量的从事电子商务的农业经营主体，包括农业生产者、加工者及流通者，如农产品淘宝村，本章选取 Y 湖大闸蟹电商产业集群和 A 县铁观音电商产业集群，前者主要经营大闸蟹（农产品初级品）的电商销售，后者主要经营铁观音茶叶（农产品加工品）的电商销售，且两个案例均是首批农产品淘宝村入选对象。以上 6 个案例的基本情况如表 4 - 1 所示。

表 4 - 1　　　　　　　　　　　入选案例的基本情况

案例	简介
X 果业	X 果业是新疆维吾尔自治区供销社控股的大型林果业企业集团，是农业产业化国家重点龙头企业，拥有 XY 果园等品牌。XY 果园依托 X 果业集团全产业链进行线上和线下销售，主营产品包括阿克苏苹果、和田大枣、吐鲁番葡萄干、哈密瓜、库尔勒香梨等
H 枣业	H 枣业健康食品股份有限公司原名为 H 枣业枣业股份有限公司，是农业产业化国家重点龙头企业，主要从事红枣系列产品的研发、生产和销售，主营产品包括免洗枣、枣片、蜜饯、枣干等系列，公司于 2011 年在深圳证券交易所上市
W 水果网店	W 水果网店有限公司成立于 2015 年，是一家生鲜水果初级品销售企业，主要渠道为天猫平台，通过在其上开设"W 水果旗舰店"，从事苹果、大樱桃（车厘子）、橙子、芒果、百香果等网络零售业务
S 坚果电商	S 坚果电商股份有限公司成立于 2012 年，是一家从事自有品牌休闲食品的研发、检测、分装及销售企业，产品组合覆盖坚果、干果、果干、花茶及零食等多个农产品加工品类，主要渠道为天猫、京东、1 号店等平台及自营手机 App、大客户团购、线下体验店等
Y 湖大闸蟹电商产业集群	Y 湖面积 117 平方公里，湖中盛产大闸蟹。Y 湖蟹农于 2007 年开始尝试电商销售大闸蟹，目前已形成产业集群。2020 年，Y 湖所在村庄 2019 年电商销售大闸蟹达到 6 亿元，村民人均收入 5 万余元
A 县铁观音电商产业集群	福建省 A 县有上千年的产茶历史，是"中国乌龙茶之乡"、A 县铁观音的发源地。2004 年尤其是 2012 年以来，A 县茶企开始实践电商销售，目前已形成产业集聚。2019 年，A 县县农产品电商销售位居全国县域第二名，主要销售铁观音等茶叶

需要说明的是，在面向农产品上行的生态系统中，还有一个类型是电商平台主导型，典型案例如本来生活网和美菜网。然而，以电商平台为核心企业的农产品上行模式，其创业路径和经营模式与其他电商平台企业类似，且公司业务和办公环境以城市为主。该类模式面向农村地区主要是农

产品收购，而农业经营者涉及的电商业务甚少，更谈不上构建农村电商生态系统。鉴于此，本章未将电商平台主导型纳入面向农产品上行的电商生态系统构建的讨论范围。

4.2.3 数据来源

本章研究收集数据的方式包括实地调研、半结构化访谈以及公开文献资料。实地调研的目的是获得对案例企业的直观认识、澄清文献资料中不确定性内容，课题组成员对所有案例企业进行了实地调研。半结构化访谈主要针对案例企业管理层经理、基层一线员工，以及案例企业的客户、合伙伙伴等的面对面或电话（网络）访谈。公开文献资料涉及的类型非常丰富，包括：案例企业创始人或高管的演讲、访谈视频或文字资料，公司官网资料或宣传片，权威媒体的新闻报道，上市公司 IPO 或年报资料。为了提升案例研究的信度和效度，通过不同来源对数据进行了"三角验证"，删除未经证实的文字内容，力求以可靠的数据展开分析。

4.2.4 数据分析

本章以电商生态系统构建为案例分析单元。对于经营主体而言，面向农产品上行的电商生态系统构建最终表现在建设、合作、投资等"事件"型经营活动。例如，某企业为了缓解生鲜产品在物流配送环节的保鲜问题，于某段时间自建了产地冷库、大区分拨冷库、冷藏配送车等，就属于"事件"型经营活动。因此，本章的数据分析将以"事件"为主线展开。数据编码方法借鉴了程序化扎根理论（科宾，2015）以及吕一博等（2017）的做法，采用三级编码方式：一级编码是描述性编码（李亮等，2020），即对数据资料逐句识别，提取本研究关注的内容，加上引文标签，并标注事件发生的时间，形成"引文库"，表 4 - 2 为每个案例一级编码的引文条数。表 4 - 3 为一级编码示例，内容摘自 H 枣业案例。

表 4 - 2　　　　　　　　　　一级编码的引文条数

案例	X 果业	H 枣业	W 水果网店	S 坚果电商	Y 湖大闸蟹	A 县铁观音
引文条数	58	51	42	48	43	45

表 4 - 3   一级编码示例

引文编码	引文标签	引用内容	事件年份
I1_7	成立电商公司	报告期内，公司从人力、物力、财力多维度大力支持电商渠道。机制上，成立了全资子公司郑州树上粮仓商贸有限公司（2013 - 06 - 05），独立全面运营；队伍上，引进专业人才、组建百人专业团队来运作（上市公司公开信息）	2013
I1_43	物流出现问题	当然，我们也有硬伤。当时我们做这一块就是想要影响集团，要让集团看到电商的希望，而不仅仅起一个打广告或展示一下品牌的作用。那一次我们付出的代价很高，那次损失有近百万元，因为我们当时是跟快递公司合作的，邮局的局长找了很多领导说，我们一定要承担这次"双十一"的发货。结果，我们的货发了一个月没有发出去，造成了很多客户投诉，到最后我们盘点库存的时候，发现货品的损失将近 100 万元。这是在团队建设中我们有一个失措的过程（电商经理刘××）	2012
I1_49	转型阵痛	显然，面对假货的冲击、电商的竞争、关店潮的蔓延，H 枣业正在经历转型阵痛期。H 枣业对此解释为主要在于渠道拓展和销售终端的升级改造，以及加大品牌推广导致销售费用大幅增加。据了解，截至今年 8 月底，H 枣业升级门店已达460 多家。成本增加，网络渠道收入受限，H 枣业的日子注定不好过（媒体报道）	2014

　　二级编码是主题识别，即从一级编码"引文库"逐个条目识别反映电商生态系统构建相关的主题并加以命名，具有相同属性或表达类似内涵的内容归纳为同一个主题，每个案例的二级编码情况如表 4 - 4 至表 4 - 9 所示。三级编码形成范畴及其关联，即针对二级编码的主题通过特定事件（可进一步归纳为不同阶段）进行关联，进一步提炼归纳形成范畴，将其分配到构建动因、构建机制、构建对象、构建要素四个概念范畴的测度变量中，每个案例的三级编码情况如表 4 - 10 至表 4 - 15 所示。

表 4 - 4   X 果业二级编码

引文编码	事件年份	提取主题	主题编码
I2 - 1	2009	产权制度改革 全新经营理念	T2 - 15 T2 - 60
I2 - 2	2010	建成林果网	T2 - 40
I2 - 3	2010	新疆水果生产规模大	T2 - 85
I2 - 4	2010	公司＋农民合作社＋农户 合作社＋基地＋加工厂＋农户 企业经营模式	T2 - 29 T2 - 38 T2 - 57

续表

引文编码	事件年份	提取主题	主题编码
I2-5	2010	收购业务 加工业务 销售业务 仓储运输业务	T2-69 T2-39 T2-84 T2-10
I2-6	2010	40万吨大型仓库群 9万平方米露天货场 1万吨恒温保鲜库 240米长铁路专运线 国际先进水平的农产品加工厂	T2-4 T2-5 T2-2 T2-3 T2-34
I2-7	2011	同质化严重 低端竞争	T2-76 T2-24
I2-8	2011	收购电商企业 成立电商公司	T2-68 T2-16
I2-9	2011	传统企业认识不足 电商应用处于初级阶段	T2-18 T2-25
I2-10	2011	从C店转向官方旗舰店	T2-20
I2-11	2011	建设全国物流配送网络 建设城市分拨仓	T2-45 T2-44
I2-12	2011	物流配送成本高 异地建仓	T2-79 T2-91
I2-13	2011	新疆水果生产规模大 建设外销平台 销售处于薄弱环节 生产者利润微薄	T2-85 T2-46 T2-83 T2-65
I2-14	2011	缺乏电商人才	T2-61
I2-15	2011	缺乏二次加工 特色农产品开发	T2-62 T2-72
I2-16	2011	营销环节 仓储物流环节 运营环节 策划与设计环节 客服环节 备货环节 管理环节	T2-93 T2-9 T2-104 T2-11 T2-50 T2-6 T2-32
I2-17	2011	物流配送成本高效率低 客户投诉多	T2-80 T2-51

续表

引文编码	事件年份	提取主题	主题编码
I2 – 18	2011	信息化薄弱	T2 – 90
I2 – 19	2011	自建加工厂	T2 – 113
I2 – 20	2011	自建物流的弊端	T2 – 114
I2 – 21	2012	成立行业协会	T2 – 17
I2 – 22	2012	传统展会的缺点	T2 – 19
I2 – 23	2012	解决物流短板	T2 – 48
I2 – 24	2012	产品包装不足 广告宣传不足 产品质量控制不足	T2 – 12 T2 – 33 T2 – 14
I2 – 25	2012	企业规模小	T2 – 56
I2 – 26	2012	企业缺乏合作意识	T2 – 58
I2 – 27	2012	果品质量安全可追溯 生态健康果园 农产品标准化 提升产品质量 避免打价格战	T2 – 36 T2 – 66 T2 – 53 T2 – 75 T2 – 7
I2 – 28	2012	果菜冷藏保鲜率低 运输成本高 损耗率高 产品过早采收	T2 – 35 T2 – 103 T2 – 70 T2 – 13
I2 – 29	2012	新疆远离内地市场 供求信息不畅 交易成本高 营销手段单一 品牌效应无规模	T2 – 88 T2 – 31 T2 – 47 T2 – 94 T2 – 55
I2 – 30	2012	缺乏营销推广	T2 – 63
I2 – 31	2012	与政府合作	T2 – 102
I2 – 32	2012	淘宝"新疆馆"上线 与淘宝网合作	T2 – 71 T2 – 101
I2 – 33	2013	建立电子商务科技园区 促进企业电商应用	T2 – 41 T2 – 21
I2 – 34	2013	新鲜葡萄保鲜难题 冷链运输水果 改进水果包装 建立异地分拨仓	T2 – 89 T2 – 52 T2 – 28 T2 – 43

续表

引文编码	事件年份	提取主题	主题编码
I2 – 35	2013	过早采收致质量下降	T2 – 37
I2 – 36	2013	参与聚划算促销	T2 – 8
I2 – 37	2014	批发模式效益低	T2 – 54
I2 – 38	2014	入驻多家电商平台	T2 – 64
I2 – 39	2014	实施社会化媒体运营	T2 – 67
I2 – 40	2014	公司＋农民专业合作社＋农户 与合作社合作	T2 – 30 T2 – 98
I2 – 41	2014	支持果品冷库建设 支持商流链条和物流渠道 支持产地加工配送中心建设 支持销地交易中心建设 制定电商发展规划 引进知名电商平台	T2 – 106 T2 – 107 T2 – 105 T2 – 108 T2 – 109 T2 – 92
I2 – 42	2014	重视农产品包装	T2 – 110
I2 – 43	2014	重视品牌推广	T2 – 111
I2 – 44	2015	建立吐鲁番电商园	T2 – 42
I2 – 45	2015	物流成本高效率低 电子商务人才匮乏 新疆水果物流要求高	T2 – 78 T2 – 27 T2 – 87
I2 – 46	2016	与菜鸟合作	T2 – 96
I2 – 47	2016	提供加工服务 提供市场服务	T2 – 73 T2 – 74
I2 – 48	2016	注册西域果园商标	T2 – 112
I2 – 49	2017	搭建新疆特色林果电子商务平台	T2 – 22
I2 – 50	2017	委托第三方运营网店	T2 – 77
I2 – 51	2018	"18度甜"苹果 "西州蜜17号"哈密瓜 "西州蜜25号"哈密瓜	T2 – 1 T2 – 81 T2 – 82
I2 – 52	2018	低端价格竞争	T2 – 23
I2 – 53	2018	与阿里合作 与京东合作	T2 – 95 T2 – 99
I2 – 54	2019	"电子商务＋龙头企业＋贫困户"的帮扶模式	T2 – 26
I2 – 55	2019	与德邦合作	T2 – 97

引文编码	事件年份	提取主题	主题编码
I2－56	2019	与科研院所合作	T2－100
I2－57	2019	千万级苹果自动分选线	T2－59
I2－58	2020	开展电商直播	T2－49

表4－5　　　　　　　　　　H枣业二级编码

引文编码	事件年份	提取主题	主题编码
I1_1	2011~2012	渠道冲突 品牌侵权 市场倒逼 建立电商团队 缺乏电商人才	T1_53 T1_51 T1_62 T1_35 T1_55
I1_2	2019	电商团队整合 共享仓储物流 共享线下门店	T1_19 T1_27 T1_28
I1_3	2010	专卖店模式	T1_81
I1_4	2010	产品多样化	T1_6
I1_5	2010	质量体系完善	T1_79
I1_6	2011~2013	O2O实践	T1_1
I1_7	2013	成立电商公司	T1_11
I1_8	2020	出售B休闲食品电商公司	T1_12
I1_9	2010	专卖店模式 商超模式	T1_81 T1_59
I1_10	2013	电商管理模式	T1_17
I1_11	2018	自有电商业绩不佳	T1_85
I1_12	2014	开发电商产品 整顿电商市场	T1_39 T1_78
	2015	电商业务增长 开展跨界营销 入驻多家电商平台 打造电商品牌	T1_22 T1_43 T1_57 T1_14
	2016	电商业务猛增	T1_21

引文编码	事件年份	提取主题	主题编码
I1_13	2012	规范电商渠道	T1_29
	2013	电商促销顺利实施 电商业务增长	T1_16 T1_22
I1_14	2019	电商业务持续增长	T1_86
I1_15	2019	电商成为主渠道	T1_15
I1_16	2013	电商业务占比较小	T1_23
I1_17	2014	发展商超渠道	T1_24
I1_18	2013	互联网思维开发产品	T1_32
I1_19	2010	已成为知名品牌	T1_73
I1_20	2010	产品开发能力强	T1_7
I1_21	2010	市场占有率第一	T1_64
I1_22	2010	采用收购模式	T1_5
I1_23	2013	建立电商专用仓库	T1_36
I1_24	2013	建立会员制营销	T1_37
I1_25	2017～2020	开发爆款产品	T1_38
I1_26	2013	开发电商产品	T1_39
	2016	利用大数据开发产品	T1_47
I1_27	2019～2020	开启直播电商 农村电商直播	T1_40 T1_50
I1_28	2012	开拓商超渠道	T1_42
I1_29	2012～2013	礼品市场文创	T1_46
I1_30	2013	转型休闲食品市场	T1_82
	2019	增加研发投入	T1_77
I1_31	2017	陷入流量困境	T1_69
I1_32	2015	门店O2O化	T1_48
I1_33	2010	农产品加工	T1_49
I1_34	2013～2014	用户画像分析	T1_75

引文编码	事件年份	提取主题	主题编码
I1_35	2017～2019	全渠道融合	T1_54
		数字化集成	T1_66
		O2O 运营	T1_4
		社会化营销	T1_61
		会员制营销	T1_33
		信息计划建设	T1_71
		电商团队建设	T1_18
		发展社区电商	T1_25
I1_36	2013	入驻电商平台	T1_56
I1_37	2014～2015	商超渠道失败	T1_60
		商超利润微薄	T1_58
I1_38	2017	开展网络营销	T1_44
		双品牌运作	T1_67
I1_39	2013	产品线单一	T1_8
		物流配送问题	T1_68
		O2O 协调问题	T1_3
I1_40	2015	收购 B 休闲食品电商公司	T1_65
		开拓电商渠道	T1_41
		优势互补	T1_76
I1_41	2010	意向性协议收购模式	T1_74
		市场化自由收购模式	T1_63
		红枣科技示范园模式	T1_30
I1_42	2012～2013	绩效考核创新	T1_34
I1_43	2012	促销发货延迟	T1_13
		客户投诉猛增	T1_45
I1_44	2012	连锁店销售信息化	T1_87
	2015	信息化升级	T1_88
		公司信息化	T1_89
	2017	仓储物流信息化	T1_90
		信息系统对接	T1_91
	2018	数字化运营	T1_92
		信息化融合	T1_93
	2019	智能化运营	T1_94
		全链路信息数据化	T1_95
	2020	数字化转型	T1_96

引文编码	事件年份	提取主题	主题编码
I1_45	2010	重视研发投入	T1_80
I1_46	2010	品牌优势 销售网络优势 研发创新优势 产品线优势 供、产、销全国性布局的优势 产品质量优势 红枣文化优势	T1_52 T1_70 T1_72 T1_9 T1_26 T1_10 T1_31
I1_47	2010	农产品加工	T1_49
I1_48	2019	O2O 未达预期	T1_2
I1_49	2014	转型阵痛期	T1_83
I1_50	2010	自建种植基地	T1_84
I1_51	2020	自有电商业务持续增长	T1_86

表 4 - 6　　　　　　　　　　**W 水果网店二级编码**

引文编码	事件年份	提取主题	主题编码
I3_1	2012	熟悉信息技术 拥有创业经历	T3_25 T3_39
I3_2	2012	苹果销售不畅 注册淘宝网店	T3_21 T3_56
I3_3	2012	拥有创业经历	T3_39
I3_4	2012	苹果产量巨大 苹果产业链完备	T3_18 T3_19
I3_5	2013	成立合作社 与合作社合作	T3_1 T3_41
I3_6	2013	直面消费者 复购率高	T3_50 T3_7
I3_7	2013	注册商标 重视品牌建设	T3_55 T3_53
I3_8	2014	苹果线上畅销	T3_20
I3_9	2014	电商以零售为主	T3_4
I3_10	2014	订单销售	T3_6

引文编码	事件年份	提取主题	主题编码
I3_11	2014	会员数初具规模	T3_8
I3_12	2014	电商运营专业 复购率高	T3_5 T3_7
I3_13	2014	烟台苹果认知度高	T3_35
I3_14	2014	业务迅速增长	T3_36
I3_15	2015	形成竞争优势	T3_34
I3_16	2015	促销工作量大	T3_2
I3_17	2015	建立包装基地 建立仓储设施	T3_10 T3_11
I3_18	2015	农产品质量溯源	T3_16
I3_19	2015	重视包装创新	T3_52
I3_20	2015	网络口碑好	T3_27
I3_21	2015	销售额上亿元	T3_30
I3_22	2015	销售冷藏水果	T3_31
I3_23	2015	营销成本高昂	T3_38
I3_24	2015	与电商平台合作 平台提供流量	T3_40 T3_17
I3_25	2015	与快递企业合作 快递企业保障物流配送	T3_42 T3_15
I3_26	2015	预售模式 与快递企业合作	T3_43 T3_42
I3_27	2015	客服体系健全	T3_14
I3_28	2015	政府举办展销会 政府举办培训班 政府对接资源	T3_49 T3_48 T3_47
I3_29	2015	制定促销策略 做好客服工作	T3_51 T3_57
I3_30	2016	樱桃物流要求高 重视包装创新	T3_37 T3_52
I3_31	2016	销售异地水果 电商扶贫	T3_32 T3_3

引文编码	事件年份	提取主题	主题编码
I3_32	2016	提高收购要求 增加收购成本	T3_26 T3_46
I3_33	2017	市场排名第一	T3_24
I3_34	2018	设立异地团队	T3_22
I3_35	2018	与电商平台合作 平台提供流量	T3_40 T3_17
I3_36	2019	物流仓储建设 信息化建设 物流信息化建设	T3_28 T3_29 T3_29
I3_37	2019	遭受消费者投诉	T3_45
I3_38	2019	重视营销推广	T3_54
I3_39	2020	建立异地仓储 实行产地发货	T3_12 T3_23
I3_40	2020	加强供应链管理	T3_9
I3_41	2020	运营体系完善	T3_44
I3_42	2021	开展直播电商	T3_13

表 4 - 7　　　　　　　　　　S 坚果电商二级编码

引文编码	事件年份	提取主题	主题编码
I4_1	2011	行业经验丰富 电商探索完成	T4_50 T4_9
I4_2	2012	创业初获成功	T4_6
I4_3	2012	创立 S 坚果电商 组建电商团队	T4_4 T4_66
I4_4	2012	注重用户体验	T4_62
I4_5	2012	实施产品试吃 注重客户反馈	T4_39 T4_60
I4_6	2012	个性化营销	T4_14
I4_7	2012 ~ 2014	进行 A 轮融资 进行 B 轮融资 进行 C 轮融资	T4_21 T4_22 T4_23

引文编码	事件年份	提取主题	主题编码
I4_8	2012～2019	注重产品研发 专利数量最多	T4_59 T4_63
I4_9	2013	缩短供应链 核心环节自营 非核心外包	T4_43 T4_17 T4_12
I4_10	2013	场景化客户服务 客服效率高	T4_2 T4_26
I4_11	2013	拟人化品牌	T4_28
I4_12	2013	互联网森林食品 强化品牌建设	T4_18 T4_31
I4_13	2013	融资建设后端	T4_35
I4_14	2013	入驻多电商平台	T4_36
I4_15	2013	订单式采购 委托加工 自主包装	T4_10 T4_45 T4_65
I4_16	2013	注重用户体验	T4_62
I4_17	2013	创新组织管理	T4_5
I4_18	2014	建设城市分拨仓 全智能化电子拣货系统	T4_20 T4_34
I4_19	2014	微信公众号营销	T4_44
I4_20	2014	重视信息化建设	T4_57
I4_21	2015	建设城市分拨仓	T4_20
I4_22	2015	产品经理制度	T4_1
I4_23	2015	开发每日坚果 打造爆款	T4_24 T4_7
I4_24	2015	"双十一"促销 支持团队庞大	T4_42 T4_53
I4_25	2015	注重营销推广	T4_61
I4_26	2015	自建 App 平台	T4_64
I4_27	2015～2018	中央品控云平台 数字化供应链平台	T4_55 T4_41

引文编码	事件年份	提取主题	主题编码
I4_28	2015～2018	在线评论分析 改进产品质量	T4_52 T4_13
I4_29	2015～2018	重度垂直经营 信息系统完善 设立食品研究院 设立食品检测公司	T4_56 T4_49 T4_38 T4_37
I4_30	2016	代工模式管理问题	T4_8
I4_31	2016	新农业生态圈	T4_47
I4_32	2016	品牌 IP 化	T4_29
I4_33	2016～2017	质量问题频发	T4_54
I4_34	2016～2018	开设实体店	T4_25
I4_35	2016～2018	获得政府补贴	T4_19
I4_36	2016～2018	重视质量管理	T4_58
I4_37	2017	成立检测机构	T4_3
I4_38	2018	多品类产品组合	T4_11
I4_39	2018	供应商分级管理	T4_15
I4_40	2018	构建廉洁体系	T4_16
I4_41	2018	全过程质量管理	T4_32
I4_42	2018	全渠道销售	T4_33
I4_43	2018	信息化建设	T4_57
I4_44	2018	云体验销售中心	T4_51
I4_45	2019	跨界营销	T4_27
I4_46	2019	评为驰名商标	T4_30
I4_47	2019	线上线下运营	T4_46
I4_48	2020	市场占有率高	T4_40

表 4－8　　　　　　　　　**Y 湖大闸蟹二级编码**

引文编码	事件年份	提取主题	主题编码
I5_1	2007～2010	村民 ZQ 大学生创业 村民 ZQ 熟悉信息技术 村民 MJ、ZQ 注册公司 蟹二代新农人	T5_15 T5_16 T5_14 T5_50

引文编码	事件年份	提取主题	主题编码
I5_2	2007	村民 ZQ 网络推广	T5_17
I5_3	2008	村民 MJ 返乡创业 村民 MJ 申请商标 村民 MJ、ZQ 淘宝开店	T5_19 T5_20 T5_18
I5_4	2008	大闸蟹传统市场成熟 政府治理环境 成立行业协会	T5_6 T5_59 T5_2
I5_5	2008	自然条件优越	T5_61
I5_6	2009	入驻天猫平台	T5_35
I5_7	2010	蟹二代纷纷效仿 电商服务专业化 物流快递专业化	T5_49 T5_10 T5_45
I5_8	2010	地理标志产品	T5_7
I5_9	2010	开发大闸蟹卡券 预售大闸蟹 满足客户需求 拉长经营周期	T5_25 T5_54 T5_30 T5_29
I5_10	2010	电商快递共成长	T5_11
I5_11	2011～2014	网商数量不断上升 电商服务快速发展 电商销量快速增长	T5_44 T5_9 T5_12
I5_12	2012	示范带动效应	T5_39
I5_13	2012	商业嗅觉敏锐 专注坚韧品质	T5_36 T5_60
I5_14	2012	蟹二代新农人	T5_50
I5_15	2013	探索尝试电商	T5_41
I5_16	2014	创业带动就业	T5_3
I5_17	2014	培育电商人才	T5_33
I5_18	2014	政府政策支持 培育电商企业	T5_57 T5_32
I5_19	2014	设立专项资金	T5_37
I5_20	2014	协会发挥监管作用 协会发挥营销作用	T5_47 T5_48

引文编码	事件年份	提取主题	主题编码
I5_21	2014	与生产者合作	T5_53
I5_22	2015	创业氛围浓厚 拉动就业显著	T5_4 T5_28
I5_23	2015	经纪人参与电商	T5_24
I5_24	2015	开展跨境 B2C	T5_27
I5_25	2015	建成电商园区 政府支持园区建设	T5_23 T5_58
I5_26	2016	运营能力强	T5_55
I5_27	2016	形成产业集群	T5_51
I5_28	2016	改造养殖环境	T5_13
I5_29	2017	开展大数据分析	T5_26
I5_30	2018	检测机构参与	T5_22
I5_31	2018	平台监控质量	T5_34
I5_32	2018	协会处罚会员	T5_46
I5_33	2018	出台促进政策	T5_56
I5_34	2019	打造科技蟹	T5_5
I5_35	2019	低价低质竞争	T5_8
I5_36	2019	假冒伪劣盛行	T5_21
I5_37	2019	明星代言	T5_31
I5_38	2019	市场监督部门打假	T5_40
I5_39	2019	推出服务承诺	T5_42
I5_40	2019	推出认证蟹扣	T5_43
I5_41	2020	申请地理标志	T5_38
I5_42	2020	产业集群壮大	T5_1
I5_43	2020	一二三产业融合发展	T5_52

表 4 - 9   A 县铁观音二级编码

引文编码	事件年份	提取主题	主题编码
I6_1	2004～2010	茶商触网 茶多网上线运营	T6_7 T6_5

续表

引文编码	事件年份	提取主题	主题编码
I6_2	2006	A 县创业者 SZ 开网店	T6_49
I6_3	2008 ~ 2010	茶二代尝试电商 A 县创业者 SY 开网店 快速取得成功	T6_6 T6_48 T6_34
I6_4	2009	成立合作社	T6_12
I6_5	2009	电商进农村综合示范 一中心六体系	T6_21 T6_52
I6_6	2010	中国乌龙茶之乡 地理标志产品 传统市场成熟	T6_58 T6_16 T6_14
I6_7	2010	中国茶叶第一大县 建设垂直平台	T6_57 T6_27
I6_8	2010	建设电商孵化园	T6_29
I6_9	2012	产业基础好 品牌茶企崛起	T6_10 T6_38
I6_10	2011 ~ 2014	抱团打响品牌 电商平台推动	T6_4 T6_22
I6_11	2012	重视包装创新 重视产品创新	T6_63 T6_60
I6_12	2012 ~ 2013	出台促进政策 设立专项资金 重视市场监管	T6_13 T6_43 T6_62
I6_13	2012 ~ 2014	培育电商人才 政府平台协会联合培训人才	T6_37 T6_53
I6_14	2013	保护消费者权益	T6_3
I6_15	2013	成立电商协会	T6_11
I6_16	2013	平台竞相合作 举办促销展会	T6_40 T6_31
I6_17	2013	举办推广活动	T6_32
I6_18	2013	龙头企业试水电商 电商份额快速增长	T6_35 T6_18
I6_19	2013	纳入市场监管	T6_36

引文编码	事件年份	提取主题	主题编码
I6_20	2013	示范带动效应	T6_44
I6_21	2013	茶叶质量问题 产品同质化 低价竞争	T6_8 T6_9 T6_17
I6_22	2013	推出茶叶试泡装	T6_46
I6_23	2013	推出自律公约	T6_47
I6_24	2013	平台专题促销	T6_42
I6_25	2014	质量问题严重	T6_56
I6_26	2014	创新销售方式	T6_15
I6_27	2014	电商集群初步形成	T6_20
I6_28	2014	建设电商产业园 发展O2O电商	T6_28 T6_23
I6_29	2014	政府资金支持	T6_54
I6_30	2015	假冒伪劣盛行	T6_26
I6_31	2016	质量安全追溯	T6_55
I6_32	2016	重视O2O互动	T6_59
I6_33	2017	A县茶企BM电商成绩斐然	T6_2
I6_34	2017	形成电商集群	T6_51
I6_35	2018	"价格战"转"品质战"	T6_1
I6_36	2018	电商扶贫	T6_19
I6_37	2018	协会发挥作用	T6_50
I6_38	2020	发展有机茶	T6_24
I6_39	2020	高质量发展	T6_25
I6_40	2020	建设直播基地	T6_30
I6_41	2020	平台专题促销	T6_42
I6_42	2020	开展直播电商	T6_33
I6_43	2020	提高茶叶品质 品牌建设	T6_45 T6_61
I6_44	2020	平台推广产品	T6_41
I6_45	2020	重视品牌建设	T6_61

表4-10　X果业三级编码

阶段	构建动因	构建机制	构建对象	构建要素	二级编码
电商应用前（2010年前）	计划经济问题较多 新疆水果生产规模大	产权制度改革 全新经营理念 从事收购、加工、销售、仓储运输业务	新疆水果流通者	新疆水果外销渠道（线下）	T2-10、T2-15、T2-39、T2-60、T2-69、T2-84
	新疆水果外销需求	公司+农民合作社+农户 合作社+基地+加工厂+农户	新疆水果生产者	新疆水果种植	T2-29、T2-38、T2-57、T2-69
	新疆水果生产规模大	建成国际先进水平的农产品加工厂	新疆水果加工者	新疆水果加工	T2-34、T2-39、T2-85
	新疆水果生产规模大 新疆水果外销的仓储物流需求	40万吨大型库群 9万平方米露天货场 1万吨恒温保鲜库 240米长铁路专运线	仓储物流提供者	新疆水果外销仓储物流体系	T2-2、T2-3、T2-4、T2-5
电商启动期（2011～2015年）	新疆水果生产规模大 建设外销平台 销售处于薄弱环节 生产者利润微薄	收购电商企业 成立电商公司 入驻多家电商平台	新疆水果流通者 电商平台	新疆水果外销渠道（线上）	T2-6、T2-11、T2-16、T2-19、T2-31、T2-32、T2-40、T2-46、T2-47、T2-50、T2-54、T2-64、T2-65、T2-68、T2-83、T2-85、T2-88、T2-93、T2-104
	同质化严重 低端竞争 缺乏二次加工 产品包装不足 广告宣传不足	从C店转向官方旗舰店 特色农产品开发 自建加工 重视农产品包装 重视品牌推广	新疆水果流通者 新疆水果加工者	新疆水果外销渠道（线上） 新疆水果加工	T2-7、T2-12、T2-20、T2-24、T2-33、T2-55、T2-62、T2-72、T2-76、T2-94、T2-110、T2-111、T2-113

续表

阶段	构建动因	构建机制	构建对象	构建要素	二级编码
电商启动期（2011～2015年）	传统企业认识不足 电商应用处于初级阶段 促进企业电商应用	建立电子商务科技园区 建立吐鲁番电商园 建立新疆水果网	信息基础设施提供者 电商服务提供者	新疆水果电商服务	T2-18、T2-21、T2-25、T2-30、T2-40、T2-41、T2-42、T2-61、T2-73、T2-74、T2-90、T2-98
	企业规模小 企业缺乏合作意识	成立行业协会	行业协会	新疆水果电商交流	T2-17、T2-56、T2-58
	物流配送成本高 效率低 客户投诉多 产品过早采收	建设全国物流配送网络 建设城市分拨仓 冷链运输水果 改进水果包装	仓储物流提供者	新疆水果外销仓储物流体系	T2-13、T2-28、T2-35、T2-37、T2-43、T2-44、T2-45、T2-48、T2-51、T2-52、T2-70、T2-79、T2-80、T2-89、T2-91、T2-103、T2-114
	缺乏营销推广	参与策划算促销 实施社会化媒体运营 淘宝"新疆馆"上线	电商平台	新疆水果外销渠道（线上）	T2-8、T2-63、T2-67、T2-71、T2-101
	产品质量控制不足	果品质量安全可追溯 生态健康果园 农产品标准化 提升产品质量	新疆水果生产者	新疆水果种植	T2-14、T2-36、T2-53、T2-66、T2-75
	获得政府支持	与政府合作	政府部门	新疆水果电商政策环境	T2-92、T2-102、T2-105、T2-106、T2-107、T2-108、T2-109

续表

阶段	构建动因	构建机制	构建对象	构建要素	二级编码
电商发展期（2016～2020年）	物流成本高效率低 新疆水果物流要求高	与菜鸟合作 与德邦合作	仓储物流提供者	新疆水果外销仓储物流体系	T2-78、T2-87、T2-96、T2-97
	低端价格竞争	注册 XY 果园商标 开发爆款产品 与科研院所合作	新疆水果生产者 新疆水果加工者 农产品科研机构	新疆水果产品开发	T2-1、T2-81、T2-82、T2-100、T2-112、T2-112
	提升互联网流量	与阿里合作 与京东合作 开展电商直播	新疆水果消费者	新疆水果外销市场（线上）	T2-27、T2-49、T2-77、T2-95、T2-99
	提高分拣规模和效率	千万级苹果自动分选线	新疆水果加工者	新疆水果分拣	T2-59
	扶贫	"电子商务＋龙头企业＋贫困户" 的帮扶模式	新疆水果生产者	新疆水果种植	T2-26

表4-11 H枣业三级编码

阶段	构建动因	构建机制	构建对象	构建要素	对应二级编码
电商应用前（2010年前）	红枣稳定供应	意向性协议收购 市场化自由收购 红枣科技示范园 建立种植基地	红枣生产者	红枣种植	T1_5、T1_26、T1_30、T1_74、T1_63、T1_84
	红枣市场竞争力	自建加工生产线 自建红枣深加工工程技术中心 遵循GMP等质量管理体系	红枣加工者 红枣科研机构 标准化组织	红枣产品开发（线下） 红枣加工 红枣技术研发	T1_6、T1_7、T1_9、T1_10、T1_26、T1_49、T1_72、T1_79、T1_80
	打通销售渠道	专卖店（直营、特许经营）销售 商超销售	红枣流通者	红枣渠道（线下）	T1_26、T1_59、T1_70、T1_81
	红枣市场占领	聚焦礼品市场 推广红枣文化 建立连锁经营网络	红枣消费者	红枣市场（线下）	T1_31、T1_52、T1_64、T1_73、T1_81
电商启动期（2011~2015年）	渠道冲突 品牌侵权 礼品市场受创	建立电商团队 成立电商公司 规范电商渠道 入驻电商平台	红枣流通者 电商平台	红枣渠道（线上）	T1_11、T1_29、T1_35、T1_46、T1_51、T1_53、T1_56、T1_62、T1_78
	电商业务占比较小 产品线单一	互联网思维运营 开发电商产品	红枣加工者	红枣产品开发（线下）	T1_8、T1_23、T1_32、T1_37、T1_39
	尝试线上市场	建立会员制营销 用户画像分析 转型休闲食品市场	红枣消费者	红枣市场（线上）	T1_37、T1_75、T1_82

续表

阶段	构建动因	构建机制	构建对象	构建要素	对应二级编码
电商启动期（2011~2015年）	促销发货延迟客户投诉猛增缺乏电商人才	绩效考核创新电商管理模式	红枣流通者	红枣电商运营	T1_13、T1_16、T1_17、T1_22、T1_34、T1_45、T1_55、T1_83
	物流配送问题	建立电商专用仓库	仓储提供者	红枣仓储体系	T1_36、T1_68
	O2O实践O2O协调问题	连锁店销售信息化门店O2O化	红枣流通者	红枣渠道	T1_1、T1_3、T1_48、T1_83、T1_87
	商超渠道失败电商业务增长	入驻多家电商平台开展跨界营销打造电商品牌信息化升级	红枣流通者	红枣渠道（线上）	T1_14、T1_21、T1_22、T1_24、T1_42、T1_43、T1_57、T1_58、T1_60、T1_88、T1_89
	电商作为主渠道自有电商逆增长	收购B休闲食品电商公司双品牌运作	红枣流通者	红枣渠道（线上）	T1_15、T1_27、T1_28、T1_41、T1_65、T1_67、T1_76、T1_85
电商发展期（2016~2020年）	电商团队建设	电商团队整合	红枣流通者	红枣电商运营	T1_12、T1_18、T1_19
	开拓线上市场陷入流量困境	开发爆款产品发展社区电商开启直播电商增加研发投入	红枣消费者	红枣市场（线上）	T1_25、T1_33、T1_38、T1_40、T1_44、T1_47、T1_50、T1_61、T1_69、T1_77、T1_86
	全渠道融合数字化转型	仓储物流信息化全链路信息数据化O2O运营	红枣消费者	红枣市场	T1_2、T1_4、T1_54、T1_66、T1_71、T1_90、T1_91、T1_92、T1_93、T1_94、T1_95、T1_96

表4-12　W水果网店三级编码

阶段	构建动因	构建机制	构建对象	构建要素	二级编码
创业启动期 (2012～2014年)	苹果产量巨大 苹果产业链不完备 熟悉销售信息技术 拥有创业经历	注册淘宝网店	水果流通者 电商平台	水果线上渠道	T3_18、T3_19、T3_21、T3_25、T3_39、T3_56
	稳定水果货源	成立合作社 与合作社合作	水果生产者	水果种植	T3_1、T3_41
	直面消费者 订单销售 复购率高 苹果线上畅销	注册淘宝网店 注册商标 重视品牌建设 电商运营专业	水果消费者	水果线上市场	T3_4、T3_5、T3_6、T3_7、T3_8、T3_20、T3_34、T3_35、T3_36、T3_50、T3_53、T3_55、T3_56
	业务迅速增长 扩大业务规模	与电商平台合作 开展电商促销 加大营销投入 客服体系健全	水果消费者	水果线上市场	T3_2、T3_14、T3_17、T3_24、T3_30、T3_36、T3_38、T3_40、T3_51、T3_57
业务发展期 (2015～2017年)	提升消费者满意度	重视包装创新 建立包装基地 建立仓储设施 与快递企业合作 农产品质量溯源	水果消费者	水果线上市场	T3_10、T3_11、T3_16、T3_24、T3_27、T3_42、T3_52
	销售非现摘水果	销售冷藏水果 预售模式 快递企业保障物流配送	水果消费者 水果生产者	水果线上市场 水果种植	T3_15、T3_24、T3_31、T3_42、T3_43

续表

阶段	构建动因	构建机制	构建对象	构建要素	二级编码
业务发展期（2015～2017年）	水果物流要求高	重视包装创新	水果加工者	水果包装	T3_37、T3_52
	电商扶贫	销售异地水果	水果生产者	水果种植	T3_3、T3_32
	提高产品质量	提高收购要求 增加收购成本 加入行业协会	水果生产者 行业协会	水果种植 水果电商交流	T3_26、T3_46
	获得政策支持	政府举办展销会 政府举办培训班 政府对接投资源	政府部门	水果电商政策环境	T3_47、T3_48、T3_49
	提高运营能力	设立异地团队 运营体系完善	水果流通者	水果电商运营	T3_22、T3_44
业务成熟期（2018～2021年）	扩大市场份额	重视营销推广 与电商平台合作 开展直播电商	水果消费者	水果线上市场	T3_13、T3_17、T3_40、T3_54
	遭受消费者投诉	加强供应链管理	水果生产者	水果种植	T3_9、T3_9
	提高物流效率	物流信息化建设 建立异地仓储 实行产地发货	仓储物流提供者	水果仓储物流体系	T3_12、T3_23、T3_28、T3_29

表 4 - 13　　　　　　　　　　　　　　　　　　　S 坚果电商三级编码

阶段	构建动因	构建机制	构建对象	构建要素	二级编码
创业启动期（2012～2014 年）	行业经验丰富电商探索完成	创立 S 坚果电商组建电商团队入驻多电商平台	休闲食品流通者电商平台	休闲食品线上渠道	T4_4、T4_6、T4_9、T4_36、T4_50、T4_66
	产品开发注重用户体验	实施产品试吃注重客户反馈加工委托加工自主包装	休闲食品加工者	休闲食品加工	T4_39、T4_45、T4_60、T4_62、T4_65
	提高生产效率	缩短供应链核心环节自营非核心外包	休闲食品加工者	休闲食品加工	T4_12、T4_17、T4_43
	原材料稳定供应	订单式采购	原材料生产者	休闲食品原材料种植	T4_10
	目标市场定位	互联网森食品强化品牌建设拟人化品牌	休闲食品消费者	休闲食品线上市场	T4_18、T4_28、T4_31
	营销推广	个性化营销微信公众号营销	休闲食品消费者	休闲食品线上市场	T4_14、T4_44
	融资建设后端	进行 A 轮融资进行 B 轮融资进行 C 轮融资重视信息化建设	休闲食品流通者	休闲食品线上渠道	T4_21、T4_22、T4_23、T4_35、T4_57

续表

阶段	构建动因	构建机制	构建对象	构建要素	二级编码
创业启动期（2012~2014年）	建设物流体系	建设城市分数仓全智能化电子拣货系统	仓储物流提供者	休闲食品仓储物流体系	T4_20、T4_34
	团队建设	创新组织管理场景化客户服务	休闲食品流通者	休闲食品电商运营	T4_2、T4_5、T4_26
	注重产品创新	注重产品研发开发每日坚果产品经理制度设立食品研究院	休闲食品加工者科研机构	休闲食品加工休闲食品研发	T4_1、T4_7、T4_24、T4_38、T4_59、T4_63
	建设物流体系	建设城市分数仓	仓储物流提供者	休闲食品仓储物流体系	T4_20
业务发展期（2015~2017年）	质量问题频发	成立检测机构在线评论分析重视品质管理中央品控云平台	休闲食品加工者标准化组织	休闲食品加工农产品质量管理	T4_3、T4_8、T4_13、T4_37、T4_52、T4_54、T4_55、T4_58
	注重营销推广	"双十一"促销支持团队庞大自建App平台品牌IP化	休闲食品消费者	休闲食品线上市场	T4_29、T4_42、T4_53、T4_61、T4_64
	构建新农业生态圈	数字化供应链平台重度垂直经营信息系统完善	休闲食品流通者	休闲食品渠道	T4_41、T4_47、T4_49、T4_56
	政府支持	获得政府补贴	政府部门	休闲食品电商政策环境	T4_19

续表

阶段	构建动因	构建机制	构建对象	构建要素	二级编码
业务成熟期（2018～2020年）	全渠道销售	开设实体店 云体验销售中心 线上线下运营 跨界营销	休闲食品消费者 行业协会	休闲食品市场 水果电商交流	T4_25、T4_27、T4_30、T4_33、T4_40、T4_46、T4_51
	提升管理效率	信息化建设	休闲食品流通者	休闲食品企业信息系统	T4_57
	重视产品开发	多品类产品组合	休闲食品加工者	休闲食品加工	T4_11
	重视产品质量 降低生产成本	供应商分级管理 构建廉洁体系 全过程质量管理	休闲食品加工者	休闲食品加工	T4_15、T4_16、T4_32

表4-14　Y湖大闸蟹三级编码

阶段	构建动因	构建机制	构建对象	构建要素	二级编码
电商萌芽期（2010年之前）	自然条件优越	政府治理环境 成立行业协会 大力开拓市场	大闸蟹生产者 大闸蟹流通者 大闸蟹消费者 政府部门 行业协会	大闸蟹养殖 大闸蟹线下渠道 大闸蟹线下市场 大闸蟹地理标志 大闸蟹政府治理 大闸蟹产业联盟	T5_2、T5_6、T5_7、T5_59、T5_61
电商发展期（2011~2015年）	发现市场机会 熟悉市场环境	带头人创业 带头人开设网店 探索尝试电商推广 与生产者合作	大闸蟹流通者 大闸蟹生产者 电商平台	大闸蟹线上渠道 大闸蟹养殖	T5_14、T5_15、T5_16、T5_17、T5_18、T5_19、T5_20、T5_35、T5_41、T5_50、T5_53
	示范带动效应	蟹二代纷纷效仿 创业带动就业	大闸蟹流通者 大闸蟹加工者	大闸蟹线上渠道 大闸蟹包装	T5_3、T5_4、T5_9、T5_12、T5_24、T5_28、T5_39、T5_44、T5_49
	生态环境完善	电商服务专业化 物流快递专业化 培育电商人才	信息基础设施提供者 电商服务提供者 仓储物流提供者	大闸蟹电商服务 大闸蟹仓储物流体系	T5_10、T5_11、T5_33、T5_45
	商业嗅觉敏锐	开发大闸蟹卡券 开展跨境B2C 注重经营创新	大闸蟹消费者	大闸蟹线上市场	T5_12、T5_25、T5_27、T5_29、T5_30、T5_36、T5_54、T5_60
	政策环境治理	设立专项资金 培育电商企业	政府部门	大闸蟹电商政策环境	T5_32、T5_37、T5_57

续表

阶段	构建动因	构建机制	构建对象	构建要素	二级编码
电商发展期（2011～2015年）	产业联盟效应	成立行业协会 发挥协会作用	行业协会	大闸蟹电商交流	T5_47、T5_48
	发挥集聚效应	建成电商园区	电商服务提供者	大闸蟹电商服务	T5_23、T5_58
	低价低质竞争 假冒伪劣盛行	市场监督部门打假 改造养殖环境 检测机构参与 平台监控质量 协会处罚会员 推出服务承诺 推出认证蟹扣 打造科技蟹	大闸蟹生产者 大闸蟹流通者 标准化组织 科研机构	大闸蟹品质 大闸蟹线上渠道 大闸蟹质量管理 大闸蟹研发	T5_5、T5_8、T5_13、T5_21、T5_22、T5_34、T5_40、T5_42、T5_43、T5_46
电商成熟期（2016～2020年）	壮大产业集群	出台促进政策 申请地理标志 提升运营能力 开展大数据分析 明星代言 一二三产业融合发展	大闸蟹生产者 大闸蟹流通者 大闸蟹消费者	大闸蟹养殖 大闸蟹线上渠道 大闸蟹线上市场	T5_1、T5_26、T5_31、T5_38、T5_51、T5_52、T5_55、T5_56

表4-15　A县铁观音三级编码

阶段	构建动因	构建机制	构建对象	构建要素	二级编码
电商萌芽期（2010年之前）	产业基础好	大力开拓市场	茶叶生产者 茶叶加工者 茶叶流通者 茶叶消费者	铁观音种植 铁观音线下市场 铁观音地理标志	T6_10、T6_12、T6_14、T6_16、T6_57、T6_58
	发现市场机会 熟悉市场环境	茶商触网 带头人创业 带头人开设网店 带头人进行网络推广 探索尝试电商 成立合作社	茶叶流通者 茶叶生产者 电商平台	铁观音线上渠道 铁观音种植	T6_6、T6_7、T6_12、T6_49、T6_48
	培育电商环境	建设垂直平台 建设电商孵化园	信息基础设施提供者 电商服务提供者	铁观音电商服务	T6_5、T6_27、T6_29
	政府推动发展	电商进农村综合示范 一中心六体系建设	政府部门	铁观音电商政策环境	T6_21、T6_52
电商发展期（2011~2015年）	示范带动效应	龙头企业试水电商 抱团打响品牌 电商平台推动	茶叶流通者 茶叶加工者	铁观音线上渠道 铁观音线下加工	T6_4、T6_22、T6_34、T6_35、T6_38、T6_44
	政府推动发展	出台促进政策 设立专项资金 培育电商人才	政府部门	铁观音电商政策环境	T6_13、T6_37、T6_43、T6_53、T6_54

续表

阶段	构建动因	构建机制	构建对象	构建要素	二级编码
电商发展期（2011～2015年）	扩展市场空间	重视包装创新 重视产品创新 平台竞相合作 举办促销展会 创新销售方式	茶叶消费者	铁观音线上市场	T6_15、T6_18、T6_31、T6_32、T6_40、T6_42、T6_46、T6_60、T6_63
	茶叶质量问题	纳入市场监管 保护消费者权益 推出自律公约	茶叶流通者 茶叶加工者	铁观音线上渠道 铁观音加工	T6_3、T6_8、T6_9、T6_17、T6_36、T6_47、T6_56、T6_62
	产业联盟效应	成立行业协会 发挥协会作用	行业协会	铁观音电商交流	T6_11、T6_53
	发挥聚集效应	建成电商园区	电商服务提供者	铁观音电商服务	T6_20、T6_23、T6_28、T6_51
电商成熟期（2016～2020年）	假冒伪劣盛行	质量安全追溯 "价格战"转"品质战" 发展有机茶 高质量发展 重视品牌建设	茶叶流通者 茶叶加工者 科研化机构 标准化组织	铁观音线上渠道 铁观音加工 铁观音研发 铁观音质量管理	T6_1、T6_24、T6_25、T6_26、T6_45、T6_50、T6_55、T6_61
	扩大市场空间	重视020互动 建设直播基地 平台专题促销 电商扶贫	茶叶消费者 茶叶生产者	铁观音线上市场 铁观音种植	T6_2、T6_19、T6_30、T6_33、T6_41、T6_42、T6_59

4.3　龙头企业主导型电商生态系统

4.3.1　案例概况

根据《农业产业化国家重点龙头企业认定和运行监测管理办法》，农业产业化龙头企业是指以农产品生产、加工或流通为主业，通过合同、合作、股份合作等利益联结方式直接与农户紧密联系，使农产品生产、加工、销售有机结合、相互促进，在规模和经营指标上达到一定标准的农业企业。通常，该类企业有健全的传统销售渠道，仓储物流设施齐备，线下市场占有率高，电商销售是为顺应市场发展需要而开辟的新营销渠道。

1. X 果业

X 果业是一家从事新疆特色农产品外销业务的流通企业，在新疆各地建有多个生产基地、物流配送中心，在北京、上海等国内大型城市建有仓储分拨中心。X 果业的电商业务包括农产品电商销售和农产品电商服务两大块。电商销售方面，依托"XY 果园"品牌在天猫、京东等电商平台开设旗舰店、自营入仓等进行销售。电商服务方面，建立电商产业园区，为农产品企业提供电商创业孵化等服务；建立第三方电商平台"林果网"，为入驻商户提供农产品在线销售服务；建立全国仓储物流网络，为新疆农产品经营者提供仓储物流服务。

2. H 枣业

H 枣业是一家从事红枣研发、加工和销售的品牌企业，"H 枣业"为该公司的红枣产品品牌。H 枣业在河南、新疆等地建有生产基地，主要通过收购方式获取红枣原材料，早期销售模式主要采用专卖店渠道（自营和加盟），后也尝试商超渠道。在开展电商应用之前，H 枣业已建成完善的销售渠道和仓储物流体系，红枣系列产品的市场份额位居全国第一。H 枣业的电商业务有三种类型，一是成为京东等自营平台的供应商，以"入仓模式"销售，H 枣业仅向其仓库发送货物，自营电商平台负责产品推广、订单管理、货物配送并开具发票。二是通过天猫等第三方平台开设"官方旗舰店"，H 枣业自主销售并履行订单。三是网络分销，即通过流通渠道进行电商平台进行网络零售。

4.3.2　构建过程

在开展电商应用之前，龙头企业已形成较为完善的线下商业生态系统。为了顺应线上市场的发展，龙头企业通常在现有线下商业生态系统的基础上，领悟线上与线下营销渠道的运营区别，突破传统企业转型电商的"能力陷阱"（司林胜，2004），主动对接第三方电商平台、电商服务企业，建立线上销售渠道，改进物流配送体系，从而获得尽可能多的消费者流量并实现尽可能高的销售转化。

1. X 果业

在开展电商应用之前，X 果业通过疆内收购和疆外销售的"两张网"建设，构建了完善的新疆特色农产品外销生态系统：一是面向全疆特色农产品生产者建立了收购关系，成为新疆特色农产品的生产者"代言人"；二是建立了具有国际先进水平的水果加工生产线，成为新疆特色农产品的加工者；三是建立了完善的全国仓储物流网络，成为新疆特色农产品的仓储物流提供者；四是建立了数量众多的实体销售终端，成为新疆特色农产品的流通者。开展电商应用之后，X 果业专注于线上销售渠道构建，通过与电商平台合作、优化物流配送体系、建立电商产业园、开发垂直电商平台等构建新疆特色农产品外销电商生态系统。

（1）收购电商企业，探索线上业务。X 果业于 2010 年开展电商业务，是国内较早进入电商领域的农业产业化龙头企业。在当时，理论界和实践界皆对"自建平台还是入驻第三方平台"开展电商缺乏认识。在此情形下，X 果业以开放的心态实施了"两条路并行"的发展战略。一方面，成立新疆特色林果电子商务股份公司，自建"林果网"，致力于打造新疆农产品电商第一平台，为新疆特色农产品提供线上交易服务。另一方面，收购拥有两金冠淘宝店铺"XJ 美味特产店"的 X 果业 D 电子商务有限公司（以下简称"D 电商"），借助第三方电商平台开展网络零售业务。

由于平台的垄断属性，林果网并未达到预期效果，网站流量和在线交易量均很低。D 电商负责天猫"XY 果园官方旗舰店""新疆原产地官方旗舰店"和京东"XY 果园地方特产旗舰店""D 电商生鲜专营店"运营。几年来，D 电商形成了网店运营、活动推广的稳定业务体系，开展的"汇聚新疆""发现新疆""寻味新疆"等系列主题活动成效显著。2013 年，"汇聚新疆"活动 3 天销售南疆青皮核桃 112 吨；2017 年，打造了阿克苏冰糖心苹果"18度甜"农产品品牌;"新疆福棉""亿元团""察县活水米""墨玉黑鸡侠"已成为供销系统农产品网络营销的典型案例。

（2）与平台合作，借势发展壮大。X果业始终坚持合作开放的发展战略，与知名电商平台合作是一大亮点。X果业利用"供销系统""龙头企业"等身份，在自治区政府的支持下，与阿里巴巴、京东等建立了紧密的合作关系。

X果业与电商平台的合作是全方位的，不仅入驻平台开设店铺，还与其联合面向新疆提供电商服务。2012年，联合自治区供销学校获得淘宝大学新疆分校运营权;2014年，获得1688"新疆馆"以及淘宝特色中国"新疆馆"的运营权;2016年，与阿里巴巴聚划算合作开展"汇聚全球·新丝绸之路"活动，以"特色产品＋国家馆""特色产品＋新疆县域馆"的形式，实现跨境农产品在线交易;2018年，与京东合作，开展"无界零售快闪店"活动，助力新疆优质农产品上行，带动新疆特色农产品全产业链升级。

新疆水果对物流配送要求高，由于物流配送体系不健全，经营者经常通过"过早采摘"的方式销售新疆水果，这导致水果口感不佳，产品质量明显下降，消费者满意度不高，市场口碑严重受损。为了解决"物流配送"这一新疆农产品电商关键难题，X果业先后与德邦快递就新疆生鲜产品采收、冷链运输等达成战略合作协议，打通农产品"最初一公里";与菜鸟网络合作，推出"当日达""次日达"服务，提高农产品"最后一公里"效率。物流配送体系的健全大幅度提升了新疆生鲜瓜果外送效率。

（3）建立电商产业园，开展电商服务。当认识到电商发展需要商业基础设施支撑，X果业于2013年投资6亿元建立了新疆电子商务科技园，该园区位于乌鲁木齐高新区，占地540亩，分为电子商务创业孵化区、服务区、培训示范区、物流配送区、优质农产品研发和示范区等功能区，园区搭建了覆盖全国的物流配送网络，实现物流配送与电子商务协同运作，国内一线城市次日可送达，其他城市3天即可送达。2014年，以园区为中心，X果业主导成立了新疆电子商务产业技术联盟，辐射带动从基地、加工到销售各产业链的良性互动和一体化发展。2015年，X果业又在吐鲁番建成新疆特色农产品电子商务服务园区，是一个融农产品电商运营、创业孵化、培训、金融服务于一体的"三农"综合服务平台。该园区占地430亩，建有电商公共服务中心、电商展示交易大厅、旅游观光工厂以及保鲜库、露天货场、库房、农产品加工车间、检验检测中心等。电商产业园的建立，进一步奠定了X果业作为新疆特色农产品外销电商生态系统领导者的地位，使其构建的电商生态系统日趋完善，有力地保障了新疆特色农产品畅通上行。

2. H 枣业

在实施电子商务之前，H 枣业已是行业龙头企业、上市公司，形成了完善的红枣系列产品线下商务生态系统：一是建立了红枣生产基地，通过意向性协议收购等方式成为基地生产者的"代言人"；二是建立了红枣深加工工程技术中心和具有国际先进水平的红枣加工生产线，成为红枣产品的加工者；三是建立了数量众多的专卖店，成为红枣系列产品的流通者和仓储物流提供者。开展电商应用之后，H 枣业专注于线上销售渠道构建，通过成立独立的电商公司、与电商平台合作、优化物流配送体系等构建"H 枣业"红枣产品电商生态系统。

（1）形势倒逼，构建电商销售渠道。H 枣业于 2011 年上市，当年营业收入为 7.85 亿元，净利润（扣除非经常性损益）为 0.94 亿元，拥有中国驰名商标"H 枣业"和"枣博士"，开发了十大系列 300 多种单品。上市后，为了营业收入增长，H 枣业提出"五驾马车"的发展战略，即通过专卖店、商超、电子商务、批发业务及出口实现多渠道销售。

H 枣业出品的红枣具有质量好、价格高等特点，最初定位为高端礼品市场，销售渠道以专卖店为主。截至 2011 年，专卖店数量为 2133 家。然而，中央三公消费禁令后，礼品市场迅速萎缩，H 枣业被迫向大众休闲食品市场转型。为此，H 枣业提出了商超营销战略。截至 2015 年，商超重要客户（key account，KA）门店已达 2200 余家，专卖店数量则减少到 1200 余家。但是，商超的销售费用较高，且商品经常参与打折促销活动，这导致利润严重下滑，H 枣业不得不转向电商销售。

事实上，H 枣业的电商之路是在形势逼迫下开始的。早在 2009 年，H 枣业的加盟商、经销商就自发通过淘宝、1688 等电商平台开展销售业务。当时，红枣电商市场已经发育，但品牌企业却鲜有涉足，品牌侵权行为非常盛行。后来，H 枣业开展"清网"行动，对电商平台上各类窜货、假货进行严厉打假，取得了显著效果。2013 年后，由于专卖店业绩下滑、商超利润较低，H 枣业开始主动"拥抱互联网"，深化战略转型。H 枣业的具体做法包括：一是在天猫、京东、1 号店等电商平台建立官方旗舰店；二是通过"入仓模式"成为京东等自营平台的供应商；三是对专卖店进行信息化改造，实现线上下单、门店抢单、就近配送或客户自提的 O2O 模式。

为了进一步适应电商市场发展，H 枣业于 2016 年全资收购互联网零食品牌 B 休闲食品电商公司，实现从单一的红枣产品向休闲食品转变。收购后，一是营业收入大幅增长，二是电商销售成为主要渠道。2019年，H枣业营业收入为59.61亿元，其中电商销售占86.4%，线上注册会员超过8000万人。

（2）产品优化，适应电商市场需求。H枣业的产品开发能力很强，公司建立的红枣研发机构是国家级企业技术中心。开发电商渠道之前，H枣业定位礼品市场，以专卖店为主渠道。专卖店的目标客户主要是35岁以上人群，而电商市场则是18~39岁的网络消费者。如果直接将专卖店产品放到线上销售，消费者会认为这些产品在实体店可以买到，而网购的目的是购买价格较低的简装产品。为此，在2014年，H枣业根据初步的电商经验，通过已有会员的购买记录，分析购物行为、频率和品类搭配等习惯，开发了"淘枣帮"系列产品13款，其中120克零食系列以其萌系、卡通的包装受到年轻消费者的喜爱。此后，H枣业每年都会根据休闲食品市场流行趋势，从"新原料、新工艺、新形态、新概念"四个维度推出数款新品。

电商市场的一大特点是单一产品获得市场广泛认可后，会成为"爆品"，进而带给企业较好的经济效益。H枣业经过两三年探索后，也实施了"单品爆款"策略。2015年，H枣业通过词云分析，推出"让爱开口"系列枣夹核桃，成为当年同类产品线上销量冠军。2017年，根据网民日益注重健康的消费心理，H枣业将冻干技术运用到中国人传统饮品"红枣莲子银耳汤"中，推出"清菲菲"FD红枣湘莲银耳汤，取得了巨大成功，该产品获得了当年的"方便食品创新大奖"，2019年销售额超过7000万元，顾客满意度极高。另一款单品是"28度锁鲜枣"，通过采鲜、保鲜、藏鲜、洗鲜、挑鲜、锁鲜、控鲜等七重"锁"鲜，口感鲜嫩脆甜，加上用心的包装设计，一上市便获得消费者青睐，销量非常可观。

（3）独立运营，发展自有电商业务。作为上市公司，H枣业具备完善的组织架构，这对于电商业务而言是一把"双刃剑"。一方面，研发、生产以及供应链的能力可以很快移植到电商业务中，具有纯电商企业无法比拟的优势。另一方面，线下销售经验带来的"能力陷阱"以及渠道冲突，又成为全面开展电商业务的绊脚石。H枣业为了趋利避害，采取的独立运营的发展策略。2013年，H枣业引入职业经理人，招聘组建百人专业团队，全资成立了郑州S商贸有限公司。

郑州S商贸有限公司专门负责H枣业自营电商业务，通过在天猫、京东、1号店等电商平台开设官方旗舰店或自建网上商城销售H枣业产品。后来，随着电商业务的拓展，H枣业为了组建更专业的运营团队，于2019年在杭州成立独资公司——杭州 H 枣业电子商务有限公司，并全资控股郑州树上粮仓商贸有限公司，一起为 H 枣业电商业务"保驾护航"。

独立电商公司主要有三项职责：一是自营电商业务的运营。H 枣业在天猫、京东、唯品会、拼多多、小红书等众多电商平台开设旗舰店，客服、物流、促销、订单管理等均需大量专业人员，这正是成立独立公司的首要目的。二是电商市场产品开发。互联网拉近了消费者与企业的距离，使市场转变为以消费者为中心、注重用户体验，这与传统市场存在重大区别，要求产品开发职能向销售端倾斜，而电商公司便成为产品开发的主导者。三是网络营销与品牌传播。一方面，电商销售对产品图片、文字介绍的要求更高，需要精心策划与专业制作；另一方面，相对于传统营销部门，电商公司更擅长网络策划与推广。这使得独立公司需要承担母公司部分甚至全部的营销推广工作。

4.4　电商企业主导型电商生态系统

4.4.1　案例概况

关于电商企业的界定，根据商务部发布的《电子商务企业认定规范》（SB/T 11112—2015），电商企业是指直接从事电子商务或移动电子商务活动或为电子商务或移动电子商务提供各类服务的社会经济组织。在该规范中，将电商企业划分为 3 类，一是直接从事产品的电商销售，二是提供第三方电商平台，三是提供电商配套服务，每种类型均要求通过电商业务实现销售收入超过 50%。本部分案例属于第一种类型，即从事产品销售，且销售渠道以第三方电商平台为主。通常，该类企业为创业企业，因电商兴起而创业，从无到有建立全新品牌，在线上市场竞争中，逐渐扩大市场规模，获得消费者认可。

1. W 水果网店

W 水果网店起源于淘宝店铺"W 果园"，属于 C2C 网店。随着业务的扩大，网店创始人注册了"JH 电子商务有限公司"和"W 果园"商标，并入驻天猫平台开设"W 水果旗舰店"，经营的产品以初级农产品——生鲜水果为主。W 水果网店与当地或外地农业生产组织合作，协议收购各地特色水果，然后通过天猫"W 水果旗舰店"在线销售。在仓储物流方面，W 水果网店建立了多个产地水果冷链仓库，并通过物流信息系统进行订单与物流管理，配送工作交由第三方快递企业执行。

2. S 坚果电商

S 坚果电商是一家从事休闲食品开发、生产和在线销售的企业。与 W 水果网店不同，S 坚果电商创业伊始便采用现代企业运作模式，即订单式采购原材料、自主开发产品、第三方供应商生产、自主质量检测和产品分装、自有品牌建设、电商渠道销售。随着业务规模的扩大，在销售方式上进行了拓展，线上销售不仅有天猫平台，还包括京东、苏宁易购、唯品会、当当等主流平台，实现了对大范围网购消费者群体的覆盖，线下还开设了体验店（实体店），增加了企业团购销售方式。

4.4.2　构建过程

电商企业作为创业企业，需要从零起步建立电商生态系统。首先，电商企业通过与电商平台合作快速获得消费者，进而作为领导者创立电商生态系统。一方面，它承载了农产品上行的主要任务，建立了从农业生产者到消费者的流通渠道；另一方面，它要遵循关键事务——电商平台的交易规则，采用平台提供的支付方式、平台推荐的物流服务商，从而获得尽可能多的消费者流量并实现尽可能高的销售转化。在业务快速扩张的过程中，电商企业扩大农业生产者、农产品加工者的范围并协调关系，构建仓储物流网络，建设企业信息系统，实现线上线下全渠道销售，从而获得尽可能多的消费者流量并实现尽可能高的销售转化。

1. W 水果网店

W 水果网店是一个典型的"网商"，采用轻资产运营模式，农产品由农业生产者、农产品供应商提供，电商平台、仓储、物流均采用第三方服务，公司以电商平台运营管理为核心内容，并以此驱动客户、生产者、仓储、物流管理。同时，W 水果网店还与电商产业园、行业协会、政府等合作，为公司营造良好的运营环境。

（1）跟随电商平台发展壮大。W 水果网店创始人在 2012 年以个人名义注册了淘宝网 C2C 店，开始网络销售烟台栖霞的本地水果。当年，中国网络零售市场进入快速发展期，天猫从淘宝网分离出来，开始独立运营，但淘宝网的总交易额仍处于绝对优势。网店创始人大学就读国际经济与贸易专业，又热爱计算机，这样的背景让他更易掌握电商的基本要领，从而在同辈创业者中脱颖而出。W 果园在注册不到 1 年的时间，就实现了 100 万元的销售收入。随后，2014 年销售额达到 1000 万元。业务的拓展，并没有让创始人手足无措，相反，2015 年，他决定注册公司，入驻天猫平台，两个店铺同时运营，走 B2C 的发展道路。招兵买马、公司管理、供应链管理，这些都是对创始人能力的考验。创始人"挺过来了"，每年交易量成倍增长，"W 果园"的品牌知名度不断扩大，成为"淘系"平台（即淘宝及天猫）"头部"商家。

　　W 水果网店的成功与"淘系"平台的"亲密"关系密不可分。在电商生态系统中，电商平台属于领导种群，不仅制定交易规则、提供交易环境，还控制着电商交易的稀缺资源——流量。平台为了实现利润最大化，通常对网络口碑好、销量高的店铺分配更多的流量，店铺只要具备与之匹配的运营能力，就会得到更多的销量，而网络口碑随着品牌知名度的提升而提升，这样反复迭代，就会产生马太效应，即强者越强、弱者越弱。根据农业农村部信息中心和中国国际电子商务中心研究院联合发布的《2021 全国县域数字农业农村电子商务发展报告》显示，W 水果网店占中国生鲜食品网络零售额的 1.74%，排名第二，仅次于京东自营生鲜品牌"京觅"。

　　（2）商品齐全满足消费需求。起初，W 水果网店主要经营产品为烟台本地的苹果、梨、大樱桃。然而，由于水果生产的季节性，这些产品上市时间主要集中在下半年，这样会带来两个问题，一是员工招聘问题，上半年没生意不需要员工，而下半年太忙人员紧张；二是网店运营问题，旺季获得的客户无法保留。因此，水果电商企业必须扩大品类，做到一年四季都有产品销售。从 W 水果天猫旗舰店商品陈列可以看出，目前，经销的水果包括全国各地，甚至全球的特产，如猕猴桃、奇异果、柠檬、橙子、芒果、百香果、凤梨、李子、牛油果、哈密瓜、火龙果、石榴、蓝莓、榴莲、莲雾等 30 余种。常年不间断销售水果，大大提升了客户黏性，复购率明显提升。

　　水果是典型的非标准化产品，店铺中宣传的产品与实际配送的产品若有较大差距，会大大降低顾客满意度，增加退货的概率。实践中，做好水果分级是标准化的主要手段。从 W 水果网店产品描述中可以看出，W 水果网店在水果分级上做得十分细致。例如，同样是 5 斤装烟台栖霞红富士苹果，W 水果网店将其果径划分为 75～80mm、80～85mm、85～90mm① 等三

---

　　①　mm，毫米。

种规格，采用差异化定价。

针对需求量较大、生产较集中的产品，W 水果网店还采用促销方式，打造"爆款"。在确定主推产品后，W 水果网店一是通过微信公众号推送促销信息，二是给老客户发放优惠券，三是参与电商平台打折促销活动，如天猫聚划算等。"爆款"的打造，可以实现在短时间内销售大批量水果，既降低了采购、仓储物流成本，又为农业生产者处理滞销产品提供了平台。2016 年，四川金堂县果农有大量脐橙急需销售，W 水果网店得知后，通过拍摄网络喜剧片、参加电商平台促销活动，仅 2 个月时间就实现销售 1000多万斤，帮助果农走出困境。

（3）多地分仓实现产地直发。水果的种植与地方气候、土壤关系密切，这使得多品类经营的产地遍布全国各地，如果采用集中仓配，不仅增加了运输成本，还增大了果品损耗。W 水果网店对此给出的解决方案是多地分仓、产地直发。要实现异地分布式作业，关键点在于共享订单和物流配送信息。为此，W 水果网店专门建立了仓储物流信息管理系统，对接电商平台的订单信息、各地仓储库存信息以及第三方物流配送信息。目前，W 水果网店根据水果产地，已建立了甘肃、山西、山东、陕西、河南、江苏、湖北、重庆、江西、浙江、福建、广东、广西、湖南、四川、云南等近 20个省市产地仓储中心与中转中心，大大提高了水果配送效率，保证了新鲜水果的及时配送。

与工业品相比，水果的外形各异，对包装的要求也千差万别。以 W 水果网店热卖的烟台大樱桃来说，它不同于苹果、橙子等水果，十分"娇贵"，运输过程中极易相互碰撞，出现裂口、挤烂等现象。刚开始销售大樱桃时，W 水果网店采用和其他水果一样的纸箱包装，结果接到不少顾客投诉，说收到的樱桃被摔烂了。为此，W 水果网店组织包装工多次试验，最终确定了里层泡沫箱、中间保温袋、外面硬纸箱的三层包装方式。同时，公司还与顺丰速运签订协议，全程冷链配送，一般 24 小时内即可送达。

2. S 坚果电商

与 W 水果网店相比，S 坚果电商在电商生态系统中具有更大的主动权，连接的物种更多。S 坚果电商摆脱了"生产什么买什么"的代销局面，自主开发产品，自建品牌形象，遴选农业生产者和农产品加工者。在销售渠道方面，也摆脱了被一家电商平台"锁死"的局面，构建了通达销售者的多个渠道。正如 S 坚果电商在 A 股上市前的《招股说明书》中陈述的文字：

"公司致力于塑造全方位的'S 坚果电商'品牌文化，打造互联网时代的休闲食品产业链，成为连接上游供应商和下游消费者的产业生态平台。"

（1）用心打造互联网品牌。作为一个电商企业，建立一个互联网化的品牌形象更易被消费者接受。S 坚果电商创造了三个动漫角色——小酷、小贱及小美：小酷紧握拳头，象征团队和力量；小贱手势向上，象征青春活力和永不止步、勇往直前的态度；小美张开双手，象征拥抱和爱戴每一位"主人"。S 坚果电商将品牌 IP 化、人格化，配以"让天下主人爽起来"的标识语，塑造出客户至上的"主人"文化，传递"爱与快乐"，用情感打动消费者，提高顾客满意度和忠诚度。

对于品牌建设，S 坚果电商从未间断过。2012 年创业之初，"S 坚果电商"的名称便随之诞生，同时设置了专门的品牌策划部，岗位包括动漫师、美工、文案与策划。2014 年，品牌策划部独立出来，升级为全资子公司。S 坚果电商非常重视内容营销，通过动画、绘本、周边等内容产品不断丰富品牌内涵，S 坚果电商原创了儿童故事绘本《S 坚果电商之地球欢乐行》、动画片《S 坚果电商之松鼠小镇》等。

品牌传播与营销推广也是 S 坚果电商日常运营的重点。除了积极参与天猫、京东等平台推出的付费广告外，还通过社交媒体、产品包装、影视剧植入、跨界合作等方式，拉近和消费者之间的距离，保持消费者黏性。多年来，S 坚果电商植入过的热门电视剧包括《柠檬初上》《微微一笑很倾城》《欢乐颂》《小丈夫》《小别离》《好先生》《W 两个世界》等。

（2）突出的产品研发能力。创始人 Z 某在创立 S 坚果电商前，已有多年休闲食品行业工作经验，深知口味、工艺、质量等因素决定消费者对产品的认可度。在产品大规模投放市场之前，S 坚果电商会通过消费者现场品尝打分、免费寄送给会员试吃等方法获取反馈意见，以便进一步优化产品。由于不同人口特征的消费者对休闲食品具有异质性，S 坚果电商通过建立用户画像，推出口味风格各异的产品组合，以满足多样化的消费需求。截至2019 年，S 坚果电商已形成坚果、干果、果干、花茶及零食等五大品类累计超过 500 款单品的产品组合。

在产品研发过程中，S 坚果电商非常重视用户体验。坚果产品的传统包装通常以 250～500 克的单品为主，对于单身或三口之家的消费者而言，拆开后很难在短时间吃完，容易出现产品变质的情况。为此，S 坚果电商在不断的研发与探索中，推出了"每日坚果"产品，该产品以消费者对坚果一日的需求量，内含六种坚果、三种果干，不仅满足了消费者的味蕾，还提供了均衡的营养成分。"每日坚果"一经推出，便成为 S 坚果电商最畅销的单品，好评率、复购率非常高。

　　能做到长期重视科学规范的产品研发，与 S 坚果电商产品经理管理制度戚戚相关。在公司，产品经理对其所负责的产品门类进行直接管理，包括和消费者建立直接沟通渠道，通过持续的反馈和改进不断优化产品，如图 4-2 所示。另外，为了提升产品的科技含量，S 坚果电商成立了食品产业研究院，负责产品的开发与管理、产品工艺改进和品质标准化、产学研合作及产业化应用等工作。

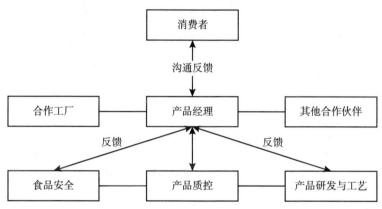

图 4-2　S 坚果电商的产品经理制度

资料来源：笔者根据公司招股说明书编写。

　　（3）不断完善供应链体系。根据 S 坚果电商财报显示，2019 年营销收入为 101.73 亿元，同比增长 45.3%。如此庞大的业务规模，必有稳固的后端供应链支撑。对于休闲食品而言，质量安全关系到企业的生死存亡，S 坚果电商在市场快速拓展中也出现了各种质量安全问题。为此，S 坚果电商建立了检测中心，具备感官、理化和微生物检测能力，该检测中心后来升级为法人单位，该公司已获得中国检测机构和实验室强制认证（CMA）。S坚果电商的产品质量控制覆盖全流程，从农产品源头、供应商，再到分装工厂、物流仓储，直至消费终端，在质量控制体系和云质量信息化平台的支撑下，进行严格的管理与控制，S 坚果电商的质量控制体系如图 4-3所示。

图 4 - 3　S 坚果电商的质量控制体系

资料来源：笔者根据公司招股说明书编写。

　　S 坚果电商采用外包生产的运营模式，管理了上千家供应商。严格的供应商管理机制，是产品质量安全保障的基础。S 坚果电商的供应商管理主要包括供应商筛选、供应商年检以及供应商合作等形式。对于新供应商，S 坚果电商制定了供应商开发及流程管理制度，要求实地考察供应商，筛选标准非常严格。对于注册供应商，S 坚果电商每年要进行一次评估，得分较低的供应商视情况别列为重点观察对象或直接淘汰。另外，S 坚果电商还与供应商在原料采购、技术研发等方面深度合作，帮助供应商生产出优质的休闲食品。

　　S 坚果电商的供应链体系非常庞大，不仅有上千家供应商，还包括数量众多的仓储配送中心、第三方物流商，加之近 600 个单品 SKU[①]，管理难度非常大。为此，S 坚果电商研发构建了较为完善的 IT 业务支持系统，包括云质量信息化平台、北极光运营管理系统、绩效管理系统等，在确保整体

———————————

　　①　SKU，最小存货单位。

运营高效的同时，为消费者提供更放心、更优质的产品与服务。

（4）采用多渠道销售。S 坚果电商诞生于阿里系平台，是典型的"淘品牌"。然而，对于电商企业而言，"淘品牌"是一把双刃剑，企业规模较小时，它可以帮助企业成长，但业务一旦达到某一阈值时，它又限制了企业的发展。S 坚果电商在业务拓展过程中，也经历了如此状况，解决的办法便是多渠道运营，如图 4 - 4 所示。

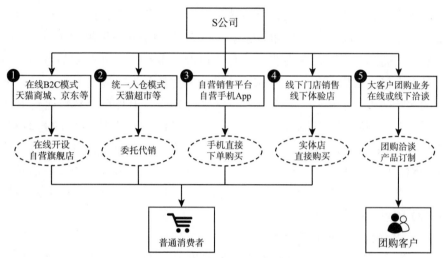

图 4 - 4　S 坚果电商的销售渠道

资料来源：笔者根据公司招股说明书编写。

S 坚果电商的渠道变化可分为三个阶段。第一阶段，S 坚果电商突破阿里平台限制，入驻京东商城、拼多多、苏宁易购、唯品会、当当等国内主流电商平台，并建成自营手机 App 商城，实现从"淘品牌"向全网品牌的转变。第二阶段，S 坚果电商建立线下体验店，通过价格联动、扫码下单等方式，形成立体化销售网络。另外，S 坚果电商还设置大客户服务管理部，根据需求对产品包装或产品组合等进行订制，开展线下团购业务。第三阶段，在成功上市后，S 坚果电商为了进一步拓展实体市场，引入连锁加盟模式，计划 5 年内开设 10000 家加盟店，旨在全方位覆盖线下市场。

4.5 中小网商聚集型电商生态系统

4.5.1 案例概况

中小网商聚集型是指在某个村落聚集大量中小网商，通过电商平台从事农产品上行的模式（雷兵和刘蒙蒙，2017）。中小网商聚集型实质上是一种农村电商产业集群，在实践中又称为电商专业村，一种典型的电商专业村是淘宝村。根据阿里巴巴的认定标准，淘宝村是指在淘宝（含天猫）注册的活跃网店数达到 100 家或占家庭户数的 10% 以上且年交易额达到 1000 万元以上（阿里巴巴对农产品交易额以两倍计入总交易额）的行政村，2020 年全国农产品淘宝村数量为 287 个。农产品专业村通常具有良好的农业基础，拥有地理标志农产品，在开展电商之前已经形成较为成熟的特色产业集群，电子商务拓展了专业村的市场空间，激发了村民的创业激情，带动了闲置劳动力就业。

1. Y 湖大闸蟹电商产业集群

Y 湖大闸蟹电商产业集群主要位于苏州市 Y 湖镇及 Y 湖生态休闲旅游度假区，该辖区的村庄聚集了大量大闸蟹网商，他们以大闸蟹养殖、经营为主，在分级和包装的基础上，通过天猫、京东等电商平台，借助物流服务商的配送服务，面向全国甚至海外销售。

2. A 县铁观音电商产业集群

A 县铁观音电商产业集群主要位于福建省 A 县，茶叶种植面积超过 60 万亩，主要集中在该县各乡镇（颜燕华，2020）。2004 年以来，A 县茶叶经营者开始"触网"，通过天猫、拼多多、京东等电商平台，借助物流服务商的配送服务，面向全国甚至海外销售。

4.5.2 构建过程

中国农业"小而散"的经营模式，导致其长期存在生产规模较小、标准化程度偏低、供求信息不对称、流通渠道不畅通等问题（曾亿武等，2016）。电子商务的出现让"小农户"直面"大市场"，在农产品上行中起主导作用。然而，中小型农业经营者通常缺乏农业产业龙头企业的资源和能力，在构建电商生态系统时需要凝聚力量，即通过聚集发挥产业集群的规模优势。带头人是该群体的核心，他们具有企业家精神，在电商发展初期敏锐发现商机并率先创业（李小建等，2013）。带头人取得初步成功，产生羊群效应，众多跟随者创业模仿，在社会网络的作用下发挥知识溢出效应，进而跟随者取得成功（雷兵和刘蒙蒙，2016）。这种群体创业降低了电商生态系统的构建难度，中小型农业经营者群体作为领导物种，通过业务共享、成本分担的方式逐步引入其他物种，最终形成完善的电商生态系统。

1. Y 湖大闸蟹电商产业集群

大闸蟹属于初级农产品，生产过程主要集中在养殖阶段，每年 9 月下旬开捕，大捕捞后经过分级、捆扎、包装后，通过电商平台销售，然后由物流服务商低温配送至销售终端。产业集聚能够完善电商生态系统中的支持物种和寄生物种。

（1）创业模仿壮大网商种群。2008 年，"85 后蟹二代"新农人 MJ 退伍回到村子，与好友 ZQ 自主创业，成立苏州市 SY 水产有限公司，注册了商标，尝试通过淘宝网销售大闸蟹。几年的发展，取得了意想不到的成功，到 2014 年，网销额已超过 4000 万元。MJ 的成功，让村里的蟹农看到了电商销售大闸蟹的机会，于是纷纷效仿（雷兵和刘蒙蒙，2017）。2019 年，该村大闸蟹线上日均订单量超过 1 万单，年销售额突破 6 亿元，占全网销量的 70% 以上。

分析 Y 湖大闸蟹电商集群的形成机制，可以总结为两大效应：羊群效应和知识溢出效应。一方面，农村是一个"熟人社会"，基于亲缘、友缘和地缘的关系网络连接着村落内的每家每户，它加速了创业机会扩散。模仿创业是农民网商创业的重要方式，也是农村电商突破规模限制的关键，从事电商创业可以获得显著经济效益的消息得以在村内迅速传播（雷兵和刘蒙蒙，2017）。另一方面，这种"熟人社会"的模仿还带来了"知识溢出"效应。大闸蟹属于生鲜类活物，须低温运输，死蟹将导致蛋白质毒变，这大大提高了电商物流配送的难度。Y 湖的网商在多次尝试中发明了冰袋保温、蟹扣包扎等包装技术，一举解决了大闸蟹配送难题。包装技术的突破虽然只是个别网上的创新，但"熟人社会"特征导致新技术很快传播到全村网商，大家都使用上这种技术。除了包装技术外，"礼品卡"也是"知识溢出"的典型例子。针对礼品市场，个别创新者探索出"礼品卡"销售模式，在取得市场成功后，村民们纷纷效仿，目前已成为大闸蟹销售的重要形式。

（2）现代化经营打造金字招牌。大闸蟹的学名叫中华绒螯蟹，又称河蟹，广泛存在于我国的江河中，不同地区品质略有差异。Y 湖大闸蟹具有"青背""白肚""金爪""黄毛"等特征，除品质优势外，其品牌形成主要归因于蟹文化传播和规模化养殖（王卫平和冯燕，2020）。

名人推广是 Y 湖大闸蟹品牌传播的重要因素。清朝作家袁翼在《邃怀堂全集》中谈到 Y 湖大闸蟹："吴中蟹品，推昆山阳城湖中为第一"，民国思想家章太炎夫人汤国梨女士大赞其"不是 Y 湖蟹好，此生何必住苏州"。另一方面，广告宣传进一步拓展了 Y 湖大闸蟹的市场空间。早在 1936 年，上海《申报》刊登的广告中，Y 湖大闸蟹的名字随处可见，如"中国国货公司，洋澄河清水大蟹，货色好售价廉""先施公司，真正洋澄河清水大蟹"等。由此，Y 湖大闸蟹深受崇尚精致生活的上海人喜爱，进而推向全国。

在养殖方面，Y 湖大闸蟹的规模化经营为品牌的形成奠定了坚实的市场基础。尤其是 2000 年以后，进入规模扩展期，高峰时渔民将 80% 的水域面积用于大闸蟹的养殖，产量大幅度提升。然而，无序的大规模养殖让生态环境持续恶化，这又导致大闸蟹品质的下降。在这种情况下，当地政府对其进行行政干预，严格限制渔民的养殖面积并规范养殖，池塘养殖、围网养殖等方式逐渐增多，这使 Y 湖水质开始好转，大闸蟹品质也得到了提升。在此过程中，Y 湖的养殖户尝试探索公司化、品牌化的现代化的经营模式，并出现了"碧波""莲花岛""张德鸿"等早期品牌。随着电商的兴起，"蟹二代"敏锐地抓住机会，涌现出"今旺""胡农""紫澄"等新品牌。

（3）行业协会促进产业发展。Y 湖大闸蟹市场化的进程中，行业协会发挥了重要的作用。Y 湖大闸蟹行业协会成立于 2002 年，下设秘书处、新闻办、财务处、投诉处以及办公室等部门，以"引导、协调、服务、监督"为准则，主要开展生产技术指导、行业内部监督、品牌宣传、对接政产学研等工作，截至 2020 年，会员企业超过 700 家。

农产品地理标志申请是 Y 湖大闸蟹行业协会做的一项重要工作。以该协会作为申报主体，向农业农村部提出申请，将相城区的太平街道、Y 湖镇、Y 湖生态休闲旅游度假区作为"Y 湖大闸蟹"农产品地理标志产品划定的地域保护范围，一方面进一步提升"Y 湖大闸蟹"的品牌地位，另一方面起到了保护品牌的作用。获得农业农村部批准后，协会将养殖方式分为"湖区围网养殖"和"沿湖高标准改造池塘养殖"两类，每年向符合条件的养殖户发放相应的防伪蟹扣。这为进一步规范市场秩序、保护地理品牌做出了重要的贡献。

规范养殖是 Y 湖大闸蟹行业协会有一项重要工作。协会从养殖技术的规范，如网围养殖禁止使用冰鲜鱼、畜禽动物内脏等，到标准化大闸蟹包装和卡券设计，再到推进周边池塘的高标准改造，都肩负了应尽的职责。

对于违反诚信的协会企业，Y 湖大闸蟹行业协会也态度坚决的予以处罚。例如，2020 年 9 月，在接到消费者对相城区某公司销售假冒 Y 湖大闸蟹的投诉后，经过认真查实，以协会文件形式对该公司作出开除协会会员、撤销使用 Y 湖大闸蟹农产品地理标志使用权的处罚决定，并刊登在协会官网。

2. A 县铁观音电商产业集群

铁观音是初级农产品，生产过程主要集中在种植阶段，采摘后，通过晒青、摇青、凉青、发酵、炒青、揉捻、包揉、烘干等环节，制成毛茶（陈晓栋和黄伙水，2009），然后经过分级、包装后，通过电商平台销售，然后由物流服务商配送至销售终端。产业集聚能够完善电商生态系统中的支持物种和寄生物种。

（1）抱团打造区域品牌。铁观音属于乌龙茶，A 县是"乌龙茶之乡"，种植加工历史悠久。A 县属于山地丘陵地貌，群山环抱，云雾缭绕，平均海拔 700 米，1000 米以上山峰约 3000 座，全年平均气温 18℃，非常适合茶叶种植。受土壤气候及制茶工艺的影响，A 县铁观音具有茶条肥壮、香气浓郁、色泽砂绿等特点，是一种特色鲜明的乌龙茶。

A 县铁观音的种植规模非常大，全县 15 个镇、9 个乡都有茶叶种植或加工基地。改革开放后，全县非常重视茶叶生产，种植面积不断扩大。20 世纪 90 年代，A 县规模茶企超过百家，在全国开设的茶叶经营商店超过 5 万家。2019 年，茶叶种植面积 60 万亩，产量达 7.3 万吨，产值超过 200 亿元，在全国县域中规模名列前茅。茶业是 A 县的重要支柱产业，高峰时期，全县有近 8 成的人口从事茶叶种植与经营活动，农民的收入 6 成来自茶叶。

A 县特别注重铁观音的品牌打造。首先，A 县的茶文化非常浓厚。千年的产茶历史形成了茶歌、茶舞、茶艺、茶餐等丰富多彩的茶文化；A 县茶道在用水、茶具、冲泡等方面十分讲究，并逐步形成一套独特的程序。其次，重视地方品牌保护。除了众多茶企注册自有品牌外，政府及行业协会通过各种途径开展地理品牌注册和保护工作。改革开放以后，A 县铁观音先后荣获法国巴黎"国际美食旅游协会金桂奖"、农业农村部"中国乌龙茶（名茶）之乡"、国家质检总局"原产地域保护产品""地理标志保护产品"、国家工商总局"中国驰名商标"、文化部"国家级非物质文化遗产名录"以及"中欧地理标志首批保护清单"等殊荣。第三，注重市场推广与宣传。20 世纪 90 年代以来，"茶王赛"已成为 A 县的重要活动，通过"茶王赛"，获得新闻媒体广泛关注和持续报道，并以此为契机将新上市的茶叶推向全国乃至全球市场。

（2）龙头企业示范带动。A 县非常重视茶企的规模化发展。早在 2008 年，县政府就出台了《关于扶持规模以上茶叶企业发展的暂行规定》，对纳税超过 50 万元老企业和纳税超过 30 万元新办企业，将予以资金奖励，奖励资金主要用于企业基地建设、营销网络建设、开拓市场、宣传推介、提升品牌和专项研发等。经过多年发展，A 县铁观音已形成八马、华祥苑、天福、凤山、日春等铁观音知名品牌，规模以上茶企数十家，生产多采用"企业＋基地"或"企业＋基地＋农户"等模式。

A 县龙头茶企 HT 是由南岩村王氏兄弟四人发起成立的一家茶叶专业合作社。2009 年 5 月入驻淘宝商城，三年里，销量不断增长，2012 年突破3000 万元，荣获该年度"全球 10 佳网商"，不仅成为淘宝茶叶类目领头羊，还带动当地乡亲就业创业，成为西坪镇茶农竞相学习的榜样。

A 县龙头茶企 BM 成立于 1997 年，2014 年改制为股份公司，由王某和其弟——国家级非物质文化遗产铁观音制作技艺传承人创立，是一家以经营 A 县铁观音为主，集基地种植、新品研发、生产加工和产品销售于一体的全产业链、全茶类连锁经营企业。截至 2019 年，BM 茶业拥有连锁门店 1800 家，品牌价值超过 120 亿元，连续 4 年入选"中国品牌价值500 强"。BM 茶业非常重视线上渠道的经营，2011 年开始电商销售，2014 年开始成为传统乌龙茶行业电商销量冠军，2020 年全网粉丝突破1000 万，"双十一"销售额达到 1.2 亿元。BM 茶业电商中心由京东、淘宝、唯品会及 B2B 四个销售部门以及产品、视觉、内容、分析、客服五个支持小组构成。由于 BM 茶业拥有大量的线下销售终端，因此电商经营采用同品同价、统一品牌形象、统一活动、统一线上页面设计，属于典型的新零售模式。

（3）电商生态不断完善。从 2004 年开始，该县便有少数茶农茶商通过即时聊天工具在网上卖茶。2008年，A县茶业开始较成规模涉足电子商务领域。八年间，A县多家茶企茶店先后"触网"。目前，A县在网上开通茶叶营销业务的茶企、茶庄以及个人上万家，而且已经成长起众多纯电商实力品牌。

为了健全电商生态系统，2010年，成立茶多网电商平台；2012年，成立全国茶业首个电商创业孵化基地；2013年，成立县电子商务协会，并奖励电商税额大户；从2014年开始，出台《加快电子商务发展实施意见》，并引进福建省最大电商产业园；2015年，率先出台《A县电子商务监督管理暂行办法》，避免同质化内耗，规范电商市场；2017年，成立县家居工艺商会电子商务分会等。

物流体系是制约电商发展的一大瓶颈。基于此，A县致力于构建三级物流体系、电商服务站体系，建成24个镇级电子商务服务站、76个村级电子商务服务点；整合地方快递物流资源，完成2个县级电子商务仓储物流配送中心。此外，还利用大数据、智能科技打造集销售、营销、物流、服务四位一体的新零售模式。

一笔笔真金白银的投入、一项项真抓实干措施的落地，使得A县电商从星星之火到燎原之势。A县已有7万多人"触网"，电商企业3000多家，电商个体户约3.5万个，铁观音、藤铁工艺网店遍布国内电商平台。互联网与传统产业、特色产业融合，为农村电商搭起了双向流通的桥梁，走出了一条立足资源、打造品牌、创新发展之路。

4.6 对比分析与概念模型

4.6.1 对比分析

根据以上三组案例分析，从物种类型、物种关系和演化机制三个维度进行对比分析，如表4-16所示。

表 4-16　三种类型对比

维度		龙头企业主导型	电商企业主导型	中小网商聚集型
物种类型	领导物种	农业产业化龙头企业（流通者，可能兼为生产者、加工者）	头部农产品电商企业（流通者，可能兼为加工者）	聚集在特定村落的农产品电商经营者（流通者，可能兼为生产者、加工者）
	关键物种	生产者、加工者、消费者、电商平台	生产者、加工者、消费者、电商平台	生产者、加工者、消费者、电商平台
	支持物种	信息基础设施提供者、仓储物流提供者、电商服务提供者、科研机构、标准化组织、行业协会、政府部门	信息基础设施提供者、仓储物流提供者、科研机构、行业协会、政府部门	信息基础设施提供者、仓储物流提供者、电商服务提供者、科研机构、标准化组织、行业协会、政府部门
物种关系	互利关系	领导物种与生产者、加工者、消费者、仓储物流提供者、行业协会、政府部门	领导物种与生产者、加工者、仓储物流提供者、行业协会、政府部门	领导物种与生产者、加工者、消费者、仓储物流提供者、行业协会、政府部门
	寄生关系	电商平台与领导物种、领导物种与电商服务提供者	电商平台与领导物种	电商平台与领导物种、领导物种与电商服务提供者
	捕食关系	领导物种与消费者	领导物种与消费者	领导物种与消费者
	竞争关系	领导物种之间	领导物种之间	领导物种之间
构建要素		农产品开发、供应链管理、电商销售	农产品开发、供应链管理、电商销售	农产品开发、供应链管理、电商销售
演化机制		渠道变革 →（开拓阶段）接入电商平台 →（扩展阶段）协调种群冲突 →（成熟阶段）培育新型种群 → 生态系统成熟	品牌建立 →（开拓阶段）融入平台生态 →（扩展阶段）协调支持冲突 →（成熟阶段）培育寄生种群 → 生态系统成熟	创业机会 →（开拓阶段）创业能人横空出世 →（创业阶段）创业模仿成集聚 →（扩展阶段）支持物种不断完善 →（成熟阶段）生态系统成熟

在物种类型上，每种类型的领导物种首先是农产品流通者，农业产业化龙头企业可能存在生产、加工职能，因此可能兼为生产者和加工者；头部农产品电商企业通常不生产但可能存在加工职能，因此可能兼为加工者；中小网商聚集型的领导物种是聚集在特定村落的农产品电商经营者，这些经营者可能仅从事电商销售，也可能本身就是生产者或加工者，因此可能存在生产、加工职能。三种类型的关键物种基本一致，除了生产者、加工者、消费者外，电商平台和仓储物流提供者承担了农产品上行的交易经纪职能和物流服务职能，因此也应归入关键物种。第三种物种类型是支持物种，主要包括电商服务提供者、科研机构、标准化组织、行业协会、政府部门等，由于头部农产品电商企业谙熟电商技术，可能不需要第三方电商服务提供者。

在物种关系上，三种类型的领导物种与生产者、加工者、仓储物流提供者、行业协会、政府部门之间存在互利关系，与电商服务提供者（如果有）之间存在寄生关系，与消费者之间存在捕食关系。领导物种与电商平台之间的关系，无论是对于农业产业化龙头企业、头部农产品电商企业，还是中小农业经营者，更多的是寄生关系，电商平台更为强势。另外，各类型领导物种之间存在竞争关系。

构建要素方面，三种类型均可划分为三个环节：农产品开发、供应链管理、电商销售，这三个环节构成了农产品上行的基本活动。

在演化机制上，龙头企业主导型在开展电商应用前已形成成熟的传统商业生态系统，后因电商发展倒逼销售渠道变革，因此在构建电商生态系统时主要补充电商平台、电商服务提供者等物种。电商企业主导型因电商发展获得创业机会，因此需要从零起步构建关键物种和支持物种，最终形成完善的电商生态系统。中小网商聚集型与龙头企业主导型有相似之处，在开展电商应用之前已形成完善的传统商业生态系统，村落的先行者抓住创业机会并取得初步成功后，带动更多的农业经营者模仿创业或转型电商，在聚集效应的作用下引入电商平台、电商服务提供者等物种从而演变为电商生态系统。

4.6.2　概念模型

基于以上分析，进一步提炼概念及其逻辑关系，最终归纳形成面向农产品上行的电商生态系统概念模型，如图 4-5 所示。

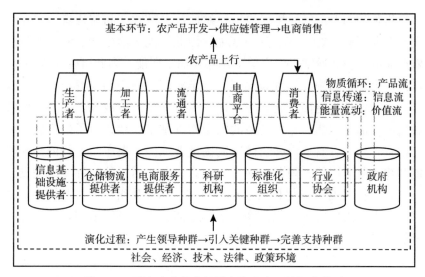

图 4 - 5　面向农产品上行的电商生态系统概念模型

　　面向农产品上行的电商生态系统存在于相应的社会、经济、技术、法律、政策环境中，生态系统的商业目标是实现农产品上行。农产品上行主要包括农产品开发、供应链管理和电商销售三个基本环节，生态系统的构建就是围绕物质循环（即产品流）、信息传递（即信息流）、能量流动（即价值流）的顺利履行而展开的。

　　面向农产品上行电商生态系统的关键物种包含生产者、加工者、流通者、电商平台以及消费者，关键物种承担了农产品从田间地头到消费者的流通全过程。生产者通过种植或养殖完成初级农产品生产过程，加工者经过分级、分拣、包装等活动或者进一步将初级品转化为加工品传递给流通者。不同于传统流通渠道，本生态系统的流通者以电商平台为主销售渠道，在电商平台的促销、撮合下实现在线交易，订单履行后消费者得到农产品即完成上行过程。

　　面向农产品上行电商生态系统的领导物种是关键物种中的流通者，依据生态系统类型的差别，领导物种可能是农业产业化龙头企业、头部农产品电商企业或者中小型农业经营者群体，他们可能是单一的流通者，也可能兼具生产者、加工者角色。区别领导物种的一个重要标志是该物种是否发起并主导电商生态系统的构建。

　　面向农产品上行电商生态系统还存在大量的支持物种，如信息基础设施提供者、仓储物流提供者、电商服务提供者、农业科研机构、标准化组织、行业协会、政府机构以及其他支持物种。支持物种虽然不直接参与农产品上行的物质循环、信息传递和能量流动，但他们的存在为生态系统物质循环、信息传递和能量流动的顺利履行提供实现可行性或实现效率，因此也是生态系统不可或缺的物种。

面向农产品上行电商生态系统的演化过程可以分为三个阶段：第一阶段是产生领导物种，从此标志生态系统开始构建；第二阶段是引入关键物种，打通农产品上行各主要环节；第三阶段是完善支持种群，最终实现农产品畅通上行。

4.7　研究启示

面向农产品上行的电商生态系统概念模型为进一步研究农产品上行阻滞机制、疏通策略和保障措施提供了理论基础，为此，得出以下几点管理启示。

1. 农产品上行畅通度取决于各环节"三流"畅通度

农产品上行的三个基本环节是农产品开发、供应链管理和电商销售，农产品上行畅通度取决于每个环节的产品流、信息流和价值流的畅通度。因此，对于农产品上行阻滞机制的分析，一种可行的方案是首先定义农产品上行畅通度概念，其次根据畅通度构成维度分析各维度阻滞成因，然后在此基础上建立系统动力学模型，系统分析阻滞机制，具体研究内容见第5章。

2. 改变物种关系是破解农产品上行梗阻的根本途径

面向农产品上行的电商生态系统中，即使已构建了齐全的关键物种和支持物种，形成了较为完备的电商生态系统，也可能仍然存在农产品上行阻滞的情况。例如，在农产品开发环节，流通者与消费者之间存在捕食关系，即流通者缺乏对市场需求的了解，仅根据自己的理解或"跟风"开发产品，这可能导致同质化低价竞争；在供应链管理环节，生产者与消费者之间存在捕食关系，即小农户面临大市场时存在信息不对称问题，进而导致产销不平衡；在电商销售环节，流通者与电商平台之间存在寄生关系，电商平台是强势的一方，由于互联网流量资源稀缺，流通者之间针对流量资源展开激烈竞争，从而导致流量成本过高。这些问题的解决从本质上讲需要改变物种关系，即将捕食关系、寄生关系转变为互利关系，具体研究内容见第 6 章。

3. 完善生态环境是破解农产品上行梗阻的重要保障

环境既是生态系统的重要组成部分，又是生态系统得以正常运转的支撑体系。面向农产品上行的电商生态系统中，农村信息基础设施、农产品物流配送网络、电商公共服务体系以及农村电商人才市场是重要的环境要素，因此，完善生态环境是农产品上行畅通的重要保障，具体研究内容见第 7 章。

第5章 农村电商生态系统中农产品上行的阻滞机理

5.1 引　言

在自然界，生态系统具有三大功能，分别是能量流动、物质循环和信息传递。能量是生态系统的基础，没有能量流动就没有生物体和生态系统。物质是能量的载体，物质循环为物种的演化提供条件。生物个体的正常运作、物种的繁衍、种群之间的协调，离不开信息的传递。与自然界生态系统类似，面向农产品上行的电商生态系统也应具有三大功能：产品流动、价值增值和信息传递（王胜和丁忠兵，2015）。第一，出售的农产品必须满足城市消费者需求，在市场竞争中具有不可替代的优势，同时必须在规定的时间、规定的地点"完好无损"地将农产品传递给城市消费者，实现由农村向城市的产品流动。第二，必须尽可能地提升农产品的附加值，增加利润率，实现农民增收、电商企业营利，各利益相关者间的利益分配合理。第三，必须有足够的互联网流量，单位流量成本在可接受的范围内，使农产品供应信息能够及时准确地传递给城市消费者，并引起关注，信息管理系统也能够满足业务流程的处理要求。简单地说，农产品上行畅通的必要条件是产品流、价值流和信息流等"三流"畅通，缺一不可。

面向农产品上行的电商生态系统是一个复杂系统，产品流动、价值增值和信息传递三者之间并非独立，每种"流"存在若干环节，不同环节还可能相互影响，逻辑关系错综复杂，具有典型的非线性特征。因此，从单一视角分析农产品上行受阻的原因将导致"只见树木，不见森林"，基于复杂系统理论，通过系统建模与仿真，是揭示农村电商生态系统中农产品上行阻滞机制的理想方法。

有关农产品电商的文献，早期多以"电商对农产品发展的促进作用"

为研究主题，虽然也有不少学者提及农产品电商发展中存在的问题，但对此展开深入研究的文献并不多见。2018年以来，随着涉农电商深入的推进，实践界和学界逐渐认识到电商并非万能，农产品上行有其适应性，相应的研究也不断增多。针对生鲜农产品电商"叫好不叫座"的现状，部分学者研究了农产品电商企业财务绩效的影响因素。李蕾和林家宝（2019）基于资源基础观，研究了涉农企业应用电商的技术、管理和人才能力对企业绩效的影响，发现人才能力对企业绩效的正向效应作用最大。田刚等（2018）将生鲜电商模式创新分为效率型和新颖型，其中效率型强调交易成本的优化，新颖型则注重用户体验，他们研究发现线上线下融合无论对于效率型还是新颖型均有正向调节作用。针对小农户对接大市场的衔接问题，唐红涛和郭凯歌（2020）基于销售渠道对农产品电商进行模式分类，归纳出农户直接进入电商市场、通过采购商进入电商市场、通过电商企业进入电商市场以及通过政府委托采购商进入电商市场四种模式，研究不同模式的生产效率，结果表明，农户因缺乏信息、技术等优势，直接进入电商市场的生产效率最差；聂召英和王伊欢（2021）针对农村电商转型升级过程中大量小农户退出电商的现状，采用田野调查方法，研究了小农户对接电商市场从链接到断裂的演化过程与作用机制，认为要素配置效率、农村营商环境和电商市场规则是导致断裂的主要因素。针对生鲜农产品上行中供应链的重要作用，刘墨林等（2020）将保鲜努力和服务水平引入决策模型，分析了供应链协调前后的最优决策变化；余云龙和冯颖（2020）将冷链服务模式划分为承诺、提前要求与延后要求三种模式，分析了不同模式对企业绩效的影响。针对农产品电商销售中的信息问题，李晓静等（2019）研究了农户信息获取渠道对其电商采纳的影响，发现提高农户信息获取能力是推进农产品电商的重要因素；王志辉等（2021）认为电商技能等隐性知识转移对于农村电商发展具有显著影响，而农户的信息获取成本影响隐性知识转移。上述文献从不同的视角探讨了电商环境下农产品上行的阻碍因素和适应条件，为揭示农产品上行阻滞的形成机制提供了一定的理论支持。

社会经济系统是典型的复杂系统，具有非线性、自组织、涌现等特征，利用计算机进行建模与仿真是一种典型的分析方法（方美琪，2003）。其中，1965年麻省理工学院斯隆商学院福里斯特（Forrester）教授创立的系统动力学在数十年的发展中不断完善，其理论与方法已趋于成熟，应用领域不断扩展，已成为研究社会经济、生态环境、工业农业等领域复杂系统的重要方法。系统动力学是研究信息反馈问题的学科，它采用定性与定量结合的研究方法，在系统分析与综合推理的基础上，构建因果回路图和系统流图，并通过计算机仿真动态模拟复杂系统的演化过程，被称为实际系统中的实验室。已有部分学者基于系统动力学方法研究涉农电商问题。董坤祥等（2016）以浙江丽水遂昌县和江苏徐州睢宁县为研究对象，构建了两县农村电商产业集群发展的系统动力学模型，并以此形成以产品与生产、商业模式和金融为主的农村电商产业集群创新发展模型，最后根据分析结果提出了对策建议。黄丽娟等（2017）将农村电商生态系统分为经济、政治、文化教育和行业四大子系统，构建了系统动力学模型，通过广州市2005～2015 年统计数据进行仿真分析，提出了促进农村电商生态系统健康发展的政策建议。张庆民等（2019）以淘宝村农民网商为研究对象，通过对堰下村、东风村、北山村、青岩刘村、博兴湾头村、前陈村、横径村、军埔村、丁楼村、下营村等淘宝村网商成长的案例分析，建立了农民网商群体持续成长系统动力学模型，并用沭阳新河镇淘宝村统计数据进行了仿真分析。纪良纲和王佳淏（2020）将生鲜农产品电商模式分为 B2C、O2O和 C2B 三种模式，并在此基础上建立了生鲜农产品供应链系统动力学模型，发现 O2O 模式的成本和效率优于 B2C 模式。

综上所述，现有研究对于揭示电商环境下农产品上行的作用机制、形成机制提供了理论贡献和方法支持。然而，现有研究也存在不足之处。首先，缺乏针对当前普遍存在的农产品上行受阻的机理分析，已有文献多以某个局部视角展开分析，缺少整体视角的系统性研究。其次，现有文献研究视角较为宏观，缺乏基于农产品电商参与主体经营活动的微观分析，导致研究结论不能紧密联系农产品电商实践。本章正是在此背景下，借鉴自然界生态系统理论，运用系统动力学方法，通过对农产品上行所处电商生态系统承载的产品流动、价值增值和信息传递三大功能的分析，揭示农村电商生态系统中农产品上行的阻滞机制。

5.2　农产品上行的活动解析

根据波特（1998）的价值链理论，经营组织是针对产品的设计、生产、营销、配送及其起辅助作用的各类活动的总和，这些活动可分为基本活动和辅助活动。在农村电商生态系统中，农产品上行的参与主体众多，包括农产品生产者、电商企业、电商平台、物流服务商等，为了研究方便，本章以农产品电商企业为视角展开分析，但农产品上行的活动包括从最初生产到最终销售的全过程。

对于农产品上行而言，基本活动可分为农产品开发、供应链管理和电商销售三大类，其中农产品开发包括生产、分级、加工、包装和研发等，供应链管理包括采购、储运和配送等，电商销售包括商品选择、销售促进、客户服务和品牌建设等；辅助活动则与一般企业相同，主要包括财务管理、人力资源管理和管理信息系统等（Hitt，2016），具体如图5-1所示。从图中可以看出，农产品上行价值链各项活动涉及面非常广泛，跨越多个行业。因此，这些活动并非都在农产品电商企业内部实现，通常需要借助农村电商生态系统完成。

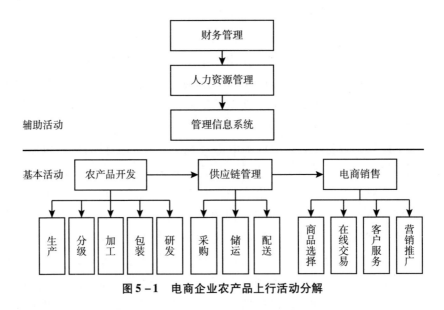

图5-1 电商企业农产品上行活动分解

5.2.1 农产品开发

产品是企业的核心，提供产品是企业存在的基础，产品开发是已有产品迭代升级和新产品推出的关键工作，是企业保持持续竞争优势的前提（Stevenson，2017）。在农产品上行的各项活动中，农产品开发处于核心地位，它包含生产、分级、加工、包装和研发等关键环节。

1. 生产

农产品生产是指有机生物体在一定的自然环境中，通过物质交换和能量转化，逐渐生长、繁殖的过程。与工业品不同，农产品生产主要依靠自然资源，如土地、阳光、大气、水资源等，通过劳动力和生产资料控制生物体的生长发育。农产品生产具有周期性和季节性、地域性和分散性、劳动时间与生产时间不一致性以及存在自然和市场双重风险等特征（傅新红，2016）。根据农产品的分类，农产品生产主要包括种植和养殖两大类型。

种植是指人工栽培的植物生产，它将光、热、水、无机盐、二氧化碳等无机物合成蛋白质、淀粉、氨基酸等有机物，包括粮食作物、经济作物、饲料作物、绿肥作物、蔬菜和花卉等。土地资源是种植过程中不可或缺的基本生产资料，土地的特性、质量和面积是影响种植作物生产的关键因素。例如，河南灵宝苹果主产于海拔 520～1200 米的丘陵地区，棕壤土、褐土、潮土在土壤中占 80% 左右，有机质为 0.8%～1.0%，pH 值为 7.0～8.5，这种特有的土质造就了细脆多汁、酸甜适中的口感。

农产品种植的关键活动有：整地、播种、育苗、移栽、施肥、灌溉、杂草防除、病虫防治以及收获等，投入的要素包括土地、种子、化肥、农药、农业设施和机械以及劳动力等资源，产出的成果为种植类初级农产品，如图 5-2 所示。

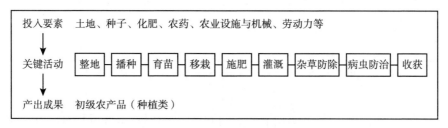

图 5-2　种植活动的分解示意图

以苹果种植为例，关键种植活动有栽植、土肥水管理、整形修剪、花果管理、病虫害防治、果实采摘及采后处理等环节，投入产出效益分析如表 5-1 所示。

表 5-1　　　　　　　　2019 年中国苹果投入产出效益分析

项目	直接要素投入	间接要素投入	劳动力成本	土地成本
	1475.89 元/亩	426.10 元/亩	3577.84 元/亩	314.68 元/亩
产出	2065.62 公斤/亩 ×3.49 元/公斤 = 7209.01 元/亩			
利润	7209.01 元/亩 - 5794.51 元/亩 = 1414.50 元/亩			

资料来源：国家发展和改革委员会价格司. 全国农产品成本收益资料汇编 2020 版［M］. 北京：中国市场出版社，2021.

表 5-1 为中国 2019 年苹果生产成本和收益情况。其中，直接要素投入包括化肥费、农家肥费、农药费、农膜费、租赁作业费、燃料动力费、技术服务费、工具材料费、修理维护费和其他直接费用，间接要素投入包括固定资产折旧、保险费、管理费、销售费，劳动力成本按照家庭用工折价和雇佣费用两项计算，土地成本包括流转地租金和自营地折租。从表 5-1 中可以看出，农民每公斤苹果净利润为 0.68 元，而 2018 年净利润为 1.59 元，降幅达到 57.23%，这与 2019 年全国产量大幅增长有关。

养殖是指人工饲养的动物生产，它将植物能转化为动物能，包括牲畜、禽类、水产和虫类等产品。饲料是养殖的物质基础，占据较大比重的养殖生产成本，饲料的组织、生产与管理是影响养殖生产的关键因素。以生猪为例，饲料原材料主要包括小麦、玉米、豆粕、次粉等，占生产成本的六成左右，规模养殖场的关键工作就是饲料基地建设、饲料配方研制，其目标是饲料供应稳定及饲料成本下降。

农产品养殖的关键活动有：养殖场所建设、种苗繁殖（购买）、饲料购买与加工、饲养、疾病防治、废弃物处理、环境安全管理等，投入的要素养殖场所建设与维护、饲料、种苗、医疗卫生管理、劳动力等资源，产出的成果为养殖类初级农产品，如图 5-3 所示。

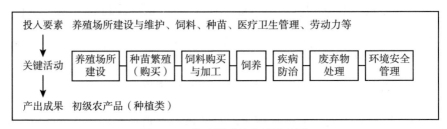

图 5-3　养殖活动的分解示意图

以生猪养殖为例，关键养殖活动猪场选址与建设、引种与繁殖、饲料购买与加工、饲养管理、防疫、废弃物与污水处理等，投入产出效益分析如表 5-2 所示。

表 5-2 为 2019 年中国规模养猪的成本和收益情况。其中，直接要素投入包括仔畜费、精饲料费、青粗饲料费、饲料加工费、水费、燃料动力费、医疗防疫费、死亡损失费、技术服务费、工具材料费、修理维护费和其他直接费用，间接要素投入包括固定资产折旧、保险费、管理费、财务费、销售费，劳动力成本按照家庭用工折价和雇佣费用两项计算。从表 5-2 中

可以看出，农民每头猪净利润为 816.37 元，而 2018 年净利润仅为 10.22 元，涨幅达到 7887.96%，这与 2019 年受非洲猪瘟及 2018 年生猪供给过剩影响导致生猪出栏量大幅下降有关。

表 5-2　　　　　　　　　2019 年中国规模养猪投入产出效益分析

项目	直接要素投入	间接要素投入	劳动力成本	土地成本
	1582.19 元/头	27.04 元/头	185.14 元/头	2.71 元/头
产出	124.45 公斤/头×21.00 元/公斤 = 2613.45 元/头			
利润	2613.45 元/头 - 1797.08 元/头 = 816.37 元/头			

资料来源：国家发展和改革委员会价格司. 全国农产品成本收益资料汇编 2020 版［M］. 北京：中国市场出版社，2021.

2. 分级

农产品分级是指根据农产品外形、大小、重量、品质等属性，按照一定标准进行区分，包括质量分等和规格定级。不同于工业品的流水线规范化生产，农产品生长受自然条件和人为因素影响较大，最终产品标准化程度较低，甚至还存在腐败、损伤、病虫害感染等不合格产品。当农产品进入流通市场后，消费者非常在意农产品的品相，同批次农产品即使都为合格品，其个体因品相不同对应的价格和消费群体也存在显著差异。因此，分级是农产品上行过程中的关键环节，是实现农产品标准化的根本保证，同时也是农业生产者提升利润的重要来源。以阿克苏冰糖心苹果为例，电商平台销售的 95 毫米以上级别的特大果的价格是 75~80 毫米级别的 2 倍，分级销售后利润明显增加。

农产品分级并非仅从技术视角划分，还要建立在市场现状的基础上，充分考虑农产品供需情况和成本效益。分级指标易于感官判断和便于测量，同时规定同一等级的质量容许度和大小规格容许度。根据国家标准《农产品质量分级导则》（GB/T 30763-2014），等级的数量以 2~5 为宜。例如，烟台市大樱桃协会于 2020 年发布了《烟台大樱桃电商产品质量分级》（T/YTCA 003-2020），从基本要求、果实直径、可溶性固形物、果形、色泽、机械伤、果梗等项目划分电商销售的"烟台大樱桃"等级标准，共 5 级，如表 5-3 所示。

表5-3   烟台大樱桃电商产品质量等级

项目	等级				
	5A	4A	3A	2A	1A
基本要求	果实新鲜洁净，无异味，具有适于电商销售的成熟度				
果实直径（mm）	≥30	≥28	≥26	≥24	≥22
可溶性固形物	≥17.0%	≥16.0%	≥16.0%	≥15.0%	≥14.0%
果形	果形端正，具有本品种固有的特征	果形端正，具有本品种固有的特征	果形端正，具有本品种固有的特征	果形正常，允许有轻微缺陷，具有本品种应有的特征	果形允许有缺陷，但仍保持本品种应有的特征
色泽	具有本品种成熟时应有的色泽，着色均匀	具有本品种成熟时应有的色泽，着色均匀	具有本品种成熟时应有的色泽，着色均匀	具有本品种成熟时应有的色泽，着色不均面积不超过果面的1/10	具有本品种应有的色泽，着色不均面积不超过果面的1/5
机械伤	无	无	无	无	无
果梗	新鲜完整，不脱落	新鲜完整，不脱落	新鲜完整，不脱落	新鲜完整，损伤率<2%	新鲜完整，损伤率<5%

资料来源：烟台市大樱桃协会发布的《烟台大樱桃电商产品质量分级》（T/YTCA 003-2020）。

　　传统的农产品分级以手工为主，投入的成本主要为劳动力成本，大型现代化农业企业则采用自动化分选生产线，投入的成本包括设备购买、设备维护、工人操作等，产出为分级的农产品，如图5-4所示。

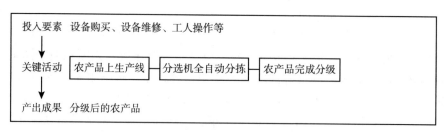

图5-4　分级活动的分解示意图

　　例如，X 果业集团引进红外线全自动分选线，对销售的阿克苏苹果进行智能分选，筛选出糖度大于16°、外观完整无瑕疵的苹果，果径按每5mm分级：75~80mm、80~85mm、85~90mm、90~95mm、95mm 以上，每分钟分选 300 个，效率远远高于人工，且机器能够严格执行分级标准，杜绝了人为因素。红外线自动分选机前期资金投入较大，但对于有一定规模的企业，机器分选经济效益更佳。

3. 加工

农产品加工是指利用种植或养殖的初级农产品进行直接加工或者再加工的过程（文学，1998）。根据加工的程度，可分为初加工和深加工。初加工的工序少、工艺简单，加工品与初级农产品在理化性质、营养成分方变化不大，初级农产品的内在成本没有实质性的变化，如水果榨汁等。深加工的工艺较为复杂、工序烦琐，使用的添加剂、辅料较多，技术含量相对较高，初级农产品的理化特性变化很大，营养成分通常按消费者需求进行重新搭配，如饼干的生产。农产品加工的范围不仅局限于食用产品，也包括皮革加工等生活用品，如河南首个淘宝村——焦作桑坡村就是闻名全国的皮毛加工集聚地。

对于农产品而言，加工至少具有三个价值。一是便于储藏和运输，转移初级品保质期过短、运输损耗大等风险；二是开发出差异化产品，提升产品层次和丰富度，满足消费者个性化需求；三是有利于农产品品牌建设，提升农产品市场竞争力。初级农产品因标准化程度低、差异化特征不明显等因素，较难建立产品品牌，而加工后就变成了工业品，品牌建设容易开展。

农产品加工以市场为导向，注重新产品开发，尤其是绿色食品、名优特产品的开发，以满足消费者不断变化的需求。质量标准是农产品加工的基本依据，环境卫生是农产品加工的根本保证。国家颁布了《食品生产加工企业质量安全监督管理办法》《食品生产加工企业质量安全监督管理实施细则》《食品卫生许可证管理办法》《食品安全企业标准备案方法》等市场准入制度，行业组织推出了 ISO22000、HACCP 等食品质量管理体系认证，环保部门还针对具体的加工领域制定了环境噪声排放、污染物排放标准。对于企业而言，准入制度、认证体系以及强制性标准是一把"双刃剑"，它们既保证了农产品加工的质量安全，提升了市场竞争力，又增加了生产运营成本。

农产品加工的种类繁多，加工工序、投入资源各不相同。一般来说，农产品加工的环节包括厂区选址与建设、配料、生产、质量管理、库存与储藏管理、生产设备管理、有害生物防治、卫生与污染控制等，投入的成本包括场地租金、厂房建设与维护、生产线购买与维护、水电气、燃料及劳动力等，产出为农产品加工品，如图 5 - 5 所示。

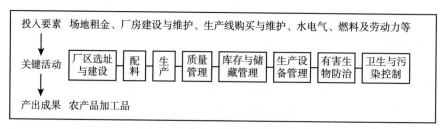

图 5 - 5　加工活动的分解示意图

以内蒙古呼伦贝尔市的一家蓝莓果干加工企业为例，其加工工序为：原料的选择→清洗→刺孔→预煮→糖煮→糖渍→沥糖→烘干，所需成本包含人工成本、水电费、固定资产折旧以及果葡糖浆、橄榄油和食品添加剂等成本，每公斤成本为 5 元（2020 年）。根据市场调查，同级蓝莓干的售价略高于新鲜蓝莓，表面上看加工后利润没有增加，但新鲜蓝莓存放时间极短且物流损耗大，流通成本占很大比重，难以实现电商销售，加工为蓝莓干将大大延长储藏时间，物流运输的难度也大为降低，加工的价值贡献非常明显。

由于农产品加工需要建设现代化厂房，购买自动化生产线，引进先进技术和生产工艺，固定资产投入巨大，因此，追求规模化生产是提高农产品加工价值的重要途径。

4. 包装

农产品包装是指针对原始农产品，实施包裹、捆扎以及装箱、装盒、装袋等处理，包装材质通常采用纸质、塑料、金属、木质、纤维或复合材料等。包装主要用于流通环节，它对于农产品保护、标志识别、商品说明、用户体验以及价值增值等具有重要意义。在电商销售中，由于物流配送地点跨度较大，调拨、转库、运输及配送环节较多，包装的作用更加凸显。

材料选用、包装设计与标签标识是农产品包装的重点事项。材料选用至少要满足两项要求：一是适应农产品类型、形状、性质及质量等方面的要求，如苹果包装通常采用塑料网套、内托内胆包裹或固定，然后用纸箱装箱，而大闸蟹通常先用塑料扣扣住蟹爪、用绳捆绑蟹身，然后放入尼龙网系好装入礼品盒；二是材质要符合规范，比如食品直接接触用塑料应符合 GB 4806.7 的规定，包装用添加剂符合 GB 9685 的规定。包装设计除体现商品特征和消费者偏好外，还要考虑电商的物流配送需求，遵循简化、

优化和人性化原则，方便运输、配送和拆装，尽量降低包装成本。农产品
包装上应具有标签标志，项目包括产品名称、质量认证信息、产地、生产
日期、储存方法、保质期、生产者信息、净含量、安全信息、条码等。

　　农产品包装的关键活动包括包装设计与制作、农产品分拆、包裹或捆扎、
装箱或装盒（装袋）等，投入的成本包括包装设计费、包装材料费、包装设
备费、场地租赁费及劳动力等，产出为包装好的农产品，如图5-6所示。

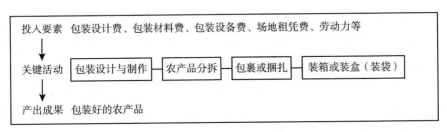

图5-6　包装活动的分解示意图

　　以 XY 果园的某系列阿克苏苹果装包装（2020 年）为例，在商品标志
方面，几乎每一处的设计都与当地民族文化有关。不同规格的苹果包装不
同，尽可能地保护苹果不被损耗，同时包装也比较精美。苹果尊享装 6 粒的
包装非常精美，内箱、外箱、网套、独立格挡都能更好地保护苹果。

　　包装成本方面（见表5-4），以苹果轻奢装 12 粒为例，原料成本（不
含税）为 19.00 元，包装材料成本为 7.90 元，合计产品成本为 26.90 元，
该产品在电商平台的售价为 69.9 元，扣除其他成本，包装创造的价值也是
非常显著的。

表5-4　　　　　　　　**2020 年 X 果业阿克苏苹果包装成本**　　　　　单位：元

产品名称	规格	包装材料	包装箱单价	网套成本	打包胶带
3kg	70～79mm	黄板箱 + 双网套 + 四折页	2.80	0.50	0.30
2.5kg	80～89mm	黄板箱 + 双网套 + 四折页	2.60	0.50	0.30
4kg	80～89mm	彩箱 + 双网套 + 格挡 + 四折页	3.30	0.50	0.30
轻奢装 12 粒	90～95mm	内箱 + 外箱 + 双网套 + 独立网格	7.10	0.50	0.30
尊享装 6 粒	>95mm	内箱 + 外箱 + 手提袋 + 双网套 + 独立网格	10.00	0.50	0.30

资料来源：笔者实地调研所得。

在电商环境下，利用"互联网思维"、重视用户体验进行包装创新，可能收到意想不到的效果。坚果是一种主要的休闲食品，传统的坚果包装以单品为主，如500克开心果、250克腰果仁等，这种包装易于销售却不易于单身或三口之家食用，S坚果电商等坚果销售企业创新性开发了"每日坚果"，内含6种坚果和3种果干，每小袋重25克，刚好供1人1次食用，该产品推出后，很快成为互联网坚果产品销量冠军。

5. 研发

农产品研发是指利用科学研究和技术革新开发全新农产品、改进现有农产品以及延伸农产品产品线的活动。研发是农产品生产的基础，研发的目的是迎合消费者未满足的需求以及日益变化的需求，提升农产品质量、档次和种类，获得持续的竞争优势。在电商环境下，企业推出"爆款"产品是扩大市场占有率、增加产品利润率的有效手段，而"爆款"产品推出的前提就是持续不断的研发投入。

农业科研分为基础性研究和应用性研究，农产品研发主要聚焦应用性研究。从农产品生产的角度，农产品研发的重点领域包括新物种塑造、新繁殖技术、新加工技术及新产品开发等（蔡根女，2014）。越大的企业越重视科技创新，2019年，我国农业产业化龙头企业研发投入接近1000亿元，占企业营业收入的0.72%，申请专利超过10万件，11.4%的企业拥有国家级研发机构（张延龙等，2021）。

四川天味食品拥有"大红袍""好人家"两大复合调味品品牌，主要产品有火锅底料、中式菜品调料、香肠腊肉调料、鸡精、香辣酱（甜面酱）等，客户群体为家庭用户和中小餐饮商户。2020年，天味食品营业收入为23.6亿元，其中电商销售1.5亿元。该公司非常注重产品研发，建有化学检测室、微生物检测室、精密仪器室、污水检测室、色谱分析室、色谱前处理室、包材检测室、产品留样室等专业实验室以及多个专业研发小组、专业品评团队、应用厨房，研发团队对中式调味品的传统经验进行总结和提炼，确定各种风味的关键物质基础、感官维度和技术指标，用它们来指导产品的调味、开发和生产，最终达到味道的数字化和产品的标准化。

农产品研发的规模和程度取决于企业的实力，实力较弱的企业或许没有独立的研发部门，而龙头企业可能将研发职能独立成公司。一般来说，农产品研发的关键活动包括获取客户需求、找出产品问题、制订开发计划、产品研发、试产试销、推出新产品等，投入的成本包括实验室建设与维护、研发设备购买与维护、原材料费、研发费用、科研人员薪酬等，产出为新的农产品，如图 5-7 所示。

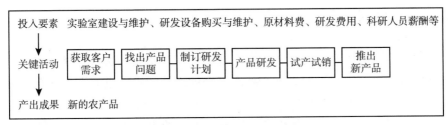

图 5-7　研发活动的分解示意图

　　虽然研发活动能够提升产品竞争力，但其投入往往数额巨大，尤其是对于中小企业而言，稍有不慎将面临经营风险。如何兼顾企业经营规模和经营效益，是研发活动能否创造价值的关键因素。农业企业在企业发展的不同阶段，应该选择合适的研发重点。规模较小时，可将重点放在研发投入小但效益好的领域，如某农业企业通过电商销售发现苹果的糖度为 16 度时，消费者接受程度最高，于是他们通过调节日照强度和时长让种植的苹果糖度接近 16 度，这种做法既没有增加研发投入又满足了消费者需求。规模较大时，能够承担的研发费用相对充足，企业应将研发重点放在能为基础性、"卡脖子"等领域，以便保持持续领先地位。

5.2.2　供应链管理

　　从理论上讲，供应链是指由直接或间接履行客户需求的参与主体构成，它不仅包括制造商和供应商，还包括物流商、零售商以及消费者等（Chopra and Meindl，2014）。在实践中，供应链管理主要涉及三方面：一是采购管理（寻源），二是运营管理（加工），三是物流管理（交付）（刘宝红，2019）。由于本章将加工活动放在农产品开发中，本部分的供应链管理主要包括采购和物流两方面，由于物流包含的活动较多，本部分将其拆解为储运和配送两部分。

　　与工业品相比，农产品具有鲜活性、非标准化等特征，在流通中对供应链的要求更为严格，对仓储物流环境、时效性提出了更高的要求。比如，生鲜农产品的供应链建设，冷链设施必不可少，而冷链建设属于重资产投资，这无疑增加了企业的运营成本。电商销售的出现，不但没有降低农产品供应链的运营成本，反而因其面向终端消费者，供应链呈柔性化、敏捷化特征，这进一步加大了农产品供应链管理的难度。因此，供应链管理是农产品电商上行的主要瓶颈，如何建立高效敏捷的供应链体系，成为企业创造价值的关键问题。

1. 采购

农产品采购也称为农产品收购，是指电商企业通过货币交换形式从农户（或农业生产组织）购买农产品产出物的经济活动。电商企业除自建农业生产基地外，采购农产品是供应链管理的重要活动。这是因为：一方面，农产品生产受地理位置、气候环境影响，单一的生产基地不可能种植（或养殖）品类繁多的农产品；另一方面，电商企业的经营需要具备一定规模，自建基地通常不能满足销售需求。对于电商企业而言，采购能够获得用于销售或者加工的农产品，是实现利润的前提和基础。

在采购管理中，采购计划和供应商管理是两件重要的事情。采购计划就是对选定的品种进行销售预测，制定采购的商品标准、采购数量、采购价格、采购地点以及供应商初步名单。由于农产品生产周期较长、产量受自然状况影响，前期签订的合同也可能存在农户故意违约等情况，因此在进行采购决策时需将采购、农户关系维护、生产服务、缺货和库存等成本因素纳入其中（税文兵等，2017）。供应商管理是采购管理的重要环节，对于稳定采购源、确保农产品品质、降低采购成本、提升采购经济效益及防止采购腐败具有重要意义。供应商管理的环节包括供应商调研与开发、供应商审核与选择、供应商评估与管理、供应商激励与控制等。

农产品采购的关键活动包括包装制订采购计划、选择供应商、达成采购协议、采购农产品、收货入库等，投入的成本包括农产品购买费、包装运输费、采购业务费、采购人员工资等，产出成果为采购的农产品，如图5－8所示。

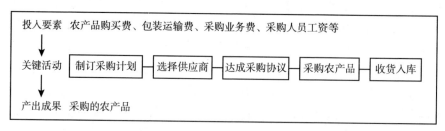

图5－8　采购活动的分解示意图

X果业先后在和田、吐鲁番、阿克苏、伽师、鄯善和叶城等地建成林果产地批发交易市场，通过"交易平台＋托市收购"的模式，实现农产品采购创新，稳定农产品收购价格。对于常年合作的供应商，在价格合理的情况下，一般对果品进行抽样检查；对于新的供应商，检测水果时会更加仔细。检测过程中，剔除部分品质不达标的产品，以一定比例（在 1% ～ 4%）扣除重量后进行结算，表 5 - 5 所示为 2020 年 X 果业农产品平均收购价格。

表 5 - 5　　　　　　　2020 年 X 果业农产品平均收购价格　　　　单位：元/公斤

产品名称	产品标准	收购价格
阿克苏苹果	70 ～ 79mm	3
	80 ～ 90mm	5.2
	90 ～ 95mm	5.8
	95mm	6.23
和田灰枣	特级	28
和田骏枣	二级	14 ～ 16
皮山、洛浦、若羌灰枣	通货	10 ～ 11
喀什灰枣	通货	7 ～ 8
阿克苏灰枣	通货	5 ～ 7

资料来源：笔者实地调研所得。

从表 5 - 5 中可以看出，X 果业农产品收购价格较低，经过分级、加工、包装后，加上 X 果业的品牌影响力和渠道优势，通常能以较高的价格在市场上流通。由此可以说明，即使扣除各种销售费用和管理费用，收购环节也创造了不少的价值。

2. 储运

农产品储运即农产品仓储与运输，是指农产品在流通过程中暂时性的仓库储存和干线运输的过程。与工业品相比，农产品具有产地集中、季节性强、易腐烂等特点，对仓储运输设施及管理要求更高，例如，许多生鲜农产品的物流配送环境需要使用冷藏、冷冻甚至超低温等冷链设施。

（1）仓储。农产品仓储是指利用仓库存放和保管农产品的活动，目的是缓解农产品流通中存在的供需不匹配问题。根据仓库所处的位置，可分为产地仓储和销地仓储。农产品仓储是农产品供应链的重要环节，它对于减少农产品损耗、延长农产品保鲜期、加速流通和资金周转、节省物流成本、提升消费者满意度具有重要意义。

对于电商企业而言，仓储运营模式是需要决策的关键问题，它包括仓库是自建还是租用、仓库数量容量及地理分布、商品的库存量等。自建还是租用仓库，主要取决于电商企业经营规模及经济状况，自建能有效提高仓储管理质量但固定资产投入较大，租用可以降低运营成本但管控能力较弱，寻找二者的平衡是企业决策的依据。对于生鲜农产品，冷库是仓储环节必不可少的基础设施，不同的农产品对于温度的需求是不一样的，如蔬菜水果类存储温度为0℃~4℃、冷冻肉为-18℃、冷冻水产品为-25℃~-18℃，因此冷库的类型包括高温冷库、中温冷库、低温冷库及超低温冷库等。由于冷库建设的投入巨大，租用第三方冷库是绝大多数农产品电商企业的选择，自建冷库仅适合全国性的龙头企业。

农产品仓储的关键活动包括商品入库、商品搬运、在库管理、库存管理、商品出库等，投入的成本包括仓库租赁费（仓库建设与维护费）、仓库损耗费、包装耗材费、电费、人员工资等，产出为农产品储存，如图5-9所示。

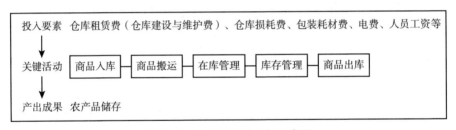

图5-9 仓储活动的分解示意图

X果业在乌鲁木齐、成都、北京、武汉、上海、广州等城市建立了仓储基地，累计面积超过40万平方米，拥有多个万吨级立体冷库。以阿克苏苹果为例，仓储的关键活动包括入库、预冷、码垛、冷藏、出库等环节，每个环节均涉及相应的冷链装备以及冷链技术，入库前为了达到自然预冷效果，将冷库温度降至0℃，一周后再降至-1℃左右，库内空气相对湿度控制在85%~95%，确保水果的品质。

（2）运输。农产品运输是指利用公路、铁路、水路和空路等交通干线长距离、大数量转移农产品的活动。在本章中，农产品运输特指干线运输，区别于将农产品传递到最终消费者的农产品配送。农产品运输主要发生在农业生产者与电商企业之间、电商企业内部不同仓储基地之间。农产品运输是农产品流通的物理支撑，是农产品从生产者向消费者传递价值的必要途径，也是农产品上行畅通的重要环节。

选择适合的运输方式是维持农产品质量稳定、降低流通成本的前提和基础。从运输工具上划分，运输方式可分为汽车、火车、轮船、飞机运输以及多式联运，不同的运输工具适应不同的地理位置和商品类型；从运输线路上划分，运输方式可分为直达运输和中转运输，直达运输方便快捷，但要求货品单一、运量大，中转运输更适合分散采收的农产品，但效率较低。电商企业在进行运输决策时，还要考虑货品的运输要求。农产品运输通常对温度、湿度、卫生条件、装载工具以及时效性有严格的要求，如多数生鲜农产品要求冷链运输，这势必增加运输成本。因此，在满足输运条件的基础上尽可能降低成本，成为运输决策的关键问题之一。

农产品运输的关键活动包括确定运输方案、确定输运车辆、运输装车、干线运输、卸载交货等，投入的成本包括运输费、路桥费、包装耗材费、搬运费、人员工资等，产出为农产品到达目的地，如图5-10所示。

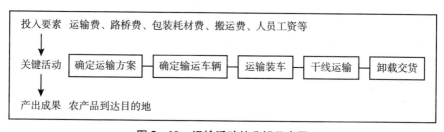

图5-10　运输活动的分解示意图

由于新疆与内地距离较远，每年水果上市的季节，就要通过高速公路、空运等方式将新鲜蔬果运输到全国各大仓储基地。X果业投入千万余元购买了小型、中型、大型冷藏运输车三十余辆，对保质期较长的水果采用公路运输，运输途中温度保持在0℃~4℃。对于保质期比较短的水果，则采用飞机运输。以高速公路运输方式为例，在运输前需要对车辆制冷装置进行检查，确保在运输途中不会出现意外，之后需要对装车水果进行二次检查，运输途中实时记录温度直至入库。在高速公路运输过程中，不仅会产生路桥费，燃油费占比也较大。柴油价格是4.99~6.46元/升，根据冷藏车辆大小的不同，每升柴油能够行驶3~10公里不等。

3. 配送

农产品配送是指农产品从仓库或者直接从生产基地传递到终端消费者

的过程,是农产品物流的"最后一公里"。在电商环境下,与干线运输相比,农产品配送有很大差异,主要原因是配送针对海量消费者,商品种类繁多且时效性强但数量很少。配送是实现农产品电商交易的物流保证,它对于提升消费者购物体验、增加农产品流通利润具有重要意义。

成本与效率是农产品配送中关注的重要内容。通常情况下,高效率就意味着高成本,低成本意味着低效率。但是,过高的配送成本将丧失电商的价格优势,进而导致农产品上行受阻。因此,配送模式选择成为电商企业进行配送决策的关键问题。自建配送团队通常适用于规模较大的龙头企业,具有全国性的多中心仓储基地,配送的农产品多为高附加值的品牌商品。对于中小型电商企业,主要由第三方快递企业承担配送任务。第三方快递企业具有配送网络全、运营成本低、配送效率高等特点,但往往缺乏配送具有特殊要求农产品的能力。近年来,一些创新配送模式,如共同配送、众包配送、"前置仓+社区自提点"等模式对于降低农产品配送成本做出了有益的探索。

农产品配送的关键活动包括分拣、分割、组装、包装、打单、出库、送递等,投入的成本包括快递费、包装费、配送管理费、人员工资等,产出为农产品到达消费者,如图 5-11 所示。

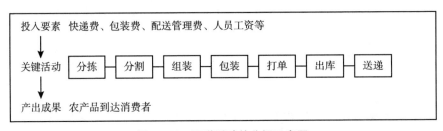

图 5-11 配送活动的分解示意图

X 果业的电商团队(西域果园)长期与中通、顺丰等大型快递企业合作,线上产生订单后,根据订单信息调用安排运输车队,仓库进行分拣、包装、装车等活动,发货后通过物流信息系统全程追踪,到达目的地中转地由快递员配送,直到收货人签收,形成完整的配送体系。

5.2.3 电商销售

电商是一种新型的农产品流通渠道(赵大伟等,2019),它减少了农产品流通环节，让生产者直面广阔的终端市场，但与此同时，它增强了消费者选择的机会，加剧了买家之间的竞争。电商销售是农产品上行的必经过程，也是实现农产品价值变现的"惊人一跳"。按照消费者体验旅程（Wang et al.，2020），结合本章活动分解方法，电商销售的关键环节包含商品选择、在线交易、客户服务和营销推广等活动。

1. 商品选择

商品选择又称"选品"，是指电商企业在制订商品经营计划时对即将销售的农产品种类、规格、产地的规划和选择。实践中常有"三分靠运营，七分靠选品"的说法，这说明不是所有的农产品都适合网上销售，也不是所有的农产品都符合消费者需求，因此，选品工作非常重要。

电商环境下，消费者的大量行为通过点击、浏览、关注、收藏、评论、沟通以及表单提交等动作记录于互联网平台的数据库中，进行形成消费者行为大数据。对于商家而言，通过平台交易数据、在线评论文本、关键词搜索轨迹、在线客服记录、Web 日志文件等结构化和非结构化数据进行大数据分析，进而获取客户需求，指导商品规划与选择，已成为一种主流的选品方式（雷兵等，2019）。从来自实践的调研看，"热点"与"痛点"是选品的两大基本准则。"热点"指的是"热销品"或"爆品"，它代表了一定时期内目标消费群体的流行趋势和购买偏好，通过"热销品"属性的解构，发现消费者偏好的内在属性，是选品成功的关键环节。"痛点"是指当前产品存在的问题或不能满足消费者的部分，选品时应充分重视"痛点"，选择能够解决或者部分解决"痛点"的商品也是选品成功的关键环节。

由于农产品的特殊性，在选品时，还要考虑以下几点。一是存放时间。生鲜保质期要有足够的时间，包括物流配送时间和消费者收货后的存放时间，存放时间越长，电商销售半径越大。二是易损坏性。生鲜农产品在包装的保护下，经过"长途跋涉"最终送到消费者手中不能被损坏，即使部分损坏也会大大降低消费者的购物体验。越易损坏的农产品其配送成本越高。三是产地。由于农产品生产受地理位置影响巨大，不同地方催生出各自的特色农产品，选择具有地理标志的农产品更易受到消费者青睐（雷兵等，2021）。

农产品商品选择的环节包括消费者需求获取、市场竞争分析、初步确定拟销售商品、寻找供应商、确定选入商品等，投入的成本包括市场调查费、选品业务费、选品人员工资等，产出成果为选入的农产品，如图 5 – 12 所示。

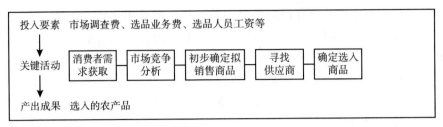

图 5 – 12   商品选择活动的分解示意图

新疆林果种植面积超过 2000 万亩/年，各类果品超过 1000 万吨/年，其中红枣、葡萄、香梨的面积和产量均排全国第一，是名副其实的"瓜果之乡"。2008 年，X 果业通过对消费者和竞争对手的一系列调查，发现新疆瓜果在疆外的市场存在大量空白，且缺乏有力竞争者，于是开始推进生产基地建设和市场开拓。X 果业采用"龙头企业 + 合作社 + 基地 + 农户"的模式，在吐鲁番、昌吉、阿克苏、喀什、和田和巴州建立了林果种植基地，其中自营种植 10 万亩、订单农业 50 万亩。由于新疆与内地距离较远，X 果业主要选择苹果、红枣等运输损耗小、保存期较长的水果作为主打产品开展电商销售，同时考虑季节性因素，做到一年四季均有生鲜水果轮流售卖。

2. 在线交易

在线交易是指电商企业通过第三方电商平台或自建独立网站销售农产品的活动。通常情况下，在线交易过程实现了农产品的商流（商品所有权）和资金流的转移。在线交易是农产品电商的核心环节，是农产品上行各项活动创造价值的根本保证和前提基础。与传统交易相比，在线交易的达成具有"随时""随地"等特征，消费者足不出户在任意时间就可购买到来自全国甚至全世界的优质特色农产品。因此，在线交易为电商企业带来了海量的消费者，成为"小农户"对接"大市场"的重要通道（曾亿武等，2016）。

尽管在线交易为农业企业提供了广阔的市场空间，但同时也让竞争者"大面积"地聚集在一起，从而加剧了市场竞争。因此，从某种程度上说，在线交易是消费者占主导的交易方式。当消费者针对同种商品的比价变得容易时，商家之间的价格竞争就成为在线交易的一种常态。当前，中国的电商平台，无论是淘宝（天猫），还是京东或拼多多，间歇性短时促销已成为总交易量（gross merchandise volume，GMV）的主要贡献来源。以天猫平台为例，每年有"三八女王节""520 表白节""618 年中大促""双 11 全球狂欢节""双 12 年度盛典"等大型促销活动数十项，几乎是"周周有促销"。对于商家而言，促销就意味着商品打折，因此，如何在不同时间段给商品定价成为在线交易的关键任务。另外，获得靠前的关键词排名位置也是在线交易管理的重要内容。根据现有主流电商平台规则，在线评价和历史销量是影响排名的关键因素（Wang et al.，2016）。对于一个新品而言，如何在短时间内产生更多的交易和更多的好评是电商运营的又一项重点工作。在实践中，一些商家为了让新品快速获得更好的排名，采用"刷单""有奖好评"等非法手段，这些虚假交易、虚假好评一旦被电商平台或市场监管部门发现，将受到封店、罚款等严厉惩罚。

农产品在线交易的环节包括平台开店（自建独立站）、商品描述策划与制作、商品上下架管理、商品定价、订单管理等，投入的成本包括平台会员费（网站建设费）、交易佣金、策划制作费、人员工资等，产出为农产品销售收入，如图 5 - 13 所示。

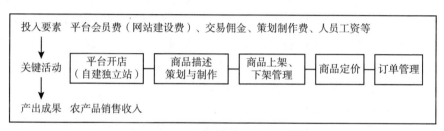

图 5 - 13　在线交易活动的分解示意图

X 果业的 XY 果园电商团队在京东商城开设了"XY 果园地方特产旗舰店"，在商品分类方面，除采用品类划分外，还根据消费者购买场景分为店内热销、餐前水果、店内主推、新鲜新品、佳节好礼、年货豪礼等类别。日常促销方面，店铺推出"满99减50""2件8折"等捆绑销售策略。在天猫平台的"XY 果园官方旗舰店"上，X 果业则将商品划分为"礼盒""美味鲜果""休闲零售""坚果核桃"等，推出的优惠策略有"满88减5元""满100减15元"等捆绑销售策略。不同的电商平台有不同的平台规则和目标群体，制定有针对性的交易规则才能产生更多的交易量。

3. 客户服务

客户服务是指电商企业针对消费者的售前、售中和售后服务，售前服务主要工作是接受消费者售前购买咨询，售中服务的主要工作是订单核对、交易事项沟通等，售后服务主要处理退换货、投诉及在线评价等工作。在电商销售中，由于买卖双方无法面对面沟通，在线客户服务非常重要，它具有商品介绍与推荐、交易事项处理、商品售后服务等职能，对于提升客户满意度、保持客户关系、增加销售转化率和复购率具有重要意义。

客户服务并不是一项简单的工作。第一，客服人员应该懂得消费心理学，熟知客户行为类型。主动性的消费者反应速度快、目标明确，但态度坚决强硬、直击重点，喜欢质问，被动性的消费者友好、镇静、语速平稳、善于倾听，但多疑、求稳，喜欢闲聊。不同类型的消费者，沟通交流方式要做相应调整。第二，精心准备客服话术是与消费者进行良好沟通的前提条件。通常，客户的咨询主要集中在某些常见问题上，如商品功能与特征、促销与优惠政策、物流配送以及售后服务等，分门别类制作常见问题话术，不仅能为客户提供企业"标准化答案"，还能树立公司统一形象、提高客服效率。第三，交易纠纷处理非常考验客服人员的工作能力。客户人员需具备一定的抗打击能力和处理突发事件的应变能力，能够自我控制情绪。面对投诉，具备安抚客户情绪、做好各方面的沟通并及时给出解决方案的能力。第四，客户服务需要采用信息化管理。一方面，客服软件系统能够自动记录客户行为和沟通内容，便于事后处理和分析；另一方面，销售旺季或促销活动期间，客服软件系统能够应对高并发客户请求，实现自动化处理，提高客服工作效率，增加客户接待量。

农产品客户服务的环节包括话术准备、客户沟通、订单确认、售后维护、评价管理、客户关系等，投入的成本包括客服软件购买与维护、客服管理费、人员工资等，产出为提高商品销量，如图 5 – 14 所示。

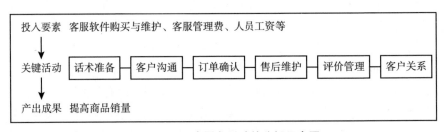

图 5 – 14　客户服务活动的分解示意图

甘福园是天猫平台的头部生鲜水果电商企业，每日在线客户数量很大，遇到"双十一"等大型促销活动更是"人潮攒动"。根据天猫统计数字，2020 年"双十一"期间，甘福园实现销售收入 2836 万元。如此巨大的交易额，对于客户服务部分是一次严峻的考验，除了工作人员加班外，还需一套功能强大、能处理高并发业务的客服软件系统。通过客服软件系统，甘福源将常见咨询任务做了自动化处理，包括"热点问题""商品介绍""促销活动""催促物流""发货咨询""催促退款""修改地址"
"发票服务"等，消费者通过自助工具大大减少了人工问答的工作量。减
下来的客服人员将重点放在客户关系维护方面，他们通过大数据对客户进
行分类，然后有针对性地推送促销商品和优惠券，大大提高了客户的复
购率。

4. 营销推广

从理论上讲，营销被定义为计划和执行创意、商品和服务的概念、价
格、促销和分销的过程，通过该过程创造满足个人和组织目标的交换
（Burns et al.，2014）。在本章中，营销推广是指电商企业以互联网为主要载
体，通过运用网络营销工具与方法，宣传企业品牌形象、展示和推广产品
的过程。营销推广活动的价值至少体现在两方面，一是获取互联网流量，
引起消费者关注。在电商环境中，消费者面对海量的商品，要想被消费者
"发现"并引起"关注"，是一件困难的事情。正是在这样的背景下，营销
推广活动相继产生。通过网络广告、搜索引擎优化以及各种事件策划活动，
能够获得更大的互联网流量，进而增加商品销量。二是扩大品牌知名度，
提升产品附加值。首先，品牌是一种无形资产，好的品牌能够增加产品价
值，形成超额利润。其次，品牌形象能够让消费者对产品的质量、性能及
特征产生联想，进而获得品牌背书。与工业品相比，农产品除存在企业品
牌外，还可能存在地理标志品牌。

在电商销售的各项活动中，营销推广投入最大，是最关键的环节之一。
对于具有一定规模的电商企业，通常会成立专门的营销部门甚至独立公司。
营销推广涉及的岗位较多，如某农产品电商企业将营销部门分为若干个小
组，包括平台推广组、社交媒体组、品牌公关组、视觉传达组、视频制作
组等，每组由 3~5 名技术人员构成，每年投入的推广费用高达千万元。在
营销推广过程中，技术与成本是电商企业关注的重点。网络营销推广工作，
是一种具有明确商业目标的技术性工作。比如淘宝直通车广告投放，既要
熟悉平台上同类商品的优缺点及销售情况，又要精通搜索引擎排名规则，
更重要的是要考虑广告预算、关键词点击成本以及投入产出回报率（return
on investment，ROI）；又如，商品促销专题页面设计与制作，不仅是单纯的
产品图片及描述文字的对齐，还要运用消费者行为学相关理论进行策划，
做到信息技术、设计艺术和商业目标的三统一。在品牌建设方面，地理标
志保护十分重要。然而，地理标志申请河南由一家企业完成，需要地方政
府、行业协会和农产品经营主体三方协作共同完成。我国的地理标志产品

有两种申请方式①，一是国家知识产权局的"中华人民共和国地理标志"，二是农业部的"农产品地理标志"。

农产品营销推广的环节包括制订网络营销计划、选择网络营销工具与方法、营销资源购买与获取、日常营销推广工作、网络营销效果评价、网络营销团队管理等，投入的成本包括网络广告费、品牌公关费、营销推广管理费、人员工资等，产出为互联网流量和品牌形象，如图 5－15 所示。

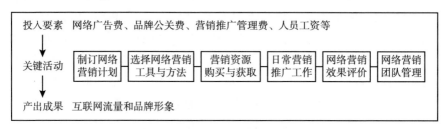

图 5－15　营销推广活动的分解示意图

S 坚果电商作为原生性休闲食品电商企业，从成立伊始便注重营销推广。在品牌建设方面，团队为"S 坚果电商"注册了商标，并设计了人格化卡通图。经过多年的建设，已成为休闲食品领域的超级知识产权（intellectual property，IP）。S 坚果电商设有创意设计研究院、社交传播中心、云体验销售中心等营销推广部门，2020 年平台服务及推广费为 9.61 亿元、客户体验费为 0.135 亿元，两项费用占营业收入的 10% 左右。

5.2.4　辅助活动

前文已说明，本章以电商企业为视角展开分析。在企业的价值链中，辅助活动是指为农产品开发、供应链管理、电商销售提供等基本活动提供必要支持的活动和任务。虽然辅助活动没有直接创造客户价值，但它却为产品和服务的传递提供了人力、财力以及信息流的支撑。

1. 人力资源管理

农产品电商企业的人力资源管理是指与公司人力资源相关的各项活动，

---

① 2020 年 4 月 3 日，国家知识产权局发布《地理标志专用标志使用管理办法（试行）》，原国家质量监督管理总局、国家工商行政管理总局商标局专用标志废止，2021 年以后使用国家知识产权局统一颁发的专用标志。

如岗位设置、人员招聘、绩效管理、培训与开发及薪酬管理等。人力资源是企业发展的第一资源（叶欣，2000），它既是企业生产经营活动顺利开展的保证，也是企业创新发展的基本要素。电子商务作为一种新型商业形态，发展时间较短，全社会普遍缺乏电商人才。农产品上行活动中，电商人才匮乏更是成为上行受阻的重要因素之一（王胜和丁忠兵，2015）。反观率先取得成功的农产品企业，皆有一支优秀的电商团队。

在电商环境下，企业的组织结构向柔性化、扁平化、网络化、虚拟化的趋势发展，出现了团队型、网络型、虚拟企业等组织形态（吴清烈，2009）。团队型组织以响应特定客户需求为目的，在企业组织平台的支持下，实现自主管理。例如，韩都衣舍等企业采用小组制建立电商运营团队，每个小组由 5~6 名成员组成，从商品选择到电商销售独立完成、自负盈亏。网络型组织只有精干的中心机构，以契约关系依靠第三方公司实现业务经营活动。在实践中，许多企业将自己不擅长的电商运营工作以项目的形式外包给专门的电商服务机构，公司内部员工担任项目经理，制定业务目标和项目绩效，具体的实施则由电商服务机构执行。虚拟企业是针对特定市场机会，将拥有相关资源的若干独立企业整合起来，共同完成客户需求的一种组织形式。例如，许多农产品电商企业仅负责电商销售工作，农产品开发部分与农业生产基地合作，供应链管理部分与物流快递企业合作，这是典型的虚拟企业，是为了农产品上行达成的一种动态战略联盟。

在岗位设置上，不同规模的企业电商其组织结构有所不同，有的企业将电商职能独立成一个部分甚至设立独立公司，有的企业却将电商职能分散各业务部分。无论怎样设置，一般都具有产品、运营、营销、物流等核心职能，图 5-16 和图 5-17 分别为中小型电商企业和大型电商企业的典型组织结构。

许多农产品电商企业面临电商人才难招的困境，一个主要的解决办法是电商培训。商务部从 2014 年开始实施"电子商务进农村"综合示范，将电商培训作为主要的工作内容，开展电商运营、操作、客服、售后等业务培训，培养了一大批懂电商业务、会网店经营的复合型农村电商人才，表 5-6 为某"电子商务进农村"示范县针对当地农产品电商企业的淘宝网店运营实操培训方案。

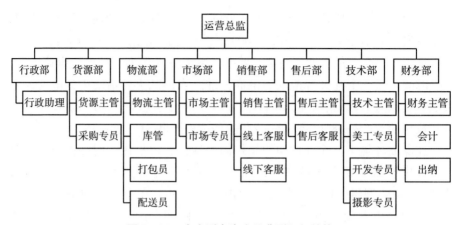

图5-16　中小型电商企业典型组织结构

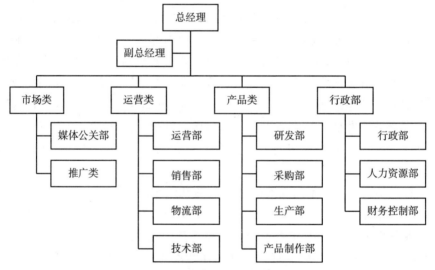

图5-17　大型电商企业典型组织结构

表5-6　　　　　　　　　　　　淘宝网店运营实操培训

主题	课程内容	主题	课程内容
淘宝开店及店铺定位	各大电商淘系平台开店资质说明 淘宝个人和企业开店要求及流程介绍 淘宝店铺交纳消费者保障金要点说明 卖家支付宝常用工具实操介绍 卖家支付宝安全保障说明	售前技巧及买卖退换货交易流程	售前之促成成交技巧 售前之砍价应对技巧 售前之提高咨询转化技巧 售前之提高转化技巧 售前之关联销售技巧

续表

主题	课程内容	主题	课程内容
店铺管理技巧及货源管理	淘宝天猫产品找图片的技巧 盗图申诉操作 产品图片保护方式操作与介绍 图片空间之文件管理 图片空间基础图片的使用	售后及评价管理	评价之 DSR 评价之店铺信誉算法 评价之中差评修改路径 评价之解释回复技巧 售后技巧之仅退款
发布宝贝与淘宝后台宝贝管理	淘宝产品发布操作流程介绍 淘宝产品发布时的各注意事项说明 出售中的宝贝管理与编辑 仓库中的宝贝管理与编辑 店铺后台体检中心介绍	数据指标分析及如何破除"零销量"	数据指标之访客定义 数周指标之浏览量定义 数据指标之跳失率定义 数据指标之平均停留时长定义 数周指标之客单价定义
淘宝客服工具运用技巧	店铺新增员工子账号新建 店铺员工子账号角色权限设置 店铺员工子账号设置分流 店铺员工子账号安全保护设置 店铺员工的工作监控查询	淘宝店铺实战	店铺重要目标之出售中 10 件宝贝 店铺重要目标之 DSR4.8 分以上 考核对淘宝天猫基本规则的了解 考核交易与退换货流程的熟悉 考核如何购买营销软件

2. 财务管理

财务管理是指电商企业获取和管理财务资源的各项活动，包括筹资、投资以及内部的会计与财务工作（荆新等，2018）。资金是企业经营的血液，是企业生存与发展的基础。充足的资金才能保障企业招聘足够的人力资源，满足企业各项业务活动的正常开展。电商企业在发展过程中，如果财务工作存在问题，缺乏远见卓越的财务分析能力，可能因资金链断裂导致企业破产。

盈利能力分析是电商企业财务分析的重要内容，摸清营业成本构成及其占比是关键所在。在实践中，经常存在新进入电商领域的创业者对电商企业的营业成本认识不清的情况。比如，直径为 75 厘米的阿克苏冰糖心苹果收购价为 3 元/公斤，在电商平台的售价为 10 元/公斤，如果不了解电商营运的成本构成，会简单认为利润率高达 70%。以 S 坚果电商为例，2020年营业收入为 97.94 亿元，而营业成本为 74.54 亿元，管理费用为 2.21 亿元，研发费用为 5.25 亿元，三者加上共计，如果不计算其他费用，利润率为 16.28%，非常不错。但根据公开披露的财务报告发现，2020 年 S 坚果电商的销售费用高达 17.12 亿元，最终的总营业成本为 94.63 亿元，净利润率仅为 3.07%。进一步分析财务报告可以看出，S 坚果电商的销售费用来源众多，包括平台服务及推广费、职工薪酬、包装费、劳务外包、仓储服务费、客户体验费、租赁费、装修费、折旧、办公费及其他费用。

电商企业通常是围绕商业模式创新的创业型企业，创业项目具有一定的风险，因此，寻找和接受风险投资是企业财务管理的重点工作。风险投资一般在电商企业创业阶段就进入，因而也被称为创业投资。电商企业接受风险投资的大致历程如图 5-18 所示（桂曙光，2011）。在创业初期，电商企业获得的第一笔风险投资称为种子基金。"种子"是指在创业项目还处于构思萌芽阶段时，仅有一个想法但没有具体的产品；种子基金就是将基金资产投资于这一阶段的公司，当企业成长起来后种子基金就会退出转向投资其他企业。当开发出产品并推向市场后，随着市场份额、业务规模的扩大，电商企业需要多次获得风险投资，通常称为 A 轮、B 轮、C 轮等。PE（private equity）即私募股权投资，主要对已经形成一定规模的、并产生稳定现金流的成熟企业的风险投资。IPO（initial public offering）即首次公开募股，是指企业透过证券交易所首次公开向投资者增发股票，以期募集用于企业发展资金的过程。S 坚果电商、美菜网等众多农产品电商企业从创立伊始便获得了一系列的风险资金，这些资金成为企业创新商业模式得以成功实施的关键所在。

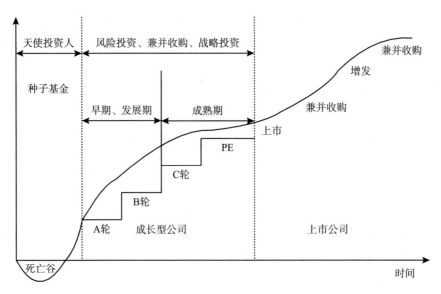

图 5-18　电商企业发展中接受风险投资的历程

3. 管理信息系统

管理信息系统是指利用数据库技术、通信网络技术等现代信息技术，对企业中的业务活动所涉及的信息收集、提取、转换、存储、加工、分析、传输等提供支持或进行控制的系统（陈国青等，2019）。管理信息系统能够提高业务处理效率，促进业务流程重组，为企业提供了新的战略选择，并因此建立竞争优势。企业的管理信息系统涉及销售与营销、生产与制造、会计与财务、人力资源等诸多领域，随着电商的发展，管理信息系统由企业内部延伸到面向市场的外部环境，信息处理职能进一步拓展，成为电商业务系统密不可分的重要组成部分。

业务处理是农产品电商企业使用管理信息系统的基本目的。一是店铺与订单管理需要管理信息系统支持。电商企业通常在多个电商平台设立网络店铺，日常的商品资料上传与维护、订单管理与在线客户服务等工作烦琐，手工操作费时费力，尤其是遇到促销日，高并发的业务量几乎无法通过手工完成，管理信息新系统几乎成为店铺与订单管理的必备"武器"。二是仓储与物流管理需要管理信息系统支持。一方面，在电商环境下，消费者下单后，商品调拨、出库及发货工作将立即执行。由于农产品的地域特征，电商企业通常采用多仓发货模式，即根据农产品类型及消费者地理位置设立若干仓库，发货时根据需求及库存量选择发货仓，这些业务流程中涉及的数据处理与共享需要管理信息系统。另一方面，绝大部分电商企业的物流配送采用外包模式，可能与多家快递企业合作，要做到电商平台的订单信息与第三方快递企业物流信息的无缝集成，必须有额外的管理信息系统支持。

商务智能是农产品电商企业使用管理信息系统的进阶需求。电商为企业留下了全程、海量的业务数据和消费者行为数据，利用好这些商务大数据的是企业创造客户价值的重要途径。根据消费者的浏览（点击、收藏）行为、购买记录、在线评价与沟通记录以及人口统计特征等多维度海量结构化和非结构化数据，运用机器学习算法建立体系化标签体系，形成用户画像，实现客户分类。在此基础上，根据企业目标和商品计划，指定有针对性的促销策略，进行基于商品、用户等个性化推荐，达到"千人千面"的精准营销效果。

目前，已有众多软件企业提供电商业务流程与信息管理解决方案，这些系统多数采用软件即服务（software-as-a-service，SaaS）架构，提供功能与性能的定制化服务。例如，金蝶的管易云 ERP 是一款面向新零售的全渠道业务管理系统，具有商品管理、客户管理、采购管理、库存管理、门店管理、订单管理、财务管理、数据分析等功能，能够无缝集成淘宝、天猫、京东、拼多多等40多家主流电商平台以及20多家第三方物流平台，可以实现在线订单的自动化处理，每秒能够同时处理上万张订单，大大提升了业务处理效率。

5.3 农产品上行畅通度分析

5.3.1 农产品上行畅通度概念

"畅通"一词，在《当代汉语词典》中解释为：无阻碍地通行或通过，如畅通无阻、运输畅通。"畅通"的近义词为"通畅"，如呼吸通畅、道路通畅。"阻塞"是"畅通"的反义词，《当代汉语词典》解释为：水流、交通等因被某物堵塞而不能通过。"阻塞"的近义词有"堵塞""噎塞""梗阻""阻滞"等，如道路堵塞、血管梗阻，其中"阻滞"在《当代汉语词典》解释为"有阻碍而不能顺利通过或进行"，其义除"不能通过"外，还包含"通而不畅"。

在学术上，"畅通""通畅""梗阻""阻滞"等词多用于生物医学领域，也有不少学者将其借用到社会学科领域。例如，廖泽芳等（2017）用于研究"一带一路"贸易问题，徐忠平（2006）用于研究物流体系问题，钱再见和金太军（2002）用于研究公共政策执行问题，邱力生（2000）用于研究货币政策传导问题。

本章引入"畅通""阻滞"等词，并提出"农产品上行畅通度"概念。正如本章引言所述，农产品上行畅通的必要条件是产品流、信息流和价值流等"三流"畅通，缺一不可。据此，本章对"农产品上行畅通度"作如下定义：在农村电商生态系统中，农产品上行畅通度是指农产品从农村销往城市的过程中，产品流动、信息传递和价值增值三者单独或交互状态下的畅通程度。用数学语言描述农产品上行畅通度（ED），将其看作一个函数：

$$ED = f(PD, \ ID, \ VD) \tag{5.1}$$

式（5.1）中，PD 为产品流畅通度，ID 为信息流畅通度，VD 为价值流畅通度。根据前期案例研究及价值活动分解，本章提出农产品上行畅通度的评价指标体系，如图 5 - 19 所示。

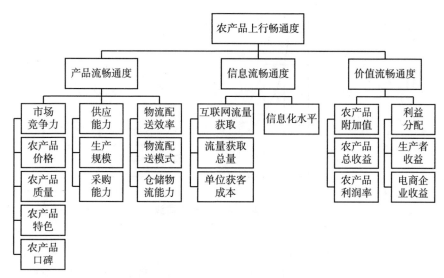

图 5 - 19　农产品上行畅通度评价指标体系

5.3.2　产品流畅通度

产品流是指农产品经生产、加工、包装等环节后，通过流通渠道最终到达消费者的过程。产品流畅通度是指农村地区生产出来的农产品顺利"到达"到城市消费者的畅通程度，这里的顺利"到达"是指在规定的时间和规定的地点将农产品保质保量地传递给消费者。

1. 市场竞争力

对于农村地区的农产品而言，能否顺利"到达"城市消费者的一个主要因素是产品市场竞争力。从理论上讲，当市场上存在超过一种同类商品的卖方且供应充足时，市场竞争就产生了。农产品市场竞争力是指农产品在市场竞争中取胜获利的能力（姚於康和马康贫，1999），其决定因素主要有价格、质量、特色、口碑等（柯炳生，2003）。

（1）农产品价格。

价格是消费者对商品做出权衡取舍的关键因素之一，消费者对农产品的购买意愿是建立在一定的价格水平上的。在其他因素不变的情况下，农产品的需求函数 Q_d 可以表示为：

$$Q_d = f(P) \qquad\qquad (5.2)$$

式（5.2）中，P 为价格。图 5 – 20 为农产品需求曲线。

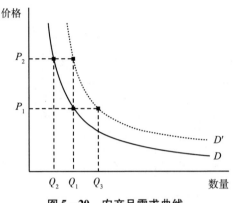

图 5 – 20　农产品需求曲线

从图 5 – 20 中可以看出，需求曲线 D 向右下方倾斜，P_1 的价格对应 Q_1 而 P_2 的价格对应 Q_2，$P_1 < P_2$，$Q_1 > Q_2$，即需求量随价格的下降而上升。在流通领域，"价格为王"是一条亘古不变的定律。电商市场从发展到壮大，低价策略一直是重要的推动力，天猫"双十一"、京东"618"、拼多多"百亿补贴"计划等均采用的是价格促销策略。

消费者收入是影响需求的另一个重要因素。在图 5 – 20 中，当消费者的收入增加时，同一价格对应的需求也随之增加，如 P_1 对应需求曲线 D 的数量为 Q_1，而对应需求曲线 D' 的数量为 Q_3，这说明随着收入的增加，消费者愿意支付的价格也上升了。在实践中，针对不同的消费群体，通过包装、分级等方式，对不同的消费群体实行价格歧视，既可以扩大销量，又能获得更大的利润。

当农产品价格发生变化时，其需求量也会随之改变，需求价格弹性描绘了价格变化的敏感度。农产品需求价格弹性 E_d 可用数学表示为：

$$E_d = \frac{需求变动量}{价格变动量} = -\frac{\Delta Q / Q}{\Delta P / P} = -\frac{\Delta Q}{\Delta P}\frac{P}{Q} \qquad\qquad (5.3)$$

式（5.3）中，$\Delta Q / Q$ 为需求变动率，$\Delta P / P$ 为价格变动率。

不同的农产品对价格的敏感程度并不一致，图 5 – 21 给出了农产品需求价格弹性的 5 种类型。

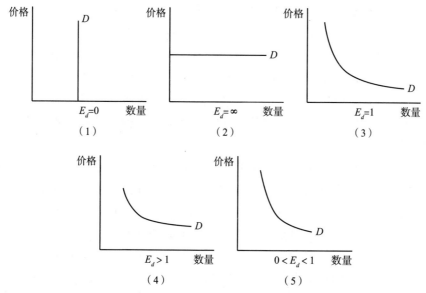

图 5-21 农产品需求价格弹性类型

①当 $E_d = 0$ 时，完全无弹性，即无论价格怎样改变，需求量始终保持不变。

②当 $E_d = \infty$ 时，完全弹性，即当价格一定时，需求量无限制。

③当 $E_d = 1$ 时，完全同一弹性，即价格变动与需求量变动幅度一致。

④当 $E_d > 1$ 时，需求富有弹性，即需求量变动幅度大于价格变动幅度。

⑤当 $0 < E_d < 1$ 时，需求缺乏弹性，即需求量变动幅度小于价格变动幅度。

完全弹性、完全无弹性及完全同一弹性通常是一种理想状态，在实践中很少存在这些类别的农产品，市场上销售的农产品绝大多数属于需求富有弹性或需求缺乏弹性。需求缺乏弹性的农产品通常是生活必需品，如米面油等粮食类农产品，消费者通常不会因为粮食的涨价或降价而增加或减少每日的需求量。需求富有弹性的农产品通常是非必需品，如苹果、葡萄等水果产品，而且必需性越弱其价格弹性越强，如高档水果。

当市场上存在两家及以上销售同种农产品的卖方时，价格除影响需求外，还是卖方竞争的重要方式。伯川德模型是一个经典的价格竞争博弈模型（Tremblay and Tremblay，2011），其基本模型的数学表示式为：

$$
D_1(p_1, p_2) = \begin{cases} D(p_1) & p_1 < p_2 \\ \dfrac{1}{2}D(p_1) & p_1 = p_2 \\ 0 & p_1 > p_2 \end{cases} \tag{5.4}
$$

如式（5.4）所示，假设市场中有两家企业（企业 1 和企业 2）销售同种农产品，价格分别为 p_1、p_2，当企业 1 的价格 p_1 低于企业 2 的价格 p_2 时，消费者会选择企业 1 的农产品，销量为 $D(p_1)$，反之选择企业 2 的农产品；当两家企业价格相同时，消费者随机选择企业 1 或企业 2，每家企业的销量各占一半。在电商市场中，由于交易平台为消费者提供了功能强大、操作方便的比价功能，卖家之间的价格竞争更加明显，伯川德模型更能得到充分体现。

成本是影响农产品价格的主要因素，农产品的成本主要有生产成本和流通费用。生产成本包括劳动力成本以及种子、化肥、农药等农业生产资料的成本，流通费用包括采购、运输、储存、搬运与装卸、加工、包装、配送、信息以及损耗、销售等各环节所发生的各项开支。波特（1998）指出，低成本是企业的两大竞争优势之一。因此，农产品电商企业要想获得价格竞争优势，创新商业模式、改善经营方式是企业发展的必经之路。

（2）农产品质量。

农产品质量是消费者购买决策的重要因素，农产品质量主要体现在生物指标和安全指标两方面，前者是指农产品的口感、形状、色泽、成分等，后者是指农产品是否含有农药、有害物质及病虫害等（柯炳生，2003）。在电商环境下，市场竞争非常激烈，消费者越来越关注农产品的质量属性。

在电商市场中，质量属于纵向产品差异（Tirole and Jean，1988）。假设每位消费者消费 1 单位或 0 单位的特定农产品，如苹果。该农产品的质量系数为 α，消费者的购买偏好为：

$$U = \begin{cases} \delta\alpha - p & \text{购买} \\ 0 & \text{不购买} \end{cases} \tag{5.5}$$

式（5.5）中，U 为消费者剩余。当消费者购买农产品时，U 为 $\delta\alpha - p$，p 为价格，δ 为正的偏好参数，其值越大代表消费者越愿意为高质量"买单"。反之，U 为 0。

假设电商市场上的消费者数量为 N，他们的质量偏好用累积分布函数 F 表示，$F(0) = 0$，$F(+\infty) = 1$，$F(\delta)$ 即偏好参数小于 δ 的消费者比例。于是可以得出该农产品价格为 p 的需求函数 $D(p)$：

$$D(p) = N[1 - F(p/\alpha)] \tag{5.6}$$

如果电商市场上有两家企业销售不同质量的该种农产品，假设质量系数 $\alpha_1 < \alpha_2$，价格 $p_1 < p_2$，且高质量农产品的价值更大，即 $\alpha_2/p_2 \geqslant \alpha_1/p_1$，则：

$$(\delta\alpha_2 - p_2) - (\delta\alpha_1 - p_1) = p_2(\delta\alpha_2/p_2 - 1) - p_1(\delta\alpha_1/p_1 - 1) \quad (5.7)$$
$$\geqslant (p_2 - p_1)(\delta\alpha_1/p_1 - 1) \geqslant 0$$

该式说明消费者愿意购买企业 2 的农产品，也就是说，如果高质量的农产品其价格"合适"，则消费者不愿购买低质量农产品。这种情况下，消费者对高质量农产品的需求为：

$$D_2(p_1, p_2) = N[1 - F(p_2/\alpha_2)] \quad (5.8)$$

另一种更普遍的情况。假设消费者分为三类，偏好参数超过 $\tilde{\delta} \equiv (p_2 - p_1)/(\alpha_2 - \alpha_1)$ 的消费者购买高质量农产品，而低于 $\tilde{\delta}$ 但高于 p_1/α_1 的消费者购买低质量农产品，其余的消费者两者都不购买，可以求得企业 1 和企业 2 的需求函数：

$$D_1(p_1, p_2) = N[F(p_2 - p_1)/(\alpha_2 - \alpha_1) - F(p_1/\alpha_1)] \quad (5.9)$$
$$D_2(p_1, p_2) = N[1 - F((p_2 - p_1)/(\alpha_2 - \alpha_1))] \quad (5.10)$$

上述推导说明，存在质量差异的农产品拥有不同的消费群体。但是，随着人民生活水平不断提高，消费者的质量偏好参数 δ 也在逐渐增大，优质的农产品具有更强的市场竞争力。

目前在我国，除了 ISO22000、HACCP 等质量认证体系外，农产品的质量信号主要有两种：绿色农产品和有机农产品。绿色农产品源于 1993 年农业部颁布的《绿色食品标志管理办法》，该办法分别于 2012 年、2019 年进行了修订。绿色食品必须具备 4 个条件：一是产品或产品原料产地环境符合绿色食品产地环境质量标准（NY/T 391 - 2021），二是农药、肥料、饲料、兽药等投入品使用符合绿色食品投入品使用准则（NY/T 471 - 2018，NY/T 393 - 2020，NY/T 394 - 2021 等），三是产品质量符合绿色食品产品质量标准，四是包装贮运符合绿色食品包装贮运标准（NY/T 658 - 2015，NY/T 1056 - 2021）。有机农产品源于"有机农业"生产方式，是指在动植物生产过程中不使用化学合成的农药、化肥、生长调节剂等物质和基因工程生物及其产物，遵循自然规律和生态学原理的农业生产方式。有机产品包括两类，一类是有机食品，如谷物、蔬菜、水果、食用菌、茶叶、肉及肉制品、乳制品、食用油、酒类、饮料等；另一类是有机非食品，如有机纺织品、皮革、化妆品、林产品、家具以及生物农药、肥料等有机农业生产资料。绿色食品、有机产品均有相应的认证机构，农产品企业在获得相关机构认证后方可在产品包装上标识。已有实证研究表明，绿色食品和有机产品认证对农业生产者技术效率提升具有显著作用（李晗和陆迁，2020）。

（3）农产品特色。

特色即差异化，波特（1998）指出，差异化是最重要的竞争战略。地方特色农产品是指在独特的地理位置、自然条件下孕育的农产品，这些农产品在口感、外形、品质等方面特色鲜明（雷兵等，2021）。

在电商市场中，差异化农产品摆脱了百川德模型的单一的价格博弈（Pepall et al., 2012）。假设市场上存在一个"线性城市"，两家企业（企业1和企业2）分别在城市的两端，它们销售横向差异化同类产品，市场上有 N 个消费者，消费者均匀分布在城市的线段上，如图 5 – 22 所示。

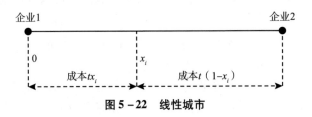

图 5 – 22   线性城市

消费者 x_i 表示到左端的距离为 x_i，到右端的距离为 $1 - x_i$。每个消费者的保留价格为 V，每次至多购买 1 单位农产品，其效用函数如下：

$$U_i = \begin{cases} V - p_1 - tx_i & 购买企业 1 农产品 \\ V - p_2 - t(1 - x_i) & 购买企业 2 农产品 \end{cases} \tag{5.11}$$

存在一个边际消费者 $\dot{x}$，他购买企业 1 或企业 2 的产品无差异，即：

$$V - p_1 - t\dot{x} = V - p_2 - t(1 - \dot{x}) \tag{5.12}$$

求解得：

$$\dot{x}(p_1, p_2) = \frac{(p_2 - p_1 + t)}{2t} \tag{5.13}$$

这样，在任何价格组合 p_1、p_2 下，$\dot{x}$ 左侧的消费者购买企业 1 的农产品，$\dot{x}$ 右侧的消费者购买企业 2 的农产品。因此，企业 1 和企业 2 的需求函数分别为：

$$D_1(p_1, p_2) = \dot{x}(p_1, p_2)N = \frac{(p_2 - p_1 + t)}{2t}N \tag{5.14}$$

$$D_2(p_1, p_2) = [1 - \dot{x}(p_1, p_2)]N = \frac{(p_1 - p_2 + t)}{2t}N \tag{5.15}$$

以上数学推导可以看出，差异化消除了单纯的价格竞争，消费者在选择农产品时依据是个人偏好。该结论的启示是，农产品生产者及电商企业在开发农产品时，要充分分析消费者需求，"投其所好"开发农产品，会让

"线性城市"上的消费者更接近企业。

地方特色农产品通常具有悠久的历史,在经营开发中已经具备一定的市场基础,品质较好,市场认可度高。尤其是近年来,随着人民生活水平的提高,消费者的需求日益多元化,特色优质农产品受到市场的广泛青睐(刘瑞峰,2014)。在这种情形下,政府、涉农组织及农民非常重视地方特色农产品的开发和经营。农业部于 2007 年、2014 年发布《特色农产品区域布局规划(2006 - 2015)》《特色农产品区域布局规划(2013 - 2020 年)》,要求加快培育特色农产品知名品牌和优势产区,做精做强特色农产品产业。各地政府及涉农组织通过扩大经营规模、申请国家地理标志保护、开展农产品认证等方式推动地方特色农产品品牌化、规模化、标准化、现代化发展(王中和卢昆,2009)。因此,与普通农产品相比,地方特色农产品具有明显的比较优势。2019 年 3 月,淘宝发布了《全国地方特色农产品上行报告》,截至 2018 年,淘宝(含天猫)平台地方特色农产品数量达到 2900 多种,覆盖所有省份,各地热销特色农产品如表 5 - 7 所示。

表 5 - 7　　　　　　　2018 年淘宝(含天猫)热销平台地方特色农产品

省份	热销特色农产品	省份	热销特色农产品
安徽	霍山石斛、黄山毛峰、祁门红茶	黑龙江	五常大米、林下参、大兴安岭蓝莓
北京	北京鸭、燕山板栗、平谷大桃	湖北	秭归脐橙、洪湖莲藕
福建	安溪铁观音、武夷红茶、武夷岩茶	湖南	安化黑茶、麻阳冰糖橙
甘肃	兰州百合、花牛苹果、岷县当归	吉林	长白山人参、延边辣白菜、延边大米
广东	凤凰单丛茶、新会陈皮、化橘红	江苏	阳澄湖大闸蟹、高邮咸鸭蛋、阳山水蜜桃
广西	永福罗汉果、百色芒果、巴马火麻	江西	赣南脐橙、广昌白莲、庐山云雾茶
贵州	贵州绿茶、修文猕猴桃、都匀毛尖	辽宁	大连海参、盘锦大米、丹东草莓
海南	海南菠萝、三亚芒果、海南荔枝	内蒙古	科尔沁牛、苏尼特羊肉、阿拉善肉苁蓉
河北	迁西板栗、黄骅冬枣、沧州金丝小枣	宁夏	宁夏枸杞、枸杞茶叶、盐池滩羊肉
河南	信阳毛尖、温县铁棍山药、怀姜	青海	青海冬虫夏草、玉树虫草、祁连牦牛
山东	日照绿茶、烟台大樱桃、栖霞苹果	西藏	林芝灵芝、林芝松茸、西藏藏药
山西	平遥牛肉、沁州黄小米、运城苹果	新疆	若羌红枣、天山雪莲、阿克苏核桃
陕西	陕西苹果、富平柿饼、眉县猕猴桃	云南	普海茶、文山三七
上海	松江大米、马陆葡萄、奉贤黄桃	浙江	龙井茶、临安山核桃、安吉白茶
四川	蒲江猕猴桃、安岳柠檬、凉山苦荞茶	重庆	涪陵榨菜、老四川牛肉干、奉节脐橙
天津	沙窝萝卜、小站稻、茶淀葡萄		

（4）农产品口碑。

口碑是消费者之间就购买的商品或服务开展的一种非正式沟通，目的是表达对商品正面的或负面的态度（Anderson，1998）。互联网环境下，由于信息传递便捷、效率高，口碑对于消费者的购买决策影响更大。

消费者在选购农产品时，主要的决策依据是外形、口感等属性，在线下购物时，消费者可以通过"试吃""观察"等方式了解这些商品属性。电商环境下，买卖双方通过互联网进行交易，消费者仅能查看商品的图片及文字介绍，不能亲身体验，参考口碑进行决策成为消费者购买商品的重要途径。观察学习理论解释了这一现象，该理论认为当购买决策的信息较少时，消费者通常观察其他消费者的购买行为（Lu et al.，2014）。与工业品相比，农产品的标准化程度较低，即使商家出售的农产品在外形、口感等属性方面符合消费者的需求，也可能存在商家欺诈等现象，如以次充好、缺斤短两等，消费者的购后评价能较真实地反映商家的诚信经营状况。雷兵等（2020）收集了淘宝（天猫）平台生鲜农产品的90余万条在线评论文本，发现消费者的负面评价主要集中在商家信用、物流配送、客户服务等方面，商品的口碑好坏直接影响销量。现有电商平台的流量分发机制通过口碑进一步影响农产品销量。商品口碑是电商平台的排名或推荐机制中的重要因素，当某一农产品具有较好的口碑时，平台会增加该商品的排名或推荐权重，使其获得更多的流量。设想一种场景，当几款同类同质产品一同上架在电商平台中，消费者对这些新品的质量都无了解，因为某个偶然原因，其中一款产品率先被消费者购买并获得了好评，在消费者观察学习和平台流量"红利"的双重作用下，该款产品可能获得更多的购买，进而产生更多的好评数，往复下去就产生了马太效应，口碑数量较大者将获得更多的销量并成为网络"爆款"，而口碑数量较少者无人问津甚至被"淹没"（Wan，2015）。

好的口碑不仅能获得更大的销量，还具有溢价效应。对此，王强等（2010）用数学模型进行了推导。假设电商市场上 M 个卖家销售同种同质农产品，卖家具有两种类型，高声誉卖家（好评率为 q_H）占 β，低声誉卖家（好评率为 q_L）占（$1-\beta$），$q_H > q_L$，高、低声誉卖家的价格分别为 p_H、p_L；消费者的个数为 N，也分为两种类型，高保留价（$\bar{p}$）消费者占 λ，低保留价（$\underline{p}$）消费者占（$1-\lambda$），商品成本为 p_c，$\underline{p}-p_i > d$。如果消费者随机选择卖家，则高、低保留价消费者效用分别为：

$$\bar{U} = \beta[q_H(\bar{p}-p_H)+(1-q_H)d]+(1-\beta)[q_L(\bar{p}-p_L)+(1-p_L)d]$$

$$(5.16)$$

$$\underline{U} = \beta[q_H(\underline{p} - p_H) + (1 - q_H)d] + (1 - \beta)[q_L(\underline{p} - p_L) + (1 - p_L)d]$$

$$(5.17)$$

消费者选择卖家时存在搜索活动，假设投入 s 的搜寻活动要产生 Mms^2 的搜寻成本，其中 m 为搜寻效率，市场均衡时，经推导可得：

$$P_H^* - P_L^* = \frac{2Mm(q_L + q_L\beta + q_H\beta - 2q_H) + \lambda(q_H^2 - q_L^2)(\bar{p} - \underline{p}) + (q_H^2 - q_L^2)(\underline{p} - p_c - d)}{3q_Hq_L}$$

$$(5.18)$$

因此，若

$$\beta \geqslant \frac{2q_H - q_L}{q_H + q_L} \tag{5.19}$$

或

$$\beta < \frac{2q_H - q_L}{q_H + q_L} \text{且} m < \frac{\lambda(q_H^2 - q_L^2)(\bar{p} - \underline{p}) + (q_H^2 - q_L^2)(\underline{p} - p_c - d)}{2N(2q_H - q_L - q_L\beta - q_H\beta)} \tag{5.20}$$

时，$P_H^* - P_L^* > 0$，即拥有好口碑的农产品企业其定价较高，反之较低。吴德胜和李维安（2008）的研究也表明，出现高口碑卖家定价高、低口碑卖家定价低的原因之一是消费者的搜索成本。

2. 供应能力

（1）生产规模。

中国农业"小而散"的生产经营格局是导致效率低下的根源之一（黄季焜和马恒运，2000），面对充分竞争的电商市场环境，生产规模对农产品上行的影响更加显著。从经济学的视角分析，生产规模不仅影响供需关系，还与经营成本密不可分。

首先分析供需关系。如图 5-23 所示，在市场机制作用下，供给曲线 S 与需求曲线 D 的交点为 a，该点为市场均衡点，即市场出清时的数量 Q_0 和价格 P_0。当供给曲线由 S 上移至 S' 时，说明农产品供给不足，产量仅为 $Q_1(< Q_0)$ 原因可能是受天气等自然环境或农户产量决策影响，此时价格上涨到 P_1。当供给曲线由 S 下移至 S'' 时，说明农产品供给过剩，原因同样可能是受天气等自然环境或农户产量决策影响，此时价格下降，市场在数量 Q_2 和价格 P_2 时出清。如果供给曲线进一步下移，即供给严重大于需求时，价格机制也将失灵，超过需求的部分将无法出售，最终导致农业经营者严重亏损。电商发展初期，许多农业经营者认为电商是万能的，产能过剩时便把电商作为"救命稻草"，结果不但没有消化掉滞销农产品，还因电商投入（沉没成本）将损失进一步扩大。农产品供需关系分析说明，农业生产者的产量

决策要符合市场需求，生产规模过小，就出现供不应求，反之则供过于求，只有当供需达到市场均衡时才能获得最大收益。

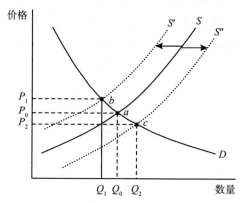

图 5-23　农产品供给与需求的关系

然而，由于农产品的生产周期较长，农业生产者的供给调节并不能较好地反映市场需求，供需必将产生波动，从而出现蛛网现象（李秉龙和薛兴利，2015），如图 5-24 所示。根据农产品的供给弹性与需求弹性的关系，蛛网模型分为三类。一是收敛性蛛网［见图 5-24（1）］，当供给弹性小于需求弹性时，农业经营者的产量决策逐渐收敛，最终到达均衡点 E；二是发散性蛛网［见图 5-24（2）］，当供给弹性大于需求弹性时，农业经营者的产量决策波动越来越大，无法达到均衡点 E；三是封闭型蛛网［见图 5-24（3）］，当供给弹性等于需求弹性时，农业经营者的产量决策总是等量波动，也无法达到均衡点 E。蛛网模型说明，由于农产品的生产周期较长，农业经营者很难做出满足市场均衡的产量决策。

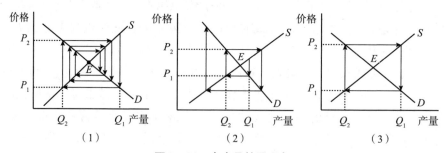

图 5-24　农产品蛛网现象

其次分析经营成本。虽然供给不足能以更高的价格销售出农产品，但对于生产者而言，这不一定是件好事。如图 5 - 25 所示，农产品总成本 TC 分为固定成本 FC 和变动成本 VC，即：

$$TC = FC + VC \tag{5.21}$$

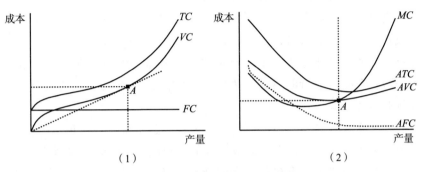

图 5 - 25　农产品产量—成本曲线

资料来源：平迪克和鲁宾菲尔德（Pindyck and Rubinfeld，2018）。

在图 5 - 25（1）中，固定成本 FC 为平行于横轴的直线，表明它与产量（一定范围内）无关，变动成本 VC 为逐渐向上的曲线，表明它与产量正相关。图 5 - 25（2）显示了边际成本 MC、平均总成本 ATC、平均变动成本 AVC、平均固定成本 AFC 随产量变化的情况：

$$MC = \Delta VC/\Delta Q \tag{5.22}$$

$$ATC = AFC + AVC = TC/Q = FC/Q + VC/Q \tag{5.23}$$

图 5 - 25（2）表明，固定成本随产量增加而被分摊，从而使总平均成本随产量增加而下降。农产品生产规模过小，不仅会导致平均生产成本增加，还会因投入不足、管理不规范导致产品质量问题。近年来，我国提出"适度规模经营"的农业发展理念，就是要基于中国农村土地资源、人力资源和技术条件，优化农业生产经营效益，提高土地利用率和劳动生产率，推动农业现代化发展（鄢嫣，2021）。另外，对于农产品上行而言，经营成本主要包括生产成本和流通成本，农产品经营者开展电商销售，需要投入占比不小的固定成本，比如网店月租费、硬软件购置费、农产品策划与制作费、人员工资以及各种管理费用，如果经营的农产品不具有规模效应，平均总成本 ATC 就会居高不下，很难在市场竞争中获得优势地位。

（2）采购能力。

农产品电商企业或许自建生产基地，或许采购第三方农业生产者的产品进行销售。即使自建生产基地，因农产品需要土地等自然资源，很难像工业品一样大规模生产，适度规模经营才能发挥最优生产效率，马遇伯和李全新（2020）研究了陕西白水县的苹果种植，发现适度规模种植面积为11.27～14.49 亩，按照 2000 公斤/亩计算，每户产出 20000～30000 公斤。显然，这种生产规模的经营者要在天猫或京东平台开设自营网店，几乎无法分摊电商部分的经营成本。另外，农产品通常具有季节性，如苹果多在秋季成熟，其他季节供给量很少，单一农产品无法支撑电商企业一年四季的运营。农产品电商企业为了实现规模经济和范围经济，向第三方农业经营者采购农产品是通行的做法。因此，采购能力对于农产品电商企业经营绩效具有显著影响。

假设 A 公司从事农产品电商经营，公司自建苹果生产基地 10 亩，每年秋天产出苹果 2 万公斤，农产品成本 3 元/公斤，市场售价 10 元/公斤，每公斤苹果的流通费用（含包装、仓储物流以及损耗等）2 元/公斤。该公司入驻某电商平台，年费 3 万元，交易佣金 2%，平台广告费按交易量的 5%计算，公司雇佣 3 名电商运营人员，人员工资及各种管理费用等固定支出为20 万元/年（最大运营能力为销售收入 100 万元/季度），假设 A 公司经营的农产品均能全部售出。

如果 A 公司仅销售自营生产的苹果，销售收入为 200000 元，其中生产成本占 60000 元，销售费用包含流通费用和电商平台费用，流通费用为40000 元，电商平台费用为 44000 元，管理费用为固定支出 200000 元，最终利润为 －144000 元（见表 5 - 8），处于严重亏损状态。

如果 A 公司通过采购实现规模经济，假设每家第三方苹果生产者产量均为 2 万公斤/年、采购价 3 元/公斤，每采购一家生产企业增加管理费用 1万元/年，则分别销售 1～4 家苹果生产基地的利润分别为 －68000 元、8000元、84000 元、160000 元，如表 5 - 8 所示。

表 5 - 8   A 企业苹果销量及利润情况

序号	销量（万公斤）	销售收入（元）	产品成本（元）	销售费用（元）	管理费用（元）	利润（元）
1	2	200000	60000	84000	200000	－144000
2	4	400000	120000	138000	210000	－68000
3	6	600000	180000	192000	220000	8000
4	8	800000	240000	246000	230000	84000
5	10	1000000	300000	300000	240000	160000

如果仅销售苹果，A 公司只在秋季处于正常满负荷运营状态，全年还有3/4 的时间非常空闲，然而，网店运营和运营团队很难做到间歇式管理，因此，从事多品类的全年一贯式经营将使 A 公司发挥更大的效率。假设通过采购，A 公司春季销售草莓、夏季销售菠萝，冬季销售脐橙，每季销售收入均为 100 万元，农产品成本均为 30 万元，销售费用均为 27 万元，管理费用每增加一季加 5 万元，则 A 公司销售"苹果 + 脐橙""苹果 + 脐橙 + 草莓""苹果 + 脐橙 + 草莓 + 菠萝"的利润分别为 540000 元、920000 元、1300000 元，如表 5 - 9 所示。可以看出，采购带来的范围经济让 A 公司获得了巨大的利益。

表 5 - 9　　　　　　　　A 企业多品类销售的利润情况　　　　　　　单位：元

销售种类	销售收入	产品成本	销售费用	管理费用	利润
苹果	1000000	300000	300000	240000	160000
苹果 + 脐橙	2000000	600000	570000	290000	540000
苹果 + 脐橙 + 草莓	3000000	900000	840000	340000	920000
苹果 + 脐橙 + 草莓 + 菠萝	4000000	1200000	1110000	390000	1300000

采购既是农产品电商企业的一项活动，更是一种能力。除了实现规模经济和范围经济外，电商企业在面对瞬间变化的需求、电商促销带来的爆发性增长，均需要企业具备较强的采购能力。对于农产品电商企业而言，采购能力主要表现在供应商管理能力和销售预测能力。与工业品不同，中国的农业经营者"小而散"，标准化程度较低，部分经营者还缺乏契约精神，有效管理这些供应商成为电商企业采购能力的重要体现。另外，电商市场竞争激烈，促销活动层出不穷，如何有效的预测销量，也是电商企业采购能力的又一体现。

3. 物流配送效率

对于农村地区的农产品而言，能否顺利"到达"城市消费者的一个主要因素是仓储物流效率。与工业品相比，农产品物流具有分散性、环节多、标准化程度低、易腐易损性等特征，尤其是偏远山区的生鲜农产品，农产品上行的物流难度很大、物流成本较高（黄祖辉和刘东英，2005；陈永平，2014）。图 5 - 26 为我国生鲜农产品从生产端到消费终端的损耗率，可以看出，生鲜蔬菜水果损耗最大。

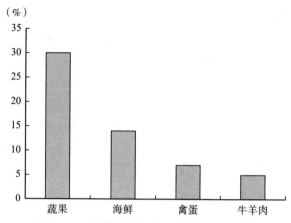

图 5 - 26　我国生鲜农产品物流平均损耗率

资料来源：艾瑞，九曳．2020 年中国生鲜供应链市场研究报告［R］．2020.

从经营组织的角度看，物流效率是实际产出水平与正常投入水平的比率（Fugate et al.，2010），根据第 4 章的案例研究结论，以及现有文献，本章归纳出影响农村地区农产品上行物流配送效率的主要因素有两方面：物流配送模式和仓储物流能力。

（1）物流配送模式。

物流配送模式是指农产品从产地到最终消费者的物流方案，由物流节点及线路组成。物流配送模式与电商企业经营规模、农产品类型等因素相关，其评价依据为物流配送效率和物流配送成本。

在生产端，可分为自发货模式、集采模式和分区域集采模式，如图 5 - 27 所示。自发货模式是指农业生产者通过第三方快递企业自行发货给消费者的物流配送模式，如在淘宝（天猫）、拼多多等电商平台开设店铺并自主经营的农业生产组织，就属于自发模式。采用该模式的经营主体通常规模不大，没有专门的仓储设施，以自产自销为主。自发货模式属于轻资产模式，电商经营主体无须投入仓储物流等固定资产，具有市场进入门槛低、风险小等优点，但受生产地地理位置影响较大，偏远山区因配送时间较长不宜采用，当产销规模较大时，用户体验和产品成本均无优势，不适合市场竞争激烈的产品。集采模式是指电商企业通过收购多家相同区域农业生产组织的同品类农产品，将零散的生产聚集在一起，形成规模优势。由于收购与销售不同步，集采模式需要建立产地仓储，从而增加了固定资产的投入，不适合小规模经营主体。然而，该模式能够更好地顺应市场需求，通过分级、冷链存储、物流加工，可以进一步细分市场，实现更精准的供需匹配。

分区域集采模式是集采模式的升级版，它既突破了区域限制，将不同地区同品类农产品集结在一起，实现更大规模的市场供给；又可通过订单执行系统根据消费者地理位置选择分仓实现灵活配送，进一步提高配送效率。如天猫水果品类头部商家 W 水果网店，在全国有十余个省份设有仓储，实现了多仓发货。

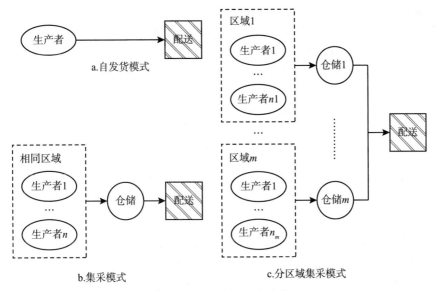

图 5 - 27　生产端物流模式

在销售端，可分为直配模式、城市仓模式和社区模式，如图 5 - 28 所示。直配模式是指电商经营主体接到订单后，直接从配送端发货给消费者的物流配送模式，这是大部分中小微网店采用的主要模式。该模式结构简单，无须增加配送端仓储固定成本，但物流效率、用户体验可能不佳。对于大型电商经营主体，尤其是自营电商经营主体，由于业务量巨大，为了提高物流效率，降低物流成本，提升用户体验，一种典型的做法是在全国主要城市建立城市仓，针对消费者就近配送。如本来生活网，在全国多个城市建有城市仓，能够实现 22 个城市次日达业务。在城市仓模式的基础上，利用社区电商模式，可以实现物流配送的社区模式。该模式对标新零售，结合线下店或社区团购，以"爆品"为主要配送对象，实现"头日下单、次日自提"，物流效率和成本进一步优化。如兴盛优选、美团优选、多多买菜等，都是社区团购模式。

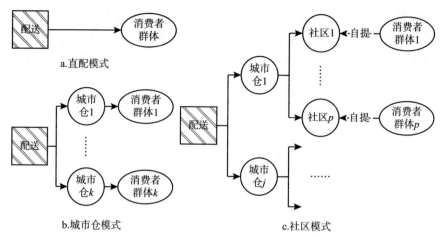

图 5-28　销售端物流模式

　　以上 3 种生产端模式、3 种销售端模式，并不能简单比较孰优孰劣，它们都有适用性，农产品生产状况、市场需求、消费者聚集特征等是选择不同模式的主要因素。

　　（2）仓储物流能力。

　　农产品物流体系的职能包括仓储、运输、配送等活动，因此，电商企业的仓储物流能力主要包括仓储能力、运输能力和配送能力。农产品对物流的各项功能性活动有较高要求，比如很多生鲜农产品要求冷链物流。从电商企业经营的角度看，并不是仓储建得越多、运输车辆越多仓储物流能力就越强，而是满足配送需求的就是好能力。比如，当电商企业处于发展初期，仅销售较单一的农产品，通过第三方快递公司产地直配即可完成电商销售的配送任务，这时虽然电商企业没有物流基础设施，但仓储物流能力处于"良好"状态。相反，许多生鲜农产品电商企业业务规模大且开展"24 小时送达"业务，如果经常出现无法达到承诺的配送服务质量，尽管建有数个仓储分拨中心和数台运输车辆，其仓储物流能力也只能评价为"不足"。

　　生鲜农产品的仓储物流能力必须考虑温度、湿度等存储条件，表 5-10 列出了部分生鲜农产品温度湿度环境要求。从表 5-10 中可以看出，生鲜农产品品种繁多，温度湿度要求差异大，存储、运输不能随意混装，这加大了仓储物流难度。因此，农产品电商企业的仓储物流能力要求远高于工业品电商企业，其评价的指标体系需要专门构建。

表5-10   生鲜农产品温度湿度环境要求

类型	名称	储存温度	储存湿度	运输温度	
				中长途运输（直达运输）	短途配送（不超过5h）
水果	菠萝	10℃~13℃	85%~90%	10℃~13℃	5℃~12℃
	香蕉	12℃~15℃	80%~90%	12℃~15℃	
	龙眼、荔枝	1℃~4℃	90%~95%	4℃~7℃	
	葡萄	-1℃~0℃	90%~95%	0℃~3℃	
	草莓	-0.5℃~0.5℃	90%~95%	0℃~3℃	
	番石榴	5℃~6℃	85%~90%	5℃~6℃	
	杨桃	5℃~10℃	85%~90%	5℃~10℃	
	柑橘	5℃~8℃	85%~90%	5℃~8℃	
	柚子	5℃~10℃	85%~90%	5℃~10℃	
	柠檬	12℃~15℃	90%~95%	12℃~15℃	
	西柚	5℃~10℃	85%~90%	5℃~10℃	
	苹果	-1℃~1℃	90%~95%	0℃~4℃	
	梨	-0.5℃~0.5℃	90%~95%	0℃~4℃	
	桃	0℃~1℃	90%~95%	0℃~3℃	5℃~12℃
	樱桃、李子	-1℃~0℃	90%~95%	0℃~3℃	
	芒果（生果实）	13℃~15℃	85%~90%	13℃~15℃	13℃~15℃
	西瓜	8℃~10℃	80%~85%	10℃	5℃~12℃
	甜瓜（中、晚熟）	3℃~5℃	75%~80%	3℃~5℃	
	甜瓜（早、中熟）	5℃~8℃		5℃~10℃	
蔬菜	萝卜	0℃~1℃	95%~98%	0℃~3℃	5℃~12℃
	胡萝卜、芦笋、牛蒡	0℃~1℃	95%~100%	0℃~2℃	
	马铃薯	3℃~5℃	80%~85%	5℃~7℃	
	洋葱	0℃~2℃	65%~70%	0℃~2℃	
	菜花、韭菜花、黄花菜	0℃~1℃	95%~98%	0℃~2℃	
	结球甘蓝、结球生菜（莴苣）	0℃~1℃	95%~98%	0℃~2℃	
	芹菜、茼蒿、结球白菜（大白菜）	0℃~1℃	98%以上	0℃~2℃	

续表

类型	名称	储存温度	储存湿度	运输温度 中长途运输（直达运输）	运输温度 短途配送（不超过5h）
蔬菜	菠菜	−1℃～0℃	95%以上	0℃～2℃	5℃～12℃
	油菜、芥蓝	0℃～1℃	95%以上	0℃～2℃	
	绿熟番茄	10℃～11℃	85%～90%	10℃～12℃	
	初熟番茄	7℃～10℃	90%～95%	7℃～10℃	
	成熟番茄	0℃～2℃	90%～95%	3℃～5℃	
	甜玉米	0℃～1℃	90%～95%	0℃～2℃	
	南瓜	10℃～13℃	65%～70%	13℃～15℃	5℃～12℃
	黄瓜	12℃～13℃	90%～95%	12℃～13℃	
	豌豆	0℃～1℃	90%～95%	0℃～2℃	0℃～2℃
	双孢蘑菇	0℃～1℃	95%～98%	0℃～2℃	0℃～2℃
	金针菇	1℃～2℃	90%～95%	1℃～3℃	1℃～3℃
	毛豆	5℃～6℃		6℃～8℃	6℃～8℃
肉类	冷冻肉类	−18℃以下		−18℃以下	−15℃以下
	冷藏肉类—新鲜肉类	0℃～3℃		0℃～3℃	0℃～3℃
	冷冻加工腌制肉	−18℃以下		−18℃以下	−15℃以下
	冷藏加工腌制肉	0℃～4℃		0℃～4℃	0℃～4℃
蛋类	冷冻蛋品	−18℃以下		−18℃以下	−12℃以下
	鲜蛋	4℃～7℃		4℃～7℃	4℃～7℃
水产	冷藏水产品	−2℃～2℃		−2℃～2℃	−2℃～2℃
	冷冻水产加工品	−18℃以下		−18℃以下	−15℃以下
	冷藏水产加工品	0℃～4℃		0℃～4℃	0℃～4℃
	超低温冷冻水产品	−50℃以下		−40℃以下（搬运船）	−30℃以下

资料来源：天津市地方标准《冷链物流　温湿度要求与测量方法》（DB12/T 3012—2018）。

根据前期案例研究，结合已有研究文献（刘建鑫和王可山，2018；赵达薇等，2013），本章提出了3个一级指标15个二级指标的农产品电商企业仓储物流能力评价指标体系，如表5-11所示。

表 5 – 11　　　　　农产品电商企业仓储物流能力评价指标体系

目标层	准则层	指标层
农产品电商企业 仓储物流能力	仓储能力 I_1	仓储容量满足率 I_{11} 仓储条件满足率 I_{12} 库存损耗率 I_{13} 配送平均距离 I_{14} 单位仓储成本 I_{15}
	运输能力 I_2	运输车辆数量满足率 I_{21} 运输车辆条件满足率 I_{22} 运输损耗率 I_{23} 单位运输时速 I_{24} 单位运输成本 I_{25}
	配送能力 I_3	订单数量满足率 I_{31} 订单区域满足率 I_{32} 准时交货率 I_{33} 配送损耗率 I_{34} 单位配送成本 I_{35}

第一，一级指标仓储能力（I_1）有 5 个二级指标：

①仓储容量满足率（I_{11}）：反映仓储容量对农产品电商业务规模的满足情况。电商企业根据农产品日均订单量需要一定数量的安全库存，以应对因采购提前期而造成的缺货现象。仓储容量满足率（I_{11}）就是农产品电商企业掌控的库存容量对安全库存的满足情况：

$$仓储容量满足率 = \frac{企业掌控的库存容量}{各品类农产品安全库存总需求量} \times 100\% \quad (5.24)$$

②仓储条件满足率（I_{12}）：反映符合各类农产品存储要求的仓储容量对农产品电商业务规模的满足情况。I_{11} 和 I_{12} 都是数量指标，但 I_{12} 限定了仓储的环境条件，比如，A 企业库存需求量是 1000 立方米，其中常温库 800 立方米，冷库 200 立方米，A 企业掌控常温库 1000 立方米，则 I_{11} 为 100%，但 I_{12} 仅为 80%。这是因为：

$$仓储条件满足率 = \frac{企业掌控的满足存放条件的库存容量}{各品类农产品安全库存总需求量} \times 100\%$$

$$(5.25)$$

I_{11}、I_{12} 的取值范围为 $[0，1]$，当公式计算值大于 1 时取值为 1。

③库存损耗率（I_{13}）：反映农产品在仓库存放期间的损耗情况。该指标与流通成本呈正相关关系，其值越小越好，影响该指标的因素包括仓储存

放条件、仓储管理水平等。该指标的计算公式如下：

$$库存损耗率 = \frac{仓储存放期间损失价值}{各品类农产品入库总价值} \times 100\% \qquad (5.26)$$

④配送平均距离（I_{14}）：反映农产品电商企业的仓储距离消费者的远近。配送平均距离影响物流"最后一公里"的配送时间。当前，中大型农产品电商企业普遍采用分仓模式，即在全国主要城市建立分拨仓，目的是缩短农产品配送距离。该指标值越小越好，其计算公式如下：

$$配送平均距离 = \frac{\sum_{i}^{n} 每个订单配送距离}{企业订单总数} \qquad (5.27)$$

⑤单位仓储成本（I_{15}）：反映农产品电商企业仓储投入的经济性。$I_{11} \sim I_{14}$主要反映仓储的满足情况，然而，"满足"还可能存在"冗余"或因投入方式导致的不经济性等问题，这也是能力不足的一种表现。因此，需要指标I_{15}来抑制，其计算公式如下：

$$单位仓储成本 = \frac{企业在仓储上的总投入}{企业订单总数} \qquad (5.28)$$

第二，一级指标运输能力（I_2）有5个二级指标：

①运输车辆数量满足率（I_{21}）：反映农产品电商企业在干线运输中车辆的满足情况。干线运输是指农产品从产地运往仓库或仓库之间的调度运输，其计算公式如下：

$$运输车辆数量满足率 = \frac{企业掌控的车辆数量}{各品类农产品干线运输的车辆总需求量} \times 100\%$$

$$(5.29)$$

②运输车辆条件满足率（I_{22}）：反映符合各类农产品运输要求的车辆数量的满足情况。I_{22}与I_{12}类似，它限定了运输测量的环境条件，其计算公式如下：

$$运输车辆条件满足率 = \frac{企业掌控的符合运输条件车辆数量}{各品类农产品干线运输的车辆总需求量} \times 100\%$$

$$(5.30)$$

I_{21}、I_{22}的取值范围为 $[0, 1]$，当公式计算值大于1时取值为1。

③运输损耗率（I_{23}）：反映农产品在干线运输期间的损耗情况。该指标与流通成本呈正相关关系，其值越小越好，影响该指标的因素包括运输车辆条件、运输距离等。该指标的计算公式如下：

$$运输损耗率 = \frac{干线运输期间损失价值}{干线运输的各品类农产品总价值} \times 100\% \qquad (5.31)$$

④单位运输时速（I_{24}）：反映农产品在干线运输期间的时效。该指标与运输工具相关，如飞机运输比公路运输或水路运输时效高，其计算公式如下：

$$单位运输时速 = \frac{\sum_{i}^{n} 每车干线运输时长 \times 每车农产品重量}{干线运输的各品类农产品总重量} \qquad (5.32)$$

⑤单位运输成本（I_{25}）：反映农产品电商企业运输投入的经济性。该指标与 I_{15} 类似，其计算公式如下：

$$单位仓储成本 = \frac{企业在干线运输上的总投入}{干线运输的各品类农产品总重量} \qquad (5.33)$$

第三，一级指标配送能力（I_3）有 5 个二级指标：

①订单数量满足率（I_{31}）：反映农产品电商企业订单配送的满足情况。订单配送属于物流的"最后一公里"，多数农产品电商企业采用第三方配送。无论是自营配送还是第三方配送，只要满足订单需求即可，其计算公式如下：

$$订单数量满足率 = \frac{企业掌控的订单配送数量}{企业电商订单总数} \times 100\% \qquad (5.34)$$

②订单区域满足率（I_{32}）：反映农产品电商企业满足订单配送区域的情况。在实践中，部分企业的配送能力不足，对于偏远地区无法到达。因此，该指标也是企业仓储物流能力的体现，其计算公式如下：

$$订单数量满足率 = \frac{企业掌控的满足区域要求的订单配送数量}{企业电商订单总数} \times 100\%$$

$$(5.35)$$

I_{31}、I_{32} 的取值范围为 $[0，1]$，当公式计算值大于 1 时取值为 1。

③准时交货率（I_{33}）：反映农产品订单配送的准时响应情况。"准时"是指企业与消费者约定的配送时间，不在约定时间范围内均属于不准时。该指标的计算公式如下：

$$准时交货率 = \frac{准时交货的企业订单数量}{企业电商订单总数} \times 100\% \qquad (5.36)$$

④配送损耗率（I_{34}）：反映农产品在配送中的损耗情况。该指标与流通成本呈正相关关系，其值越小越好，影响该指标的因素包括配送包装条件、快递企业管理水平等。该指标的计算公式如下：

$$配送损耗率 = \frac{配送过程中破损订单数量}{企业电商订单总数} \times 100\% \qquad (5.37)$$

⑤单位配送成本（I_{35}）：反映农产品电商企业配送投入的经济性。该指

标与 I_{15}、I_{25} 类似，其计算公式如下：

$$单位配送成本 = \frac{企业在配送上的总投入}{企业电商订单总数} \quad (5.38)$$

企业的仓储物流能力不仅受物流配送模式影响，还受物流社会化服务水平影响。随着生鲜农产品供应链产业的发展，专门从事第三方供应链、第四方供应链的企业不断成长与壮大，云仓、共同配送、众包配送等模式不断成熟，农产品电商企业的仓储物流要求将逐渐降低。

5.3.3 信息流畅通度

信息流表示农产品信息从生产者传递到消费者的过程，分析要点包括信息传递通道、传递工具与方法等。电商环境下的农产品上行，信息流主要有互联网流量、业务流程信息管理等，因此，信息流畅通度主要考察农产品的互联网流量获取规模和成本以及电商企业的信息化水平。

1. 互联网流量获取

"互联网流量"在早期是指"网站流量"，即一段时间内访问特定网站的用户数量或者页面浏览数量。网站流量的统计指标主要有两个，一个是独立用户数（unique visitors，UV），是指一天（周、月、季、年）内访问特定网站的不重复用户总数，若一个用户在统计期内访问了多次，也只算 1 个 UV；另一个是页面浏览数（page views，PV），是指一天（周、月、季、年）内访问特定网站所属页面的总浏览次数，PV 不管用户是谁，也不管是否重复点击页面，均累计其中。随着互联网经济及电商的发展，"流量"一词已广泛运用在社会经济生活中，从微博、微信的阅读量、转发量到明星的粉丝量到网络直播的在线人数再到电商平台的商品点击量、收藏量，皆可表达为"流量"，可以说，当今社会就是一个"流量社会"（刘威和王碧晨，2021）。"流量"变得如此重要，它与互联网时代的信息过载和人类的注意力稀缺性高度相关，因此"流量"成为商家竞争的关键对象（Romaniuk and Nguyen，2017）。对于农产品电商企业而言，低成本获取足够多的流量成为电商销售的基础和前提。

（1）流量获取总量。

电商企业的流量来源于多个渠道，为了研究方便，本章将流量的类型划分为四种，如图 5 - 29 所示。

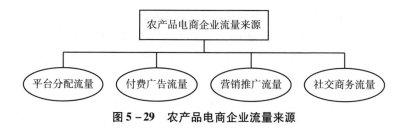

图 5 - 29　农产品电商企业流量来源

根据图 5 - 29，得出农产品电商企业总流量 $T_{总}$ 的计算方法：

$$T_{总} = T_{分配} + T_{广告} + T_{内容} + T_{社交} \tag{5.39}$$

式（5.39）中，$T_{分配}$ 表示平台分配流量，$T_{广告}$ 表示付费广告流量，$T_{内容}$ 表示营销推广流量，$T_{社交}$ 表示社交媒体流量。

①平台分配流量。指入驻第三方电商平台获得的非广告流量，该类流量为电商平台基于一定规则分发的流量。不同的电商平台，其流量分发规则存在一定差异性，总体上讲，可以分为两类：基于搜索和基于推荐。

基于搜索的电商平台主要是电商发展初期建立的平台，如淘宝（天猫）、京东商城等，平台用户主要通过站内搜索引擎寻找和查看商品，由于平台内同类别商品数量众多，搜索排名便成为平台分发流量的主要方法。虽然各平台的排名算法为非公开内容，但主要因素包括网店级别、商品历史销量、商品累计好评数等，这种分配机制容易导致流量的"马太效应"，即卖得好的产品容易成为"爆款"，关注度小的产品几乎分不到流量。新产品的历史销量和累计好评数不高，如果上架一段时期后无法获得高销量和高好评数，该产品就分不到足够的流量而成为滞销商品，这与新产品的质量及是否满足消费者需求关系不大。因此，在这种流量分配制度下，电商企业通常会采用一定的措施加快销量和好评数的积累，有合规的方法，也有不合规的方法。合规的方法主要有新品低价促销、热销品捆绑新品销售、广告等方法，不合规的方法主要是"刷单"，即通过虚假交易、虚假物流、虚假好评等方式在短时间内将历史销量、累计好评数等做数据做上去。

基于推荐的电商平台主要是随着智能手机等移动终端的发展而发展起来的，如拼多多等，用户主要通过平台的个性化推荐查看商品而非搜索。基于推荐的模式在实践中被称为"货找人"，而基于搜索的模式则成为"人找货"。电商平台的个性化推荐也是有规则的。通常，平台根据消费者的人口统计特征、浏览行为及购买记录进行用户画像，并根据用户画像对所有消费者进行分类，在此基础上，平台结合商品的属性、特征以及历史销量和累计好评数，个性化推荐给精准的消费群体。显然，个性化推荐模式进一步细化了流量分配规则，实现供需双方的精准匹配，在一定程度上缓解了流量分配的"马太效应"。然而，个性化推荐并没有彻底消除流量分配规则导致的"新产品桎梏"，搜索模式下的新产品运营方法仍然适用于推荐模式。

②付费广告流量。指企业通过购买网络广告获取的流量，网络广告类型包括版面广告、关键词广告和个性化推荐广告等。版面广告是指在网站或移动客户端固定版面位置投放的图片、文字或视频广告。版面公告的点击量与广告所在版面位高度相关，版面位主要有三种类型：首页、栏目页和内容页。首页头条广告属于"黄金铺位"广告，而内容页广告则是"偏僻小巷"广告。关键词广告是指搜索引擎提供的一种广告类型，搜索引擎有独立搜索引擎和站内搜索引擎两种。前者是一个单独的互联网平台，如谷歌（Google）、百度等，在独立搜索引擎上做广告是自建电商平台（又称"独立站"）主要的引流方式。后者内嵌于电商平台中，如淘宝（天猫）或京东商城的商品搜索引擎，在平台内投放广告是网店获得超过平台分配之外流量的主要方式。个性化推荐广告是移动互联网的产物，又称信息流广告，它是指移动客户端根据消费者的基本信息和历史访问记录，为其进行用户画像并分类，企业投放广告时设定目标受众的特征，如性别、年龄、消费能力、消费习惯等，移动客户端与用户画像匹配并推荐广告。个性化推荐广告分为站内和站外两类，如果电商平台提供个性化推荐广告，网店投放这类广告就属于站内广告，网店也可在其他支持个性化推荐广告的 App 上投放，如在微信、微博、抖音、快手等平台投放广告就属于站外广告。

③营销推广流量。指电商企业通过内容、事件等营销活动以及搜索引擎优化（search engine optimization，SEO）等技术手段获得的流量。营销推广的类型主要包括三类：内容营销、活动策划和技术优化。内容营销是电商企业通过文字、图片、短视频、直播等工具开展内容推广活动，吸引消费者关注的一种方法。当前，一些农产品电商企业通过抖音、快手等平台开展农产品产地直播，满足消费者的好奇感，增加消费者对农产品的感性认识和信任，这种做法既获取了大量的流量，也提升了销售转化率。活动策划是为了达成某个营销目标，借助外部或内部的事件进行创意、策划，吸引消费者参与的一种方法。"电商造节"现象是一类典型的活动策划，如每年的 3 月 8 日"女王节"、11 月 11 日的"光棍节"等。除此之外，企业内容的重大事件也是活动策划的"由头"，比如周年庆、新品发布会、老客户联谊会等。技术优化是电商独有的一种营销方法，它通过信息技术手段

去适应互联网平台的流量分配算法，从而获取尽可能多的平台分配流量。例如，SEO 就是针对搜索引擎排名规则的技术优化，使企业的搜索排名靠前。又如，针对个性化推荐系统，对商品的标签（tag）进行优化，使商品得到更多的推荐。

④社交商务流量。指利用社会化媒体开展的口碑传播活动所获得的流量，社交商务活动分为主动和自发两种类型。主动的社交商务是电商企业根据社会网络的传播机制，通过策划制定传播模式、确定传播动力，从而达到获取消费者流量的活动。一种典型方式是付费邀请 KOL 在社交平台宣传并推荐商品，另一种方式是设计"拼购""赠礼""会员""情感"等动力机制达到消费者自传播的结果。自发的社交商务是消费者在使用了商品后，出于对商品或品牌的喜爱自发的推荐给好友的活动，即口碑传播。无论是主动还是自发的社交商务，本质上其传播机制皆属于病毒传播模型，如图 5 - 30 所示。

图 5 - 30　病毒传播模型

病毒传播模型告诉我们，当接触速率、感染比例和平均患病时间的临界组合超过阈值时，正反馈将强于负反馈，病毒传播处于扩散状态，这个阈值称为"引爆点"。人类对于病毒传播采取的是抑制的办法，通过口罩、免疫、社交距离等方式阻断病毒传播。社交商务则刚好相反，企业为了推广产品，人为地设计各种传播动力时期超过传播阈值，达到"引爆"社群的自传播目的。

社会网络存在群落特征，即整个网络由若干个群落组成，每个群落内部节点之间的连接相对比较紧密，但各个群落之间连接相对比较稀疏（见图 5 - 31），这使社会流量分散化。对于流量分配而言，分散化的流量结构要优于集中化的流量结构，它利于小微企业开展网络营销活动，而不像后者容易造成马太效应。因此，社交商务已成为小微企业甚至中小企业获取互联网流量的主要通道。

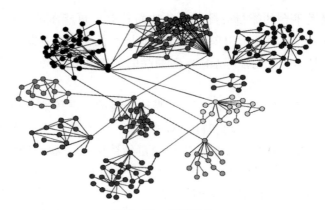

图 5 - 31 群落结构

（2）单位获客成本。

成本是电商企业流量获取决策的关键因素。单位获客成本是指企业平均获取一个新客户付出的成本：

$$单位获客成本 = \frac{流量获取总成本}{新客户数}$$

$$= \frac{广告费 + 品牌公关费 + 活动推广费 + 人员工资}{新客户数} \quad (5.40)$$

流量获取总成本包括广告费、品牌公关费及网络推广人员工资。不同的广告类型，其收费方式也有所不同。版面广告的收费方式通常采用千人展现成本（cost per mille，CPM），即广告所在版面被每 1000 人访问需要支付的费用。例如，A 电商企业在某平台首页刊登了版面广告，该平台首页的日访问次数为 500 万次，其 CPM 定价为 10 元/千次，则 A 电商企业每日需要支付 5 万元。关键词广告的收费方式通常采用单次点击成本（cost per click，CPC），即消费者点击一次广告链接企业需要支付的费用。关键词广告的定价与广告位次相关，排名靠前的广告需要更高的价格但能获得更多的点击次数。关键词广告通常采用竞价方式，定价遵循广义第二价格（generalized second price，GSP）（Edelman et al.，2007），即按照后一位竞价者的价格定价。个性化推荐广告的收费方式既有采用 CPC 的，也有采用 CPM 的。品牌公关费主要用于商标注册、媒体软文、KOL 代言及网络口碑建设等，活动推广费主要用于内容营销、活动策划和技术优化的场地租用、资源购买等支出，人员工资是指专门从事流量获取的营销推广人员工资。从流量获取的成本构成可以看出，无论是付费广告流量还是非广告类的自然流量，均是需要成本投入的。

在流量规模一定的情况下，获得的新客户数取决于流量转化率。假设用 UV 来衡量流量的数量，如果平均 100 个 UV 能获得 1 个新客户，则流量转化率为 1%，其计算公式如下：

$$流量转化率 = \frac{UV}{新客户数} \tag{5.41}$$

下面借用 AARRR 模型（Mcclure，2007）展开分析。AARRR 模型本质上是一个销售漏斗模型，它将客户增长分为 5 个阶段——获取流量（acquisition）、激活消费者（activation）、成为新客户（retention）、增加收入（revenue）、客户自传播（referral），如图 5 - 32 所示。

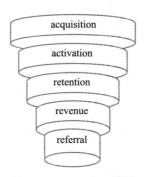

图 5 - 32　AARRR 模型

该模型的前三个阶段诠释了从流量获取到新客户的转化情况。第一阶段，acquisition 即获取流量。该阶段的主要目标就是精准寻找潜在目标客户，通过各种网络推广活动，吸引潜在消费者"关注"。该阶段是营销投入最大的部分，主要的广告费、品牌公关费、活动推广费都在该阶段支出。第二阶段，activation 即激活消费者。该阶段的主要目标是在第一阶段消费者"关注"的基础上让消费者主动"应答"，"应答"的方式可以是点击、浏览、询问或收藏商品，"应答"的结果是成为"候选消费者"。不是所有的"关注"消费者都能"应答"，还存在转化率问题，转化率越高，单位获客成本越低，反之越高。第三阶段，retention 即留住消费者。该阶段是销售漏斗中最关键的一环，主要目标是让"候选消费者"达成商品买卖交易，成为企业的新客户。从第二阶段到第三阶段，同样存在转化率问题，转化率越高，单位获客成本越低，反之越高。

对于电商企业而言，单位获客成本代表了获取一个新客户的投入，新客户能否为企业创造价值还取决于其终身价值（customer lifetime value，

CLV)。客户终身价值是指消费者在其客户生命周期内为企业带来的总收益，客户终身价值包括历史价值、当前价值和潜在价值，其计算公式如式（5.42）：

$$客户终身价值（CLV）=（平均客单价×平均购买频率）×平均客户生命周期$$

$$(5.42)$$

式（5.42）中，平均客单价的单位为"元/次"，平均购买频率的单位为"次/年"，平均客户生命周期的单位为"年"。客单价是指电商企业每一个消费者平均购买商品的金额，客单价过低会给企业带来低营业收入、低利润率等问题，适当的客单价对于电商企业至关重要，较高的客单价能够降低单位固定成本、增加营业收入，但过高的客单价又会减少销量。AARRR 模型的第四阶段解释了平均购买频率即复购率。复购率越高，客户终身价值越大。客户分类有利于挖掘客户潜在价值。客户分类的一种典型方法是 RFM 模型（Fader et al.，2005），该模型通过一个客户的近期交易行为（recency）、交易的总体频率（frequency）以及交易金额（monetary）三项指标来描述该客户的价值状况，依据这三项指标划分 8 类客户价值：重要价值客户、重要唤回客户、重要深耕客户、重要挽留客户、潜力客户、新客户、一般维持客户和流失客户。针对 8 类客户，通常采用的策略如表 5 - 12 所示。

表 5 - 12　　　　　　　　　　RFM 客户分类及对策

客户类型	R	F	M	策略
重要价值客户	↑	↑	↑	RFM 都很大，优质客户，需要保持
重要唤回客户	↓	↑	↑	交易金额和交易次数大，但最近无交易。需要唤回
重要深耕客户	↑	↓	↑	交易金额大贡献度高，且最近有交易。需要重点识别
重要挽留客户	↓	↓	↑	交易金额大，潜在的有价值客户。需要挽留
潜力客户	↑	↑	↓	交易次数大，且最近有交易。需要挖掘
新客户	↑	↓	↓	最近有交易，接触的新客户，有推广价值
一般维持客户	↓	↑	↓	交易次数多，但是贡献不大，一般维持
流失客户	↓	↓	↓	FM 值均低过平均值，最近也没再发货相当于流失

AARRR 模型的第五阶段是 referral，即客户自传播。该阶段是针对忠诚度高的客户，通过主动分享购物体验、推荐商品，形成病毒式口碑传播，为电商企业带来新客户。客户自传播与前四阶段存在本质上的区别，即带来新客户，这将直接降低单位获客成本，例如，电商企业获得的总流量为

100000 个 UV，付出总成本 100000 元，转化率为 1%。在 AARRR 模型的前四阶段，新客户数为 1000 人，单位获客成本为 100 元/人。在第五阶段，如果每 10 个新客户通过自传播能带来 1 名新客户，则电商企业"零成本"获得新客户 100 人，五阶段共计 1100 名新客户，实际的单位获客成本90.9 元/人[①]。

2. 信息化水平

除了互联网流量外，业务信息的处理、传递与利用也直接影响农产品电商的顺利实施。有关传统企业信息化的文献已非常丰富，大量实证研究表明信息化对企业绩效具有显著的促进作用（汪淼军等，2007；董祺，2013）。电商企业的商品信息、客户沟通以及交易流程已经数字化，一方面企业为了业务流程的顺利履行必须有相应的后端信息系统进行对接，另一方面也为企业信息化的实施提供了现实基础。总的来说，信息化对于电商企业的价值主要体现在四方面。一是记录业务数据。在电商环境下，商品信息、客户资料、交易活动等对外的商务信息均以数字化方式存储，无论是自建电商网站还是采用第三方电商平台，商务信息的数字化既是必不可少的，也是非常庞杂的，信息系统能够帮助企业高效管理。二是实现数据共享。电商业务的实施通常要跨越多个组织，如电商平台、物流配送企业、供应商等，每个组织皆有自己的信息系统，同一数据可能存在于多个不同的组织，例如，A 农产品电商企业在天猫、京东、拼多多、抖音等数个电商平台上开设有官方旗舰店，要做到商品、库存等信息的一致性，必须存在一个"中台"系统，所有同类数据均来自"中台"，而这个"中台"就是企业信息系统。三是高效处理数据。除了一般意义上的 ERP 数据处理职能外，订单处理、在线客服等高并发海量数据必须依赖信息系统，例如在"双十一"促销期间，每分钟可能产生数十单甚至数百单交易，如果没有高效的信息系统支撑，仅凭人工是无法在消费者可接受的时间范围内完成订单处理任务的。四是便于业务履行。仓库调拨、物流配送、客户反馈等于订单相关的业务履行也需要信息系统的有力支撑才能及时掌控实施情况，从而做到快速响应。

对于农产品电商企业而言，企业信息化的有效实施，并非易事。影响信息化实施绩效的因素有多方面。首先，业务流程的梳理与再造是企业信息化的前提。流程是指为了达成特定目标而设计的一系列有先后次序的关

---

① 为了计算简便，此处假设自传播带来的新客户不再二次传播。

联活动。哈默（Hammer，1996）指出，企业必须对业务流程进行根本性的重新思考和彻底变革，才能飞跃性地改善成本、质量、服务和速度。电商的出现从根本上改变了传统商业的交易流程，这促使企业内部的业务处理要做相应的调整，以适应其业务需求。电商企业在实施企业信息化时，首先要梳理业务流程，研判采购的信息系统能否与现有业务流程保持一致、如不一致应修改信息系统功能还是改变现有流程等。其次，要关注管理信息系统的功能与性能。一是功能的满足，除了传统企业的 ERP 功能外，电商企业的信息系统要有网店管理、订单管理、仓储物流、客户管理、大数据分析等功能；二是性能的满足，主要指标有用户并发数、容错率以及数据安全性等指标。第三，要拥有相匹配的人力资源。一是有 IT 专职管理人员保障企业信息系统的正常运行，二是企业各业务岗位员工的信息化技能达到熟练操作岗位内用到的信息系统相关功能。

根据上述分析，结合已有研究文献（唐志荣和谌素华，2002；汤英英和王子龙，2014），本章提出农产品电商企业信息化水平的评价指标体系，如表 5 – 13 所示。

表 5 – 13   **农产品电商企业信息化水平评价指标体系**

目标层	准则层	指标层	指标说明
农产品电商企业信息化水平	信息系统建设 L_1	网店管理能力 L_{11}	企业信息系统对于网店管理的功能和性能，功能包括多店铺管理、商品管理、促销管理等，性能为数据容量、处理速度、接口易用性、安全性等
		订单管理能力 L_{12}	企业信息系统对于订单管理的功能和性能，功能包括订单处理、订单打印、价格管理、支付管理、库存管理等，性能为单位时间订单处理量、接口易用性、安全性等
		仓储物流能力 L_{13}	企业信息系统对于仓储物流的功能和性能，功能包括商品管理、出入库管理、分拣管理、库存管理、调拨管理、快递管理、退货管理等，性能为数据容量、处理速度、接口易用性、安全性等
		客户管理能力 L_{14}	企业信息系统对于客户管理的功能和性能，功能包括在线客服、会员管理、评价管理、社交媒体管理等，性能为数据容量、处理速度、接口易用性、安全性等
		大数据分析能力 L_{15}	企业信息系统对于大数据分析的功能和性能，功能包括基本业务描述性统计、用户画像、销售预测、采购预测、定价分析、个性化推荐等，性能为处理速度、可视化能力、预测精度等

目标层	准则层	指标层	指标说明
农产品电商企业信息化水平	信息管理能力 L_2	IT 专业人才指数 L_{21}	反映企业信息系统管理与维护的人员构成，全部由专职 IT 团队执行为最高分，有企业内部兼职人员次之，内部不能胜任分值更低
		信息化技能普及率 L_{22}	能够胜任相应岗位信息系统操作的业务人员占整体业务人员的比例，全部人员均能胜任则普及率为 100%
	信息化绩效 L_3	业务处理支撑度 L_{31}	现有企业信息系统支撑了理想状态下可用信息化管理的业务比例，所有业务均实施信息化管理则支撑度为 100%
		企业绩效提升度 L_{32}	与非信息化管理相比，企业营业收入、净利润的增长幅度，没有增长或负增长则提升度为 0

由于不同电商企业所面临的业务类型和规模并不相同，以上评价指标很难做到公式化等定量测量，因此，指标值及其权重采用专家根据实际运营情况主观打分确定，评价的目标是企业信息化是否有利于农产品上行。

5.3.4　价值流畅通度

价值流表示农产品从生产者到消费者过程中的价值增值过程。"有利可图，分配合理"是农产品价值流畅通的基本准则，因此，在本章中，价值流畅通度以农产品附加值、价值活动各相关主体的利益分配为依据。

1. 农产品附加值

农产品附加值是指通过农产品生产、加工、包装、流通、营销、研发等环节，创造出超过从外部购入的原辅材料投入的增加值，农产品附加值主要包括人员工资、利税和利息（莫涛，2007）。本章将农产品附加值的计算用式（5.43）表示：

$$农产品附加值 = 农产品总收益 - 原材料费 - 辅助材料费 - 其他费用$$

$$(5.43)$$

式（5.43）中，原材料费包括植物种子、化肥、动物幼仔、饲料等，辅助材料费包括包装物、低值易耗品等，其他费用包括燃料、动力、租赁费、固定资产折旧费、人员工资等。为了研究的方便性，本章将农产品附加值与农产品利润等同看待。这样，反映农产品附加值的两个重要的变量是农产品总收益和利润率，下面分别讨论。

（1）农产品总收益。

农产品总收益（TR）是指电商企业按一定价格（P）出售一定数量（$Q_{销}$）农产品所获得的全部收入，其计算公式：

农产品总收益（TR）＝农产品价格（P）×农产品销量（$Q_{销}$）（5.44）

与总收益相关的两个变量是平均收益和边际收益。平均收益（AR）是农产品电商企业销售每一单位产品平均所得到的收入，其计算公式：

$$农产品平均收益（AR）＝\frac{TR}{Q_产} \tag{5.45}$$

边际收益（MR）是指农产品电商企业每增加销售一单位产品所增加的收入，其计算公式：

$$农产品边际收益（MR）＝\frac{\Delta TR}{\Delta Q_产} \tag{5.46}$$

基于式（5.44）、式（5.45）、式（5.46），分析 TR、AR、MR 随农产品产量 $Q_产$ 的变化，这里假设电商市场的总需求量为 Q。

阶段一：$Q_产 \ll Q$。该情形表明农产品企业的产量仅占整个市场需求量的很小一部分，因此该条件暗含两个假设，一是 $Q_产$ 的变化不会改变农产品价格 P，二是 $Q_产$ 能够全部售出即 $Q_{销}＝Q_产$。据此分析可得，随着 $Q_产$ 的增加，农产品总收益（TR）线性增长，农产品平均收益（AR）和农产品边际收益（MR）保持不变，均为 P，如图 5-33（1）所示。

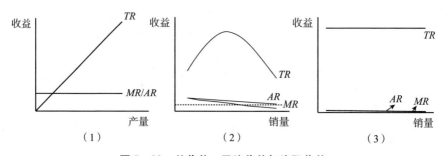

图 5-33　总收益、平均收益与边际收益

阶段二：$Q_产 < Q$，P 随 $Q_产$ 的增加而下降但 $Q_{销}＝Q_产$。该情形表明农产品企业产量的增长已对市场需求产生影响。这种情况是广泛存在的，当某企业的产量不断扩大时，通常表明行业普遍看好该市场，竞争企业也会扩大产量（由于农产品生产周期长而销售周期短，这种情况更为明显），从而使整个行业的供给明显加大，从而造成价格下降。据此分析可得，在该阶

段，随着 $Q_产$ 的增加，农产品总收益（TR）先增后减，农产品边际收益（MR）、农产品平均收益（AR）不断下降，如图 5 – 33（2）所示。

阶段三：$Q_产 > Q_销$。该情形说明农产品企业生产过量，增加生产的部分无法销售。与工业品不同，农产品的鲜活性使其保质期短，无法销售时通常只能抛弃（为分析简便，不考虑作为加工品原材料用途）。据此分析可得，在该阶段，随着 $Q_产$ 的增加，农产品总收益（TR）不变，农产品平均收益（AR）不断下降，农产品边际收益（MR）为 0，如图 5 – 33（3）所示。

表 5 – 14 为某农产品企业生产量（$Q_产$）、价格（P）、销量（$Q_销$）以及农产品总收益（TR）、农产品平均收益（AR）、农产品边际收益（MR）一览表。

表 5 – 14　　　　　　　某农产品企业产量与收益情况一览表

$Q_产$	P	$Q_销$	TR	AR	MR
100	10	100	1000	10	10
500	10	500	5000	10	10
1000	8	1000	8000	8	6
2000	6	2000	12000	6	4
3000	3	3000	9000	3	− 3
4000	1	4000	4000	1	− 5
5000	1	4000	4000	0.8	0

注：MR 为特定点的值。

以上分析对于电商环境下农产品上行具有以下启示：第一，在一定范围内，随着产量的增长，农产品总收益将不断增长，规模效应显现。电商具有直面大市场的能力，适度规模经营有利于总收益的增长。第二，市场需求总是有限的，仅凭单一产品的产量增长，到了一定的限度就会导致总收益下降，"谷贱伤农"的现象依然存在。第三，实施范围经济，开发出更多满足消费者个性化需求的产品能在一定程度上能缓解边际收益递减的问题。

（2）农产品利润率。

农产品利润率是指农产品利润与农产品总收益，农产品利润是指农产品总收益减去农产品总成本，其计算公式：

$$农产品利润率（\rho）=\frac{农产品利润（\pi）}{农产品总收益（TR）}\times100\%$$

$$=\frac{农产品总收益（TR）-农产品总成本（TC）}{农产品总收益（TR）}\times100\%$$

(5.47)

　　农产品成本主要包括生产成本、物流配送成本、电商运营成本三类。生产成本主要包括：一是直接材料，种植类农产品有种子、种苗、肥料、农药等，养殖类农产品有饲料、燃料、动力、畜牧医药费等，水产品有苗种、饲料、肥料和材料等；二是直接工资，包括劳动力及管理者工资；三是制造费用，如土地租赁费、固定资产折旧、水电费、差旅费等；四是其他费用，包括前三项中未包含的但生产经营中必须支出的费用。物流配送成本包括加工包装费、仓储使用费、配送费以及物流配送损耗，农产品尤其是生鲜农产品的流通损耗较大，将其归为物流配送成本。电商运营成本包括平台使用费、广告推广费、交易佣金以及人员工资，电商运营成本在农产品总成本中占较大比重。

　　下面从经济学角度分析农产品利润与产量间的关系，如图 5-34 所示。一方面，随着产量的增加，边际收益为正且保持稳定，到达某一阈值时，因受需求的影响，价格不断下降，边际收益也逐渐减少，其值从正转为负。与此对应，农产品总收益（TR）先呈增长趋势，逐渐到达最高点，然后不断降低。另一方面，农产品总成本（TC）由固定成本和变动成本两部分构成，因此，即使产量很低甚至为 0，总成本也因固定成本的提前投入而产居高位，随着产量的增长，总成本因变动成本的增加而增加，其边际成本趋近于水平线，当产量超出一定范围后，还要再增加固定成本的投入，边际成本向上倾斜。显然，与总收益不同，总成本随产量的增加不会下降。农产品利润为二者的差值，当产量很低时，因固定资产投入较大而收益甚微，利润为负，随着产量的增长，收益不断抵消投入，当产量为 q_0 时，$TR = TC$，利润为 0，随后利润不断增长，当边际成本等于边际收益时，即产量为 q^* 时，农产品利润达到最大值，之后不断减少，于 q_1 产量时又回到 0 利润且进一步下降，再次走向负利润。

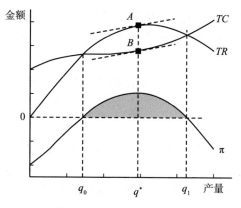

图 5-34　利润与产量的关系

　　根据以上分析，结合前述研究，得出电商环境下农产品上行具有以下启示：首先，农产品企业要根据市场需求确定产量，当边际成本等于边际收益时利润达到最大化。其次，固定成本是影响农产品利润的主要因素。然而，与传统流通方式相比，当前电商的固定成本较高。一是当前电商运营中占较大比重的成本为固定成本，且这些固定成本多为沉没成本，而这些成本在传统农产品流通中不存在或者类似的成本较小；二是当前农产品物流配送的社会化程度较低，农产品电商企业须自行建设仓储物流基础设施来提高配送效率和扩大配送范围，但这会进一步增加了固定成本的投入。电商运营和物流配送的高投入要求农产品电商企业在经营规模上要比传统流通企业更大才能分摊这部分固定成本。由此可以看出，电商给农业生产经营者带来更广阔市场空间的同时，也增加了固定投入，只有更大规模的经营才能充分发挥电商的优势。然而，规模效应给经营者带来的是更激烈的市场竞争，从而出现市场垄断局面。因此，对于农业生产经营者而言，如何有效地降低高固定成本是破解农产品上行受阻的根本途径之一。

　　当然，近年来农产品电商的发展非常迅速，多股力量持续完善电商生态系统。一是阿里巴巴、拼多多等知名电商平台纷纷抢占市场，物流配送"最后一公里"明显改善。二是商务部"电商进农村"综合示范项目、农业农村部"互联网＋"农产品出村进城工程等专项产业促进政策的推动，既掀起了创业者投入农产品电商的发展高潮，又对农村电商与物流基础设施建设做出了巨大的贡献，进一步降低了农业生产经营者固定成本的投入（肖开红等，2019）。三是国家的政策给欠发达地区农产品电商带来了巨大的红利，国家通过资金支持、智力帮扶、消费扶贫等方式，帮助欠发达地区树品牌、创新品、规范生产，采取"县长带货""网红带货"等方式免费提供互联网流量，既提高了贫困户收入，又培育出一批特色农产品产业带，达到了"扶上马，送一程"的目的（王胜等，2021）。四是大量风险资金进入生鲜农产品电商领域，支持创业者创新农产品电商模式、建立和完善农产品仓储物流基础设施。

2. 利益分配

农产品附加值代表农产品上行过程中，即农产品开发、供应链管理、电商销售生产等活动产生的增加值，这些活动涉及农业生产者、电商企业、电商平台以及物流配送企业等诸多利益相关者，他们都将参与利益分配。基于什么原则进行分配、如何做到效率公正公平、如何保障农产品生产者和电商企业等种群的利益，是农村电商生态系统可持续发展的基础。

农产品上行的核心参与者包括农产品生产者、电商企业和电商平台，由于物流配送属于相对独立的活动，为分析方便，不将其纳入利益分配的思考范畴。因此，农产品上行的利益分配问题可以看作是由农产品生产者、电商企业和电商平台构成的一条三级供应链，本部分借鉴王玉燕等（2021）和周业付（2018）的分析思路，首先采用非合作完全信息动态博弈斯塔克尔伯格（Stackelberg）模型分析供应链分散决策各方的收益，然后运用合作博弈的思想计算供应链集中决策的最大利润，并基于沙普利值法进行利益分配，探索有利于价值流畅通的办法，为农民增收致富提供理论支撑。

利益相关者分散决策时，由于各自所处的地位不同，通常存在领导者和追随者。在农产品上行中，电商平台因投资大、受众群体广泛，掌握着流量等交易核心资源，同时还是交易规则的制定者，因此具有领导地位；电商企业熟悉业务并深刻理解消费者需求，在农产品流通中整合了信息流、物流和资金流资源，在交易过程中比农产品生产者更具有主动性，因此其供应链地位在电商平台之后、农产品生产者之前；农产品生产者多为小而散的农户、家庭农场或者农业合作社，他们主要聚焦生产，离市场较远，通常是供应链的追随者，三者之间的关系如图 5 - 35 所示。

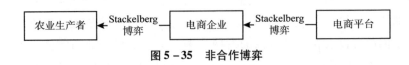

图 5 - 35 非合作博弈

图中存在两层斯塔克尔伯格博弈，一是电商平台作为领导者、电商企业作为追随者，二是电商企业作为领导者、农产品生产者作为追随者。

假设在电商市场中，仅销售 1 种农产品，其市场需求函数 q 为：

$$q = \alpha - \beta(c + p_{\Delta1} + p_{\Delta2} + p_{\Delta3}) \tag{5.48}$$

其中，$\alpha(\alpha > 0)$ 为市场规模，$\beta(\beta > 0)$ 为市场价格影响因子，c 为农产品生产成本，$c + p_{\Delta1}$ 分别为生产者向电商企业的出售价，$c + p_{\Delta1} + p_{\Delta2}$ 为电商企业向电商平台的出售价，$c + p_{\Delta1} + p_{\Delta2} + p_{\Delta3}$ 为消费者零售价。这里需要说明的是，在实践中，电商平台通过收取电商企业交易佣金获利，本部分为了计算简便，将佣金部分看作加价销售，其分析结论不改变性质。

假设农产品生产者按需生产，其利润函数如下：

$$\pi_a = p_{\Delta1} q \tag{5.49}$$

同样，电商企业、电商平台的利润函数分别为：

$$\pi_e = p_{\Delta2} q \tag{5.50}$$

$$\pi_m = p_{\Delta3} q \tag{5.51}$$

整个供应链的总利润函数为：

$$\pi = (p_{\Delta1} + p_{\Delta2} + p_{\Delta3}) q \tag{5.52}$$

下面推导分散决策时各方的最优利润，按照逆向归纳法求解。首先对追随者农产品生产者利润函数求偏导：

$$\frac{\partial \pi_a}{\partial p_{\Delta1}} = \frac{\partial(p_{\Delta1} q)}{\partial p_{\Delta1}} = \frac{\partial(p_{\Delta1}(\alpha - \beta(c + p_{\Delta1} + p_{\Delta2} + p_{\Delta3})))}{\partial p_{\Delta1}} = 0 \tag{5.53}$$

$$\alpha - \beta(c + p_{\Delta1} + p_{\Delta2} + p_{\Delta3}) - \beta p_{\Delta1} = 0$$

由于农产品生产者的决策，此时他已知电商企业和电商平台的 $p_{\Delta2}$，$p_{\Delta3}$，因此得到 $p_{\Delta1}$ 的反应函数：

$$p_{\Delta1} = \frac{\alpha - \beta c}{2\beta} - \frac{1}{2} p_{\Delta2} - \frac{1}{2} p_{\Delta3} \tag{5.54}$$

接下来对电商企业的利润函数求偏导：

$$\frac{\partial \pi_e}{\partial p_{\Delta2}} = \frac{\partial(p_{\Delta2} q)}{\partial p_{\Delta2}} = \frac{\partial(p_{\Delta2}(\alpha - \beta(c + p_{\Delta1} + p_{\Delta2} + p_{\Delta3})))}{\partial p_{\Delta2}} \tag{5.55}$$

电商企业是农产品生产者的领导者，他先决策，但决策时会考虑追随者的反映，因此，将式（5.53）代入式（5.54）：

$$\frac{\partial\left(p_{\Delta2}\left(\alpha - \beta\left(c + \dfrac{\alpha - \beta c}{2\beta} - \dfrac{1}{2} p_{\Delta2} - \dfrac{1}{2} p_{\Delta3} + p_{\Delta2} + p_{\Delta3}\right)\right)\right)}{\partial p_{\Delta2}} \tag{5.56}$$

$$= \frac{\partial\left(p_{\Delta2}\left(\alpha - \beta\left(c + \dfrac{\alpha - \beta c}{2\beta} + \dfrac{1}{2} p_{\Delta2} + \dfrac{1}{2} p_{\Delta3}\right)\right)\right)}{\partial p_{\Delta2}} = 0$$

进一步求解，得到：

$$\alpha - \beta\left(c + \frac{\alpha - \beta c}{2\beta} + \frac{1}{2}p_{\Delta2} + \frac{1}{2}p_{\Delta3}\right) - \frac{\beta}{2}p_{\Delta2} = 0 \qquad (5.57)$$

$$2\alpha - 2\beta c - \alpha + \beta c - \beta p_{\Delta2} - \beta p_{\Delta3} - \beta p_{\Delta2} = 0$$

由于电商企业的决策在电商平台之后，此时他已知电商平台的 $p_{\Delta3}$，因此得到 $p_{\Delta2}$ 的反应函数：

$$p_{\Delta2} = \frac{\alpha - \beta c}{2\beta} - \frac{1}{2}p_{\Delta3} \qquad (5.58)$$

接下来对最终领导者电商平台的利润函数求偏导：

$$\frac{\partial \pi_m}{\partial p_{\Delta3}} = \frac{\partial(p_{\Delta3}q)}{\partial p_{\Delta3}} = \frac{\partial(p_{\Delta3}(\alpha - \beta(c + p_{\Delta1} + p_{\Delta2} + p_{\Delta3})))}{\partial p_{\Delta3}} \qquad (5.59)$$

电商平台是农产品生产者和电商企业的领导者，他先决策，但决策时会考虑两个追随者的反映，因此，将式（5.53）、式（5.57）代入式（5.58）：

$$\frac{\partial\left(p_{\Delta3}\left(\alpha - \beta\left(c + \frac{\alpha - \beta c}{2\beta} + \frac{1}{2}\left(\frac{\alpha - \beta c}{2\beta} - \frac{1}{2}p_{\Delta3}\right) + \frac{1}{2}p_{\Delta3}\right)\right)\right)}{\partial p_{\Delta3}} = 0 \quad (5.60)$$

进一步求解：

$$\alpha - \beta\left(c + \frac{3\alpha - 3\beta c}{4\beta} + \frac{1}{4}p_{\Delta3}^*\right) - \frac{\beta}{4}p_{\Delta3}^* = 0 \qquad (5.61)$$

此时得到 $p_{\Delta3}$ 的最优解：

$$p_{\Delta3}^* = \frac{\alpha - \beta c}{2\beta} \qquad (5.62)$$

接下来逐级逆向代入 $p_{\Delta2}$，$p_{\Delta3}$ 的反应是式（5.57）和式（5.53），得到 $p_{\Delta2}$，$p_{\Delta3}$ 的最优解：

$$p_{\Delta2}^* = \frac{\alpha - \beta c}{2\beta} - \frac{1}{2}p_{\Delta3}^* = \frac{\alpha - \beta c}{2\beta} - \frac{\alpha - \beta c}{4\beta} = \frac{\alpha - \beta c}{4\beta} \qquad (5.63)$$

$$p_{\Delta1}^* = \frac{\alpha - \beta c}{2\beta} - \frac{1}{2}p_{\Delta2}^* - \frac{1}{2}p_{\Delta3}^* = \frac{\alpha - \beta c}{2\beta} - \frac{\alpha - \beta c}{8\beta} - \frac{\alpha - \beta c}{4\beta} = \frac{\alpha - \beta c}{8\beta} \quad (5.64)$$

下面计算市场均衡时的需求量：

$$q^* = \alpha - \beta(c + p_{\Delta1}^* + p_{\Delta2}^* + p_{\Delta3}^*)$$

$$= \alpha - \beta\left(c + \frac{\alpha - \beta c}{8\beta} + \frac{\alpha - \beta c}{4\beta} + \frac{\alpha - \beta c}{2\beta}\right) \qquad (5.65)$$

$$= \alpha - \frac{7\alpha + \beta c}{8} = \frac{\alpha - \beta c}{8}$$

农产品生产者、电商企业和电商平台的最优利润：

$$\pi_a^* = p_{\Delta 1}^* q^* = \frac{\alpha - \beta c}{8\beta} \times \frac{\alpha - \beta c}{8} = \frac{(\alpha - \beta c)^2}{64\beta} \qquad (5.66)$$

$$\pi_e^* = p_{\Delta 2}^* q^* = \frac{\alpha - \beta c}{4\beta} \times \frac{\alpha - \beta c}{8} = \frac{(\alpha - \beta c)^2}{32\beta} \qquad (5.67)$$

$$\pi_m^* = p_{\Delta 3}^* q^* = \frac{\alpha - \beta c}{2\beta} \times \frac{\alpha - \beta c}{8} = \frac{(\alpha - \beta c)^2}{16\beta} \qquad (5.68)$$

设 $K = \dfrac{(\alpha - \beta c)^2}{64\beta}$，于是 $\pi_a^* = K$，$\pi_e^* = 2K$，$\pi_m^* = 4K$。分散决策时供应链最优总利润为 $\boldsymbol{\pi}^* = \pi_a^* + \pi_e^* + \pi_m^* = 7K$。

如果农产品生产者、电商企业和电商平台达成协议进行集中决策，此时由非合作博弈转向合作博弈，如图 5 – 36 所示。

图 5 – 36　合作博弈

根据图 5 – 36，集中决策时仅考虑针对消费者的零售价格，设 $p = p_{\Delta 1} + p_{\Delta 2} + p_{\Delta 3}$，$p$ 为零售价格，供应链总利润 $\pi_{集中} = pq_{集中}$，求一阶偏导：

$$\frac{\partial \pi_{集中}}{\partial p} = \frac{\partial (p - c) q_{集中}}{\partial p} = (p - c)(\alpha - \beta p) = 0 \qquad (5.69)$$

$$\alpha - \beta p^* - \beta p^* + \beta c = 0$$

得到 p 的最优值：

$$p^* = \frac{\alpha + \beta c}{2\beta} \qquad (5.70)$$

以及相应的最优销量 $q_{集中}^*$：

$$q_{集中}^* = \alpha - \beta p^* = \alpha - \beta \frac{\alpha + \beta c}{2\beta} = \alpha - \frac{\alpha + \beta c}{2} = \frac{\alpha - \beta c}{2} \qquad (5.71)$$

因此，集中决策的最优总利润 $\pi_{集中}^*$：

$$\pi_{集中}^* = (p^* - c) q^* = \left(\frac{\alpha + \beta c}{2\beta} - c \right) \times \frac{\alpha - \beta c}{2} = \left(\frac{\alpha + \beta c}{2\beta} - \frac{2\beta c}{2\beta} \right) \times \frac{\alpha - \beta c}{2}$$

$$= \frac{\alpha - \beta c}{2\beta} \times \frac{\alpha - \beta c}{2} = \frac{(\alpha - \beta c)^2}{4\beta} = 16K$$

$$(5.72)$$

可以看出，集中决策的总利润为 $16K$，而分散决策总利润仅为 $7K$，基于合作博弈的集中决策总利润远高于基于非合作博弈的分散决策。

虽然获得更高的利润是件好事，但如果存在利益分配不均，就会导致合作破裂。例如，在实践中存在农产品电商获得了好的收益，但处于弱势地位的农民可能并没有增收，这样重复下去，农民就不愿从事农业生产。因此，找到一个兼顾效率、公平、公正的分配方法至关重要。

合作博弈关注的一个重要问题就是利益分配，然而求解很有挑战性，因为博弈的核心可能存在空集，核心的分配也并非唯一，沙普利值提供了一种计算简便的求解方法（谢识予，2006）。

首先，考虑农产品上行供应链中存在子联盟，如图 5-36 所示，存在两种情况，一是农产品生产者与电商企业合作而电商平台独自行动，二是电商企业与电商平台合作而农产品生产者独立行动。当然，理论上还存在第三种情况，即农产品生产者与电商平台合作，然而，本三级供应链中不存在这种情况。

下面先分析情况一。由于农产品生产者与电商企业合作，此时供应链由三级退化为两级，电商平台仍然为领导者，而子联盟农产品生产者与电商企业为追随者。设 $c + p_{\Delta 1 + 2}$ 为子联盟出售给电商平台的价格，于是市场需求函数：

$$q_{情况-} = \alpha - \beta(c + p_{\Delta 1 + 2} + p_{\Delta 3}) \tag{5.73}$$

子联盟的利润函数 π_{ae} 及总利润函数 $\pi_{情况-}$：

$$\pi_{ae} = p_{\Delta 1 + 2} q_{情况-} \tag{5.74}$$

$$\pi_{情况-} = (p_{\Delta 1 + 2} + p_{\Delta 3}) q_{情况-} \tag{5.75}$$

根据斯塔克尔伯格模型，率先决策的是电商平台，因此，子联盟农产品生产者与电商企业在决策时已经知道电商平台的决策结果，因此，对子联盟利润函数求一阶偏导：

$$\frac{\partial \pi_{ae}}{\partial p_{\Delta 1 + 2}} = \frac{\partial p_{\Delta 1 + 2} q}{\partial p_{\Delta 1 + 2}} = \frac{\partial p_{\Delta 1 + 2}(\alpha - \beta(c + p_{\Delta 1 + 2} + p_{\Delta 3}))}{\partial p_{\Delta 1 + 2}} = 0 \tag{5.76}$$

进一步计算可以求得 $p_{\Delta 1 + 2}$ 的反应函数：

$$\alpha - \beta(c + p_{\Delta 1 + 2} + p_{\Delta 3}) - \beta p_{\Delta 1 + 2} = 0$$

$$p_{\Delta 1 + 2} = \frac{\alpha - \beta c}{2\beta} - \frac{p_{\Delta 3}}{2} \tag{5.77}$$

然后将其代入领先者电商平台利润函数并求一阶偏导：

$$\frac{\partial \pi_m}{\partial p_{\Delta 3}} = \frac{\partial p_{\Delta 3} q}{\partial p_{\Delta 3}} = \frac{\partial p_{\Delta 3}(\alpha - \beta(c + p_{\Delta 1+2} + p_{\Delta 3}))}{\partial p_{\Delta 3}}$$

$$= \frac{\partial p_{\Delta 3}\left(\alpha - \beta\left(c + \frac{\alpha - \beta c}{2\beta} - \frac{p_{\Delta 3}}{2} + p_{\Delta 3}\right)\right)}{\partial p_{\Delta 3}} \quad (5.78)$$

$$= \frac{\partial p_{\Delta 3}\left(\frac{\alpha - \beta c}{2} - \frac{\beta}{2} p_{\Delta 3}\right)}{\partial p_{\Delta 3}} = 0$$

进一步计算即可得到 $p_{\Delta 3}$ 的最优值：

$$\frac{\alpha - \beta c}{2} - \frac{\beta}{2} p_{\Delta 3}^* - \frac{\beta}{2} p_{\Delta 3}^* = 0$$

$$\alpha - \beta c - \beta p_{\Delta 3}^* - \beta p_{\Delta 3}^* = 0 \quad (5.79)$$

$$p_{\Delta 3}^* = \frac{\alpha - \beta c}{2\beta}$$

将 $p_{\Delta 3}^*$ 代入式（5.76），得到 $p_{\Delta 1+2}$ 的最优值：

$$p_{\Delta 1+2}^* = \frac{\alpha - \beta c}{2\beta} - \frac{p_{\Delta 3}^*}{2} = \frac{\alpha - \beta c}{2\beta} - \frac{\alpha - \beta c}{4\beta} = \frac{\alpha - \beta c}{4\beta} \quad (5.80)$$

进一步求出 $q_{情况一}$ 的最优值：

$$q_{情况一}^* = \alpha - \beta(c + p_{\Delta 1+2}^* + p_{\Delta 3}^*) = \frac{\alpha - \beta c}{4} \quad (5.81)$$

以及 π_{ae}^*、π_m^* 和总利润 $\pi_{情况一}^*$：

$$\pi_{ae}^* = p_{\Delta 1+2}^* q^* = \frac{\alpha - \beta c}{4\beta} \times \frac{\alpha - \beta c}{4} = 4K \quad (5.82)$$

$$\pi_m^* = p_{\Delta 3}^* q^* = \frac{\alpha - \beta c}{2\beta} \times \frac{\alpha - \beta c}{4} = 8K \quad (5.83)$$

$$\pi_{情况一}^* = \pi_{ae}^* + \pi_m^* = \frac{(\alpha - \beta c)^2}{16\beta} + \frac{(\alpha - \beta c)^2}{8\beta} = 12K \quad (5.84)$$

由式（5.81）可以看出，农产品生产者与电商企业合作收益为 $4K$，而他们不合作的利润之和仅为 $3K$，因此存在合作的基础。

可以运用情况一的分析方法分析情况二。求出 π_a^*、π_{em}^* 以及最优总利润 $\pi_{情况二}^*$：

$$\pi_a^* = 4K \quad (5.85)$$

$$\pi_{em}^* = 8K \quad (5.86)$$

$$\pi_{情况二}^* = \pi_a^* + \pi_{em}^* = 12K \quad (5.87)$$

由式（5.85）可以看出，电商企业与电商平台合作收益为 $8K$，而他们不合作的利润之和仅为 $6K$，因此存在合作的基础。

接下来采用沙普利值分配利润，如表 5 – 15 至表 5 – 17 所示。

表 5 – 15　　　　　　　　农产品生产者利益分配计算

s	a	$a+e$	$a+m$	$a+e+m$
$v(s)$	K	$4K$	$5K$	$16K$
$v(s/a)$	0	$2K$	$4K$	$8K$
$v(s)-v(s/a)$	K	$2K$	K	$8K$
$\lvert s \rvert$	1	2	2	3
$(n-\lvert s \rvert)!\,(\lvert s \rvert-1)!$	2	1	1	2
$\omega\lvert s \rvert$	$\dfrac{1}{3}$	$\dfrac{1}{6}$	$\dfrac{1}{6}$	$\dfrac{1}{3}$
$\omega\lvert s \rvert[v(s)-v(s/a)]$	\multicolumn{4}{c}{$\dfrac{1}{3}K+\dfrac{2}{6}K+\dfrac{1}{6}K+\dfrac{8}{3}K=\dfrac{21}{6}K$}

表 5 – 16　　　　　　　　电商企业利益分配计算

s	e	$a+e$	$e+m$	$a+e+m$
$v(s)$	$2K$	$4K$	$8K$	$16K$
$v(s/e)$	0	K	$4K$	$5K$
$v(s)-v(s/e)$	$2K$	$3K$	$4K$	$11K$
$\lvert s \rvert$	1	2	2	3
$(n-\lvert s \rvert)!\,(\lvert s \rvert-1)!$	2	1	1	2
$\omega\lvert s \rvert$	$\dfrac{1}{3}$	$\dfrac{1}{6}$	$\dfrac{1}{6}$	$\dfrac{1}{3}$
$\omega\lvert s \rvert[v(s)-v(s/e)]$	\multicolumn{4}{c}{$\dfrac{2}{3}K+\dfrac{3}{6}K+\dfrac{4}{6}K+\dfrac{11}{3}K=\dfrac{33}{6}K$}

表 5 – 17　　　　　　　　电商平台利益分配计算

s	m	$a+m$	$e+m$	$a+e+m$
$v(s)$	$4K$	$5K$	$8K$	$16K$
$v(s/m)$	0	K	$2K$	$4K$
$v(s)-v(s/m)$	$4K$	$4K$	$6K$	$12K$

s	m	$a+m$	$e+m$	$a+e+m$
$\mid s\mid$	1	2	2	3
$(n-\mid s\mid)!\,(\mid s\mid-1)!$	2	1	1	2
$\omega\mid s\mid$	$\dfrac{1}{3}$	$\dfrac{1}{6}$	$\dfrac{1}{6}$	$\dfrac{1}{3}$
$\omega\mid s\mid[\,v(s)-v(s/m)\,]$	\multicolumn{4}{c}{$\dfrac{4}{3}K+\dfrac{4}{6}K+\dfrac{6}{6}K+\dfrac{12}{3}K=\dfrac{42}{6}K$}

分散决策和集中决策的总利润及分配情况如表 5 – 18 所示。

表 5 – 18　　　　　　分散决策和集中决策的总利润及分配情况

项目	农产品生产者	电商企业	电商平台	总利润
分散决策	$K(14.3\%)$	$2K(28.6\%)$	$4K(57.14\%)$	$7K(100\%)$
集中决策沙普利	$\dfrac{21}{6}K(21.9\%)$	$\dfrac{33}{6}K(34.4\%)$	$\dfrac{42}{6}K(43.7\%)$	$16K(100\%)$
利润增幅	250.0%	175.0%	75.0%	128.6%

（1）生产者收益。

长期以来，农业生产者因规模较小、缺乏现代化经营理念，在农产品供应链中一直处于弱势群体。本部分将农产品生产者、电商企业和电商平台的要素资源以及对市场的需求影响等同化分析，得出的分散决策分配方案中，农产品生产者仅获得14.3%的利润。也就是说，当三类参与者做出相同贡献时，由于生产者的市场弱势，获得的收益最少，如果考虑资源约束，因电商企业、电商平台拥有更多更强势的资源，在市场上具有更大的贡献，这将导致农产品生产者的分配比例更低。在集中决策模式下，农产品生产者的利益分配比例提高到21.9%，利润增幅更是高达250.0%，位居三类参与者之首，这说明合作对于农业生产者具有重大意义。换言之，农产品生产者参与合作与履约比其他参与者更"有利可图"。

（2）电商企业收益。

由于电商企业在农产品上行中的核心地位，其利益也应得到保护。然而，在当今电商平台主导交易的背景下，电商企业并不是获利最大的一方。分散决策中，电商企业仅获得28.6%的利益，只有电商平台的一半。现实中，这种情况也是真实存在的。电商平台掌控了稀缺的流量资源，电商企业之间为了争夺流量，采取拍卖竞价方式，让流量价格居高不下，加之电商市场的马太效应，强者越强、弱者越弱，这使电商平台"主宰"了电商企业的"生死存亡"，利益被"盘剥"，"薄利"已成为电商企业经营上的一大"痛点"，加之农产品损耗大、物流成本高，致使农产品上行阻滞。因此，电商平台与电商企业、农产品生产者合作，并让利给他们，是农产品电商健康可持续发展的重要途径。

5.4 系统动力学建模与仿真

根据前文分析，农产品上行畅通度的主要指标包括产品流、信息流和价值流 3 个维度的 7 个二级指标：市场竞争力、供应能力、物流配送效率、互联网流量获取、信息化水平、农产品附加值和利益分配，本节将该指标体系作为核心内容，以农产品电商企业经营为视角，建立系统动力学模型并进行仿真，定量分析各因素的变动对整个系统的影响。

5.4.1 结构解析

农产品上行的基本活动包括农产品开发、供应链管理和电商销售，辅助活动包括人力资源管理、管理信息系统和财务管理。据此，本节构建以农产品电商企业为核心种群，通过采购农业生产者的农产品，搭建仓储物流服务体系，入驻第三方电商平台销售农产品的农产品上行系统，其概念模型如图 5 –37 所示。

如图 5 –37 所示，该生态系统的主要种群有 6 个。电商企业为核心种群，在农产品从农业生产者上行到消费者的全流程中起主导作用，是生态系统的发起者。电商企业采用独立核算、自负盈亏的经营模式，通过资本运营企业获取经营资本，用于农产品采购、仓储物流建设、流量购买、信息系统建设以及各种销售费用、管理费用的支出。

为了方便分析，本生态系统仅销售一种农产品，每位消费者在同一期内购买 1 斤农产品或者不购买。

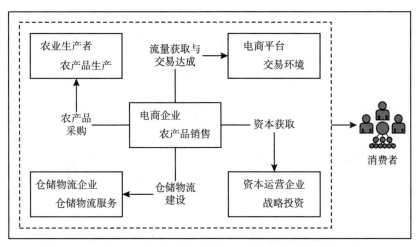

图 5 - 37　电商环境下农产品上行系统概念模型

5.4.2　系统动力学模型

系统动力学模型的主要内容包括因果回路图、系统流图及其方程，本节使用 Vensim PLE 9.0 软件建模及仿真分析。

1. 因果回路图

因果回路图用于定性描述复杂系统中变量之间相互影响与相互作用的因果关系，是由若干条因果链构成的闭合回路（李旭，2013）。根据图 5 - 37 的概念模型，因果回路图主要涉及农产品采购、仓储物流建设、信息化建设、流量购买以、农产品销售及公司运营六部分。

（1）农产品采购。

在本系统中，电商企业不生产农产品，所销农产品均采购于农业生产者。决定采购量的主要因素有四方面。一是做大潜在销量，电商企业根据外部的市场需求及自身的市场竞争力预测销量。二是现有库存量，尽管农产品通常采用当季采购、当季销售的做法，但考虑到当前仓储保鲜技术的发展，少量的库存可以存放到下个季度，因此本系统允许存在库存，每期采购量应扣减掉库存量。三是采购能力，由于中国农业存在"小而散"的特点，农业生产者的生产规模普遍偏小，电商企业通常需要收购多家生产者的农产品才能达到采购量，然而随着供应商数量的增加，对电商企业的采购能力提出了要求。四是电商企业的现金余额，本系统假设所有采购均为现金交易，不存在赊购现象。农产品采购因果回路图如图 5 - 38 所示。

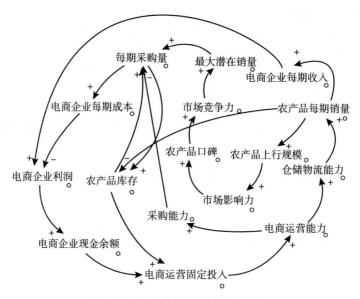

图 5 - 38　农产品采购因果回路图

如图 5 - 38 所示，主要存在 6 条反馈回路：

第一条：每期采购量→ + 电商企业每期成本→ - 电商企业利润→ - 电商企业现金余额→ + 电商运营固定投入→ + 电商运营能力→ + 仓储物流能力→ + 农产品每期销量→ + 农产品上行规模→ + 市场影响力→ + 农产品口碑→ + 市场竞争力→ + 最大潜在销量→ + 每期采购量。

第二条：每期采购量→ + 农产品库存→ + 电商运营固定投入→ + 电商运营能力→ + 仓储物流能力→ + 农产品每期销量→ + 农产品上行规模→ + 市场影响力→ + 农产品口碑→ + 市场竞争力→ + 最大潜在销量→ + 每期采购量。

第三条：每期采购量→ + 电商企业每期成本→ - 电商企业利润→ + 电商企业现金余额→ + 电商运营固定投入→ + 电商运营能力→ + 仓储物流能力→ + 农产品每期销量→ - 农产品库存→ - 每期采购量。

第四条：每期采购量→ + 农产品库存→ + 农产品每期销量→ + 电商企业每期收入→ + 电商企业利润→ + 电商企业现金余额→ + 电商运营固定投入→ + 电商运营能力→ + 每期采购量。

第五条：每期采购量→ + 农产品库存→ + 农产品每期销量→ + 农产品上行规模→ + 市场影响力→ + 农产品口碑→ + 市场竞争力→ + 最大潜在销量→ + 每期采购量。

第六条：每期采购量→ + 电商企业每期成本→ - 电商企业利润→ + 电

商企业现金余额→ + 电商运营固定投入→ + 电商运营能力→ + 采购能力→ + 每期采购量。

（2）仓储物流建设。

本系统的电商企业定位为中小型规模，其仓储物流职能通过第三方物流企业服务外包获得，包括仓储、运输车辆租用以及配送外包。电商企业根据农产品销售的业务量确定仓储物流建设规模，由于仓储物流建设的投入较大，电商企业会从每期现金余额中按照一定比例划出资金分多期进行建设。考虑到采购的农产品需要存放进库存再销售，电商企业的每期采购量受仓储物流建设规模的约束。仓储物流建设因果回路图如图 5 - 39 所示。

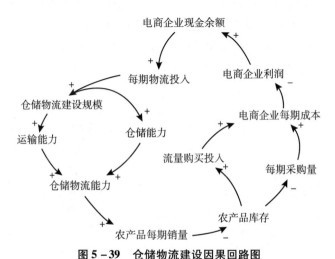

图 5 - 39　仓储物流建设因果回路图

如图 5 - 39 所示，主要存在 4 条反馈回路：

第一条：仓储物流建设规模→ + 运输能力→ + 仓储物流能力→ + 农产品每期销量→ - 农产品库存→ - 每期采购量→ + 电商企业每期成本→ - 电商企业利润→ + 电商企业现金余额→ + 每期物流投入→ + 仓储物流建设规模。

第二条：仓储物流建设规模→ + 仓储能力→ + 仓储物流能力→ + 农产品每期销量→ - 农产品库存→ - 每期采购量→ + 电商企业每期成本→ - 电商企业利润→ + 电商企业现金余额→ + 每期物流投入→ + 仓储物流建设规模。

第三条：仓储物流建设规模→ + 仓储能力→ + 仓储物流能力→ + 农产品每期销量→ - 农产品库存→ + 流量购买投入→ + 电商企业每期成本→ -

电商企业利润→＋电商企业现金余额→＋每期物流投入→＋仓储物流建设规模。

第四条：仓储物流建设规模→＋运输能力→＋仓储物流能力→＋农产品每期销量→－农产品库存→＋流量购买投入→＋电商企业每期成本→－电商企业利润→＋电商企业现金余额→＋每期物流投入→＋仓储物流建设规模。

（3）信息化建设。

电商企业运营过程中，管理信息系统的建设至关重要，它保障了业务流程的顺利实施。与仓储物流建设类似，信息化建设实行分期投资，每期根据企业现金余额按照一定比例划出资金投入信息化建设。需要说明的是，信息化建设与仓储物流建设存在一个重要的区别，仓储物流规模与农产品采购、销售数量紧密相关，而信息系统软件的处理能力较强，在本系统描述的业务规模内不需要进行性能升级，即信息系统的投入是一次性完成的。信息化建设因果回路图如图 5－40 所示。

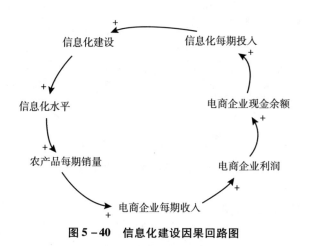

图 5－40　信息化建设因果回路图

如图 5－40 所示，主要存在 1 条反馈回路：信息化建设→＋信息化水平→＋农产品每期销量→＋电商企业每期收入→＋电商企业利润→＋电商企业现金余额→＋信息化每期投入→＋信息化建设。

（4）流量购买。

本系统的电商企业不采用自建站模式，而是入驻第三方电商平台开展销售。在实践中，电商企业入驻电商平台主要需要缴纳三项费用：一是会员费，一般按年缴纳；二是交易佣金，根据销售收入按比例抽取；三是流量购买，流量购买是获取新客户的主要途径，也是费用占比最大的部分。

为了简化分析内容，本系统将三项费用合并为流量购买。在因果关系上，电商企业根据销量预期、老客户的复购率和现金余额确定每期获取新客户的流量投入。流量购买因果回路图如图 5 - 41 所示。

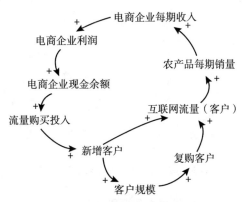

图 5 - 41　流量购买因果回路图

如图 5 - 41 所示，主要存在 2 条反馈回路：

第一条：流量购买投入→ + 新增客户→ + 客户规模→ + 复购客户→ + 互联网流量（客户）→ + 农产品每期销量→ + 电商企业每期收入→ + 电商企业利润→ + 电商企业现金余额→ + 流量购买投入。

第二条：互联网流量（客户）→ + 农产品每期销量→ + 电商企业每期收入→ + 电商企业利润→ + 电商企业现金余额→ + 流量购买投入→ + 新增客户→ + 互联网流量（客户）。

（5）农产品销售。

农产品销售是本系统的最终目标，除市场需求外，每期销量受多种因素影响。首先，市场竞争力决定了电商企业的最大潜在销量，而市场竞争力主要来源于农产品口碑和客户关系，农产品口碑的影响因素有农产品特色、质量及市场影响力等。在本系统中，农产品特色与质量被视为外生变量，市场影响力源自农产品上行规模。农产品口碑不仅决定市场竞争力，还影响老客户的复购率。其次，制约销量的因素由信息化水平、仓储物流规模和流量投入，由于仓储物流规模和流量投入已在前述回路图中体现，本处仅显示信息化水平。农产品销售因果回路图如图 5 - 42 所示。

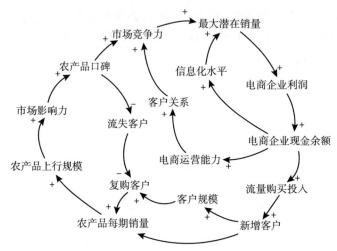

图5-42 农产品销售因果回路图

如图5-42所示，主要存在4条反馈回路：

第一条：农产品每期销量→+农产品上行规模→+市场影响力→+农产品口碑→+市场竞争力→+最大潜在销量→+电商企业利润→+电商企业现金余额→+流量购买投入→+新增客户→+农产品每期销量。

第二条：农产品每期销量→+农产品上行规模→+市场影响力→+农产品口碑→+市场竞争力→+最大潜在销量→+电商企业利润→+电商企业现金余额→+流量购买投入→+新增客户→+客户规模→+复购客户→+农产品每期销量。

第三条：农产品每期销量→+农产品上行规模→+市场影响力→+农产品口碑→-流失客户→-复购客户→+农产品每期销量。

第四条：电商企业现金余额→+电商运营能力→+客户关系→+市场竞争力→+最大潜在销量→+电商企业利润→+电商企业现金余额。

（6）公司运营。

公司运营是本系统的基础模块，本系统假设电商企业为初创公司，其资本金来源于外部投资，因此，电商企业初始的现金余额就是创立公司时的第一笔外部资金。公司运营除对仓储物流建设、信息化建设、农产品采购、流量购买等产生影响外，最关键的指标是电商运营能力，当公司投入的电商运营固定成本越高时，其运营能力越强，运营产生的变动成本越低，客户关系越好，采购能力越强。电商运营固定投入主要用于公司团建建设和人力资源管理，而变动成本则反映每销售单位农产品增加的费用，如产品包装、损耗以及各种销售费用等。公司运营因果回路图如图5-43所示。

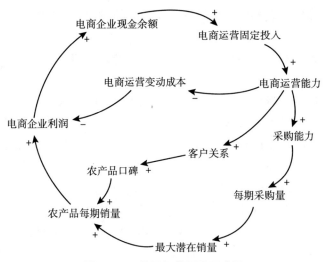

图5-43　公司运营因果回路图

如图5-43所示，主要存在3条反馈回路：

第一条：电商企业现金余额→＋电商运营固定投入→＋电商运营能力→＋采购能力→＋每期采购量→＋最大潜在销量→＋农产品每期销量→＋电商企业利润→＋电商企业现金余额。

第二条：电商企业现金余额→＋电商运营固定投入→＋电商运营能力→＋电商运营变动成本→＋电商企业利润→＋电商企业现金余额。

第三条：农产品每期销量→＋电商企业利润→＋电商企业现金余额→＋电商运营固定投入→＋电商运营能力→＋客户关系→＋农产品口碑→＋农产品每期销量。

2. 系统流图及其方程

（1）系统流图。

系统流图是在因果回路图的基础上，将变量区分为存量、流量、辅助变量以及外生变量等，确定系统的反馈形式和控制过程，以便定量分析系统的动态变化过程。根据图5-38至图5-43，本系统的流图如图5-44所示，其中包含8个状态变量、12个流量以及52个辅助变量及外生变量。

（2）模型方程。

方程是对流图中涉及的所有变量进行定量的数学描述，实质上是一组微分方程，从上一个已知的状态通过递推关系确定下一个状态，进而表达系统的动态演化过程。

第一，状态变量的系统动力学方程如下：

①农产品生产者利润 = INTEG(生产者每期收入 − 生产者每期成本，0)
Units：元；

②电商企业利润 = INTEG(电商企业每期收入 − 电商企业每期成本，0)
Units：元；

③客户规模 = INTEG(新增客户 − 流失客户，0) Units：人；

④农产品上行规模 = INTEG(农产品每期销量，0) Units：斤；

⑤农产品库存 = INTEG(每期采购量 − 每期损耗 − 农产品每期销量，0)
Units：斤；

⑥仓储物流建设规模 = INTEG(每期物流投入，0) Units：元；

⑦信息化建设 = INTEG(信息化每期投入，0) Units：元；

⑧电商企业投融资总额 = INTEG(电商企业每期投融资额，0)
Units：元。

第二，速率变量的系统动力学方程如下：

①生产者每期成本 = 农产品单位成本 × 每期采购量 Units：元/季；

②生产者每期收入 = 农产品采购价 × 每期采购量 Units：元/季；

③电商企业每期收入 = 农产品价格 × 农产品每期销量 Units：元/季；

④电商企业每期成本 =(农产品采购价 + 电商运营变动成本系数 × 变动
成本因子)× 每期采购量 + 每期物流投入 + 电商运营固定投入 + 流量购买投
入 Units：元/季；

⑤新增客户 = 流量购买投入/单位获客成本 Units：人/季；

⑥流失客户 = 客户规模 × 流失率 Units：人/季；

⑦农产品每期销量 = MIN(MIN(互联网流量(客户)× 人均购买量，大潜在
销量)，农产品库存 × 库存因子)× 仓储物流能力 × 信息化水平 Units：斤/季。

⑧每期采购量 = MIN(最大潜在销量 − 农产品库存 × 库存因子，生产规
模 × 规模因子 × 采购能力 ×20) Units：斤/季；

⑨每期物流投入 = MIN(电商企业现金余额 ×0.1，仓储物流最大投入 −
仓储物流建设规模)× 投入因子 Units：元/季；

⑩信息化每期投入 = MIN(电商企业现金余额 ×0.05，信息化最大投
入 − 信息化建设)× 投入因子 Units：元/季。

第三，辅助变量的系统动力学方程如下：

①互联网流量（客户）= 复购客户 + 新增客户 Units：人/季；

②仓储物流能力 = MIN(MIN（仓储能力，运输能力），配送能力)
Units：Dmnl；

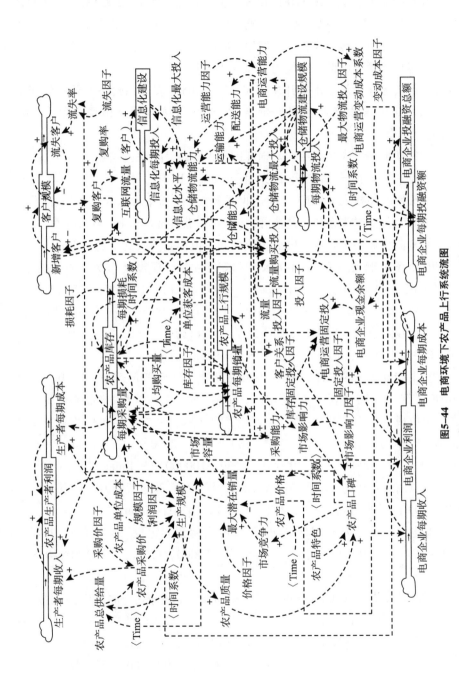

图5-44　电商环境下农产品上行系统流图

③农产品采购价 = IF THEN ELSE(农产品总供给量 > 500000，4 - (农产品总供给量 - 500000)/250000 × 采购价因子，4) Units：元/斤；

④复购客户 = 客户规模 × 复购率 Units：人/季；

⑤客户关系 = 电商运营能力 Units：Dmnl；

⑥最大潜在销量 = IF THEN ELSE(1 - 0.05 × 农产品价格 × 价格因子 > 0，(1 - 0.05 × 农产品价格 × 价格因子) × 市场容量 × 市场竞争力，0) Units：斤/季；

⑦每期损耗 = 农产品库存 × 损耗因子 Units：斤/季；

⑧流失率 = 农产品口碑 × 流失因子 Units：1/季；

⑨流量购买投入 = MIN(电商企业现金余额 × 流量投入因子，(农产品库存/人均购买量/时间系数 - 复购客户) × 单位获客成本) Units：元/季；

⑩电商企业现金余额 = 电商企业利润 + 电商企业投融资总额 Units：元；

⑪市场影响力 = WITH LOOKUP(农产品上行规模 × 市场影响力因子，([(0，0) - (10，10)]，(0，0.1)，(2000，0.1)，(40000，0.5)，(1e + 06，0.8)，(1e + 07，0.9)，(1e + 08，1)，(1e + 09，1))) Units：Dmnl；

⑫市场竞争力 = WITH LOOKUP(农产品口碑，([(0，0) - (10，10)]，(0，0.01)，(0.4，0.01)，(1，0.8))) Units：Dmnl；

⑬生产规模 = WITH LOOKUP(IF THEN ELSE(Time = 0，0，IF THEN ELSE(农产品生产者利润 × 利润因子/Time > 50000，2 × (农产品采购价 - 农产品单位成本)/农产品单位成本，(农产品采购价 - 农产品单位成本)/农产品单位成本))，([(0，0) - (10，10)]，(0，2000)，(1，2000)，(1.5，4000)，(2，10000)，(3，100000)，(20，100000))) Units：Dmnl；

⑭电商运营变动成本系数 = WITH LOOKUP(电商运营能力，([(0，0) - (10，10)]，(0，3)，(0.5，2)，(1，1))) Units：Dmnl；

⑮电商运营能力 = WITH LOOKUP(电商运营固定投入 × 运营能力因子，([(0，0) - (10，10)]，(0，0.5)，(50000，0.7)，(100000，0.8)，(200000，1))) Units：Dmnl；

⑯运输能力 = WITH LOOKUP(仓储物流建设规模/仓储物流最大投入，([(0，0) - (10，10)]，(0，0.1)，(0.1，0.5)，(1，1))) Units：Dmnl；

⑰配送能力 = WITH LOOKUP(电商运营能力，([(0，0) - (10，10)]，(0，0.6)，(0.1，0.7)，(0.2，0.8)，(0.3，0.9)，(0.4，0.95)，(0.5，1)，(1，1))) Units：Dmnl；

⑱采购能力 = WITH LOOKUP(电商运营能力，([(0，0) - (10，10)]，

(0, 0.1)，(1, 1)))Units：Dmnl；

⑲仓储能力＝WITH LOOKUP(仓储物流建设规模/仓储物流最大投入，([[(0, 0) – (10, 10)]，(0, 0.1)，(0.1, 0.5)，(1, 1)))Units：Dmnl；

⑳信息化水平＝WITH LOOKUP(信息化建设/信息化最大投入，([[(0, 0) – (10, 10)]，(0, 0.5)，(1, 1)))Units：Dmnl；

㉑农产品口碑＝WITH LOOKUP(市场影响力×农产品特色×农产品质量×客户关系，([[(0, 0) – (10, 10)]，(0, 0.01)，(0.1, 0.3)，(0.2, 0.5)，(0.3, 0.6)，(0.4, 0.7)，(0.5, 0.75)，(0.6, 0.8)，(0.7, 0.85)，(0.8, 0.9)，(0.9, 0.95)，(1, 1)))Units：Dmnl；

㉒农产品质量＝WITH LOOKUP(生产规模，([[(0, 0) – (10, 10)]，(0, 0.6)，(2000, 0.6)，(10000, 0.9)，(20000, 1)))Units：Dmnl。

第四，参量的方程设定如下：

①规模因子＝1 Units：斤/季；

②运营能力因子＝1 Units：季/元；

③采购价因子＝1 Units：元×季/斤/斤；

④人均购买量＝1 Units：斤/人；

⑤价格因子＝1 Units：斤/元；

⑥流失因子＝0.2 Units：1/季；

⑦流量投入因子＝0.5 Units：1/季；

⑧最大物流投入因子＝1 Units：元/斤；

⑨市场影响力因子＝1 Units：1/斤；

⑩库存因子＝1 Units：1/季；

⑪库存固定投入因子＝1 Units：元/季/斤；

⑫投入因子＝1 Units：1/季；

⑬损耗因子＝0.01 Units：1/季；

⑭利润因子＝1 Units：元/季；

⑮变动成本因子＝1 Units：元/斤；

⑯固定投入因子＝0.2 Units：1/季。

5.4.3　模型仿真

根据系统流图及其方程，以"季度"为时间单位，模拟农产品电商企业40个季度的运营情况。本系统模拟的农产品价格包括生产成本、采购价和销售价，其中生产成本和销售价为外生变量。

1. 模型的外生变量及初值设定

假设电商企业为初创企业并分三次接受外部资金 100 万元。其中，第 0 期 50 万元，第 12 期 30 万元，第 24 期 20 万元。仓储物流建设基础规模设定为 10 万元，当农产品库存超过 10 万斤以后逐级递增。信息化建设最大投入设定为 10 万元，可多期投入，累计达到 10 万元后不再投入。农产品总供给量为表函数，假设总供给量平稳，整个模拟期数内均为 10 万斤/季。市场容量为表函数，假设随着时间的推移，市场容量从第 0 期 20 万斤逐渐增加到第 40 期 40 万斤，假设电商企业采购的农产品均能实现完全销售。电商运营固定投入与业务量相关，在一定的业务量范围内为固定值，初始设置为当业务量在 1 万斤/季以内时固定投入为 3 万元，以后每增加 1 万斤/季固定投入增加 1 万元，固定投入的最高限额为 20 万元。此外，农产品特色、复购率、农产品单位成本、农产品价格、单位获客成本等外生变量也赋予了相应的数值。以下为上述变量的方程设定：

①电商企业每期投融资额 = WITH LOOKUP(Time/时间系数，([(0，0) – (10，10)]，(0，500000)，(1，0)，(11，0)，(12，300000)，(13，0)，(23，0)，(24，200000)，(25，0)，(40，0))) Units：元/季；

②仓储物流最大投入 = MAX(100000 + INTEGER(农产品库存×最大物流投入因子/100000)×100000，仓储物流建设规模) Units：元；

③信息化最大投入 = 100000 Units：元；

④农产品总供给量 = WITH LOOKUP(Time/时间系数，([(0.7，0.9) – (1.3，1)]，(0，1e +06)，(40，1e +06))) Units：斤/季；

⑤市场容量 = WITH LOOKUP(Time/时间系数，([(0，0) – (10，10)]，(0，2e +06)，(40，2e +06))) Units：斤/季；

⑥电商运营固定投入 = IF THEN ELSE(电商企业现金余额×固定投入因子 < 200000，MIN(电商企业现金余额×固定投入因子，IF THEN ELSE(农产品库存 < 10000，30000，INTEGER(农产品库存×库存固定投入因子/10000)×10000 + 30000))，200000) Units：元/季；

⑦农产品特色 = 1 Units：Dmnl；

⑧复购率 = 0.2 Units：1/季；

⑨农产品单位成本 = 1 Units：元/斤；

⑩农产品价格 = WITH LOOKUP(Time/时间系数，([(0，0) – (10，10)]，(0，10)，(40，10))) Units：元/斤；

⑪单位获客成本 = WITH LOOKUP（Time/时间系数，（[（0，0）-（10，10）]，（0，1），（40，1）））Units：元/人。

2. 模型检验

（1）结构合理性。

本模型的结构以真实农产品电商企业为原型，对其运营过程中的主要环节，如融资、农产品采购、仓储物流设施建设、信息化建设、电商平台流量购买等进行了抽象和重现，变量之间的因果关系是在前期案例研究和机理分析的基础上构建的，因此模型的结构与中国农产品电商现实实践具有一致性。

（2）数据合理性。

在时间单位方面，系统以"季度"为单位符合农产品生产特点。虽然农产品生产周期通常为 1~2 季/年，但本系统以农产品电商企业为核心种群，可以在不同季节选择销售不同种类的农产品，因此可以将其简化为农产品的生产周期为 1 季，即 4 季/年。仿真的时长也符合企业发展的规律，本系统的农产品电商企业在初始阶段为初创企业，先后三次累计获得 100 万元资金，属于入驻电商平台中等规模的农产品电商企业，仿真时长设置为 10 年能够较好地反映其经营情况。在仓储物流和信息化建设规模的设定方面，考虑到了其与业务量的定量关系，并采用表函数对应。在运营方面存在销售费用、管理费用等，本系统将其统一归入运营费用并分为固定运营成本和变动运营成本，这与现实情况基本一致。

3. 仿真分析

通过 Vensim PLE 9.0 运行模型进行仿真分析，其结果如下。

（1）初始设置经营状况。

根据上述初始设置，得到电商企业利润、农产品上行规模的走势如图 5-45 所示。可以看出，经过 40 期的运营，农产品上行规模累计接近 120 万斤，平均每季约 3 万斤。电商企业利润因各项投入，开始处于亏损状态，到达 12 期后扭亏为盈，最终累计实现利润 160 余万元，平均每季约 4 万元。

农产品生产者利润和客户规模的走势如图 5-46 所示。由于本系统设定生产者所生产的农产品均被电商企业购买且存在 1 元/斤的利润，因此其利润由生产规模决定。每期新增客户在市场开拓初始阶段（前 10 期）较低且不稳定，之后进入较平稳的状态，40 期累计客户规模接近 12 万人。

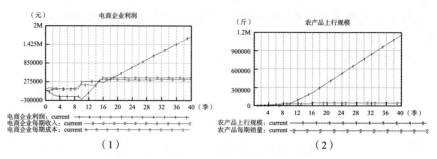

图5-45　农产品上行系统仿真结果（一）

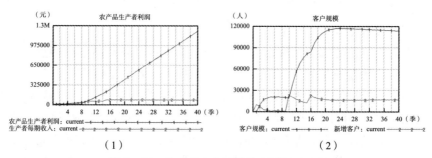

图5-46　农产品上行系统仿真结果（二）

信息化建设与仓储物流建设主要集中在公司创业前期，之后进入稳定状态，其走势如图5-47所示。

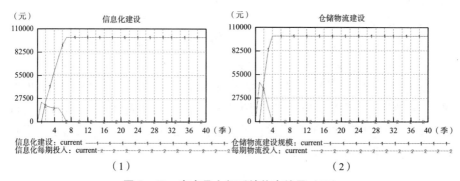

图5-47　农产品上行系统仿真结果（三）

以上为初始赋值的运营结果，下面将改变一些重要变量的值，观察该变量对公司经营的影响。

（2）生产规模对经营的影响。

本系统设定的农业生产者的生产规模初始值为2000斤/家，现有电商企业采购能力为20家，即每季可采购4万斤。将生产规模从基准设定（current）分别调整为降低一半（test1）、增加一倍（test2）、增加三倍（test3）时，其电商企业利润和农产品上行规模走势如图5－48所示，第40期末数值如表5－19所示。

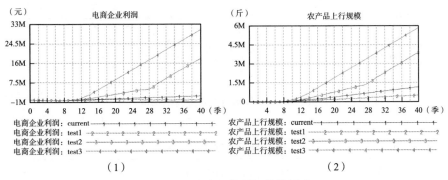

图5－48　生产规模对经营的影响

表5－19　　　　　　　　生产规模对经营的影响

项目	基准	降低一半	增加一倍	增加三倍
农产品上行规模（斤）	1158520	503778	3888710	5843060
	—	−56.52%	235.66%	404.36%
电商企业利润（元）	1660500	3108.15	18051900	30516600
	—	−99.81%	987.14%	1737.80%
亏损时长（季）	12	15	11	9

从数据可以看出，生产规模对两者的影响都很大，尤其是生产规模增加3倍后，电商企业利润和农产品上行规模分别增长1737.80%和404.36%。由此可以看出，中国农业"小而散"的生产模式是影响农产品上行的关键因素。

（3）采购能力对经营的影响。

将采购能力从基准设定（current）分别调整为降低一半（test1）、增加一倍（test2）、增加三倍（test3）时，其电商企业利润和农产品上行规模走势如图5－49所示，第40期末数值如表5－20所示。

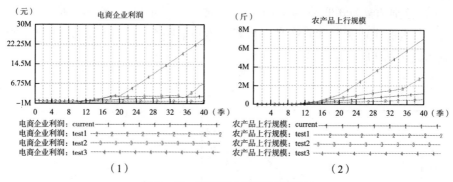

（1）　　　　　　　　　　　　　　（2）

图 5 - 49　采购能力对经营的影响

表 5 - 20　　　　　　　　　　　　采购能力对经营的影响

项目	基准	降低一半	增加一倍	增加三倍
农产品上行规模（斤）	1158520	513010	3002890	7033250
	—	- 55.72%	159.20%	507.09%
电商企业利润（元）	1660500	- 116659	6809560	24512800
	—	- 107.03%	310.09%	1376.23%
亏损时长（季）	12	40	12	13

　　与生产规模一样，采购能力影响采购量。从数据可以看出，采购能力的改变对于农产品上行规模的影响几乎与生产规模改变一致。但它们之间也有明显的区别，增加采购能力将增加电商企业的运营成本，而生产规模则不会。因此，采购能力对于电商企业利润的影响要小于生产规模。站在农产品上行系统的角度，农业生产者适度增加生产规模，还会降低生产成本。

　　（4）仓储物流建设对经营的影响。

　　将仓储物流建设的成本从基准设定（current）分别调整为降低一半（test1）、增加一倍（test2）、增加三倍（test3）时，其电商企业利润和农产品上行规模走势如图 5 - 50 所示，第 40 期末数值如表 5 - 21 所示。

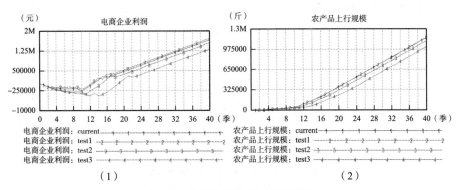

图 5 - 50　仓储物流建设对经营的影响

表 5 - 21　　　　　　　　　　仓储物流建设对经营的影响

项目	基准	降低一半	增加一倍	增加三倍
农产品上行规模（斤）	1158520	1160680	1107160	1011480
	—	0.19%	-4.43%	-12.69%
电商企业利润（元）	1660500	1712530	1547530	1308560
	—	3.13%	-6.80%	-21.19%
亏损时长（季）	12	12	14	18

　　从数据可以看出，由于仓储物流建设投入的是固定成本，对农产品销售影响较少，test1 - test3 的变化仅为 0.19% 、 -4.43% 、 -12.69% ，但企业利润影响较大，分别为 3.13% 、 -6.80% 、 -21.19% ，这说明物流成本是影响电商企业利润的重要因素。

　　（5）流量成本对经营的影响。

　　将流量成本从基准设定（current）分别调整为降低一半（test1）、增加一倍（test2）、增加三倍（test3）时，其电商企业利润和农产品上行规模走势如图 5 - 51 所示，第 40 期末数值如表 5 - 22 所示。

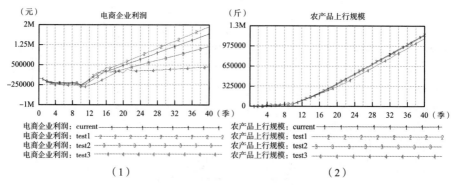

图 5－51　流量成本对经营的影响

表 5－22　　　　　　　　　　　　流量成本对经营的影响

项目	基准	降低一半	增加一倍	增加三倍
农产品上行规模（斤）	1158520	1159680	1145850	1096510
	—	0.10%	－1.09%	－5.35%
电商企业利润（元）	1660500	1926120	1183430	422046
	—	16.00%	－28.73%	－74.58%
亏损时长（季）	12	12	13	15

　　从数据可以看出，流量成本的变化对农产品上行规模影响很小，降低一半（test1）、增加一倍（test2）或增加三倍（test3）其变化仅为 0.10%、－1.09%、－5.35%，但显著影响电商企业利润，其变化分别为 16.00%、－28.73%、－74.58%。这说明流量成本实质上是一种流通费用，电商平台通过出售流量抢占了农产品上行的部分附加值。

　　（6）投融资规模对经营的影响。

　　将投融资规模从基准设定（current）分别调整为降低一半（test1）、增加一倍（test2）、增加三倍（test3）时，其电商企业利润和农产品上行规模走势如图 5－52 所示，第 40 期末数值如表 5－23 所示。

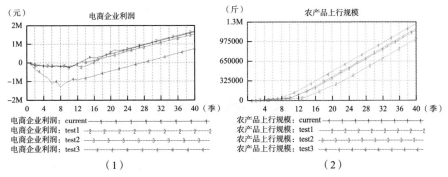

（1）　　　　　　　　　　　　　　　（2）

图 5 - 52　投融资规模对经营的影响

表 5 - 23　　　　　　　　　　　　投融资规模对经营的影响

项目	基准	降低一半	增加一倍	增加三倍
农产品上行规模（斤）	1158520	1010140	1182890	1267690
	—	− 12.81%	2.10%	9.42%
电商企业利润（元）	1660500	1697500	1550380	735213
	—	2.23%	− 6.63%	− 55.72%
亏损时长（季）	12	15	12	27

从数据可以看出，投融资规模的增减对于农产品上行规模具有正向影响，但对电商企业利润的影响却难以判断。表 5 - 23 显示，基准投入为 100 万元，但对企业而言并非最优投入，降低一半反而让利润增长 2.23%，而增加一倍或三倍将导致利润大幅度下滑。这说明电商企业获取的资本金与其绩效呈倒 U 形关系，并非越多越好，当资本金较充足时，容易在部分价值活动中投入过高但与其他活动并不匹配，因此无法发挥更大的效果。

第6章 农村电商生态系统中
农产品上行的疏通策略

6.1 引　　言

　　农产品上行是一项复杂的系统工程，需要一个完善的农村电商生态系统支持。该生态系统包含生产者、加工者、流通者、电商平台、消费者等关键物种，以及信息基础设施提供者、仓储物流提供者、电商服务提供者、科研机构、标准化组织、行业协会、政府机构等支持物种，他们在领导物种（关键物种中主导农产品上行的物种）的主导下，通过协调各方物种关系完成农产品上行目标。

　　近年来，在国家及地方政府政策推动、知名电商平台市场驱动以及先行者示范带动下，全国诸多地方建立了县级电商公共服务中心和电商产业园区，县级物流配送体系明显提升，农村电商创业就业氛围浓厚，电商生态系统中各物种不断壮大健全，农产品上行规模不断扩大。然而，即使各类物种健全成熟，农产品上行也未必畅通无阻。当前，仍然存在农产品上行的关键阻力，归纳起来主要有三方面，一是产品同质化严重，二是供应链效率低下，三是流量成本高。

　　从生态系统的视角分析，原因是物种之间的关系不协调。产品同质化严重源于生产者与消费者之间为捕食关系。中国农产品生产者以小农户为主，他们普遍缺乏现代经营理念和市场意识，"靠天吃饭"的生产观念依然广泛存在。生产什么产品、数量多少，通常由农户主观意志决定，生产者与消费者之间缺乏互动。供应链效率低下源于流通者与消费者之间为捕食关系。农产品不同于一般工业品，生产周期长且产量和质量受气候等环境影响，传统的"推式"供应链将消费者视为"猎物"，忽视了消费者的实际需求从而导致供需错配。流量成本高源于电商企业（流通者）与电商平台之间为寄生关系。电商平台拥有巨大流量，成为电商企业的"宿主"，拥有流量分配权。电商企业仅是电商平台的寄生者，"命运"由电商平台掌控，稀缺的流量资源成为电商平台牟利的"关键武器"。

破解以上关键阻力的办法是改变物种关系，数字经济的兴起为改变物种关系提供了可能性。在农业领域，互联网及信息技术促进了农业要素和过程的数字化，形成的数字资源又用于指导农业精细化运营及科学决策（阮俊虎等，2020）。本章正是在这种背景下，一是提出了将生产者与消费者的捕食关系转变为互利关系的农产品开发策略，该策略基于电商平台，通过大数据捕捉消费者需求，在概念开发、产品设计、产品测试及投放市场等环节均嵌入消费者行为大数据，从而满足消费者个性化需求；二是提出了流通者与消费者的捕食关系转变为互利关系的智慧供应链构建策略，该策略是在充分获取生产者、流通者和消费者大数据的基础上，根据消费者需求制订生产计划，生产出农产品后根据用户画像精准推荐给消费者，消费者下单后通过产地直采和直配完成配送；三是提出了电商企业与电商平台的寄生关系转变为互利关系的社区 O2O 模式构建策略，该策略针对小微经营者的流量困境，通过社会化媒体工具，以社区为目标市场，采用线上线下相结合的形式，线上实现商品的营销推广和订单确定，线下完成商品自提的过程。

6.2　基于电商平台大数据的农产品开发策略

同质化是当前农产品电商市场的一大特征（魏延安，2018），同质化导致价格竞争，让农业生产者获利微薄。波特（1997）指出，产品差异化是破解价格竞争的有效途径。对于农产品差异化，涵盖的内容非常广泛，包括品种、产地、加工、包装、品牌等诸多因素。农业生产者、加工者等经营主体要实现农产品差异化，应重视农产品开发。农产品开发一般可分为良种开发、栽培养殖开发、精深加开发、包装和品牌的开发以及副产品开发等。新产品的开发，一个关键环节是消费者的参与和互动（陈以增和王斌达，2015）。大量研究表明，消费者参与新产品开发有助于经营者缩短产品开发周期、降低开发费用、减少开发不确定性、提升消费者满意度（Djelassi and Decoopman，2013）。

随着互联网及电子商务的发展，企业前所未有地获取了商业流程各个环节的消费者数据。按照营销领域的说法，消费者首次接触直至下单并享受产品或服务期间与企业互动的全过程被称为客户旅程（customer journey）（李飞，2019）。在实践界，客户旅程的梳理和优化是打造最佳客户体验的重要工具，通过客户体验改造和重塑，优化与客户的交互方式，持续为客户提供高价值服务；设计师将客户旅程作为设计思维的重要维度，通过基于旅程的拆解，分析客户全流程接触点的体验和支撑旅程的利益关系，创新各个环节客户的体验。客户旅程可分为五阶段：意识、考虑、购买、保留和宣传，意识阶段是指客户通过广告和口碑等渠道熟悉品牌，考虑阶段是指当客户意识到他们有一个必须满足的需求时考虑是否购买企业提供的产品或服务，购买阶段是指客户购买产品或服务的过程，保留阶段是指客户在使用产品的过程中寻求指导时与企业的互动而产生的品牌忠诚度，宣传阶段是指客户传播对于产品的积极或消极态度（Coston，2016），各阶段通过社交媒体、网站浏览日志、在线评论、交易记录、在线客户互动等多种形式全方位收集消费者反馈信息（Wang et al.，2020）。布拉德洛（Bradlow et al.，2017）等将商务数据源分为三类：企业业务系统、客户级数据和基于位置的数据。企业业务系统数据来自订单和库存数据；客户级别数据来自客户和零售商之间的数字联系，例如忠诚度计划、奖励卡和电子邮件列表；基于位置的数据包括由 RFID 芯片和智能手机应用程序支持的客户地理位置和导航数据。从数据处理的角度划分，商务数据的类型分为结构化数据和非结构化数据。结构化数据也就是数据库数据，它是由二维表结构来逻辑表达实现的数据；非结构化数据则是指那些没有预先定义的数值，例如社交媒体中的文本、图像、声音或来自移动设备的位置数据等。以往，研究人员依靠人工编码来测量非结构化数据，通常成本高昂且难以扩展。运用机器学习测量非结构化数据是一个重要发展方向，包括自然语言、图像甚至声音。例如，在线评论为文本数据，通过分词、词频统计、词云可视化以及情感分析等技术，可以将文本数据转化为结构化数据。

6.2.1 大数据对产品开发的影响

从运营管理的角度看，产品开发是指将市场机会和一系列关于产品技术的假设转化为可供销售的产品（Krishnan and Ulrich，2001）。然而，开发什么样的产品、新产品的属性有哪些独特之处，是企业在产品开发过程中必须做出的决策。比如，在概念发展阶段，不仅要决定产品规格和基本配置，还要定义产品扩展项，如生命周期服务和售后服务。对于产品功能和性能的表达，通常采用属性向量的形式表达，如苹果的属性包括品种、产地、果径、硬度、色泽、果形、品相、成熟度、农残等。属性既可以表达产品规格，也可以表达客户需求。在产品开发过程中，产品规格各属性的确定可以来自产品设计与开发人员，但倾听客户的声音，反映客户需求是产品开发中不可或缺的组成部分。互联网及电商环境下，客户的行为和互动可以被记录，从而产生了海量的客户数据，这为客户需求获取提供了全新的、全面的渠道。根据马斯洛的需求层次理论，成功的生产商不仅能满足客户的基本需求，还能预测他们的需求。预测的来源和基础主要来自他们的购买行为、搜索记录，以及社交网络的评论。毫无疑问，"大数据"能够对客户需求有显著影响（Li et al.，2015）。另外，当新产品试产或上市后，通过在线评论等客户反馈可以及时了解到客户对新产品的态度，这对于产品改进、升级迭代具有重要意义，客户甚至可以在互动中实现自设计。

下面从需求获取和产品设计两方面阐述大数据对产品开发的影响。

1. 需求获取

传统收集客户需求的方法主要有三种：访谈法、焦点小组和观察发现，内容记录主要采用录音、笔记、录像和拍照等形式（乌利齐和埃平格，2018）。由于收集需求的工作量较大，企业很难做到总体覆盖，只能采用统计抽样方式。因此，传统方式存在成本高昂且调查不全面等问题。大数据的出现，其前所未有的数据量、速度和来自消费者的数据种类，改变了企业理解消费者行为的方式，包括企业如何做出产品决策。大数据和传统数据之间的主要区别之一是从结构化事务数据向非结构化用户生成内容（user generated content，UGC）的转变。大量研究表明，在线评论比从其他来源提取的信息更可靠，企业通过在线评论文本分析可以直接获得客户对产品的态度和需求（Qi et al.，2016）。

客户需求的测量是产品定位和战略营销开发的基础，目前常用的测量方法是联合分析和卡诺模型（Qi et al.，2016）。联合分析是根据消费者对一组备选方案的总体评估（根据不同属性的等级预先规定）来确定消费者需求的结构。卡诺模型则是用于评估产品属性对客户满意度影响。传统上，联合分析和卡诺模型通常通过离线调查或实验实现，这些方法易于实现，但成本也很高。此外，由于所有分析都基于问卷调查，因此很难用离线方法捕捉随时间的动态变化。因此，如何立即响应客户需求成为一个重要问题。基于互联网行为数据替代问卷调查已成为客户需求获取的重要方式。例如，李和布拉德洛（Lee and Bradlow，2007）提出了一种支持联合分析的方法，从在线评论中自动获取客户文本形成一组初始属性和级别；德克尔和图尔索夫（Decker and Tursov，2010）提出了一种负二项回归方法，通过在线产品评论估算消费者的总体需求，并将各产品的优点和缺点表示为各自感知的优点和缺点；雷兵等（2020）基于电子商务平台的90余万条在线评论数据，进行特征词提取和情感极性分析，构建 logit 回归模型，分析了生鲜农产品交易属性对消费者满意度的影响。

2. 产品设计

产品设计是一个迭代、复杂的决策过程，通常从确定需求开始，通过一系列活动寻求问题的最佳解决方案，并以产品的详细描述结束。产品设计过程包括三个阶段：产品规格确定、概念设计和详细设计。已有研究表明，产品的成本投入在设计阶段高达75%，随着近年来大数据的快速发展，各种先进技术被引入设计阶段（Li et al.，2015）。产品规格确定阶段用到的重要工具是质量功能配置（quality function deployment，QFD），它是将客户需求转化为特定质量开发的结构化方法。为了创建全面的 QFD 矩阵，需要使用各种技术和算法获取和分析大量数据。概念设计阶段做出的决策对产品的成本、性能、可靠性、安全性和环境具有重大影响。然而，传统的设计要求和约束通常不精确甚至不实用，为了在概念设计中提供符合设计规范的解决方案，基于互联网及大数据的方法和工具应运而生。例如，建立基于 Agent 的知识管理系统，为模块化产品协同设计提供决策支持，开发创意设计工具（CDT）以向设计师提供灵活的创意设计环境来增强其创意设计思维等，这些都展现了"大数据"的潜力。详细设计阶段的内容包括结构图、控制流模型、类图、协作图等，每项都有对应的数据字典，涵盖了对产品设计有重大影响的各种信息。只有通过"大数据"技术，才能有效地比较大量细节，并为新产品提供最佳示例。

电子商务的发展促进了消费者参与产品设计的可能性。在大数据环境下，普通消费者通过在线沟通、在线评论等数字化形式参与研发。通过消费大数据的使用，企业将研发决策从依靠人的经验判断转变为依靠人与数据的结合，实现研发创新。具体而言，坚持用户导向的企业形成了数据驱动的研发创新，坚持设计师导向的企业形成了数据支持的研发创新（肖静华等，2018）。例如，甜度是消费者挑选苹果的一项重要指标，农夫山泉通过分析阿克苏苹果历史销量数据和在线评论数据，发现甜度为17.5度的苹果最受消费者青睐,于是联合科研人员经过多年试产,终于推出深受消费者青睐的"爆款"苹果。

6.2.2 大数据嵌入的农产品开发过程

本节讨论的产品开发以农产品加工品为主,开发的范围可以是农产品本身,也包含包装等形式产品。新产品开发过程始于概念开发,经产品设计、产品测试后投放市场(乌利齐和埃平格,2018),因此,嵌入大数据的农产品开发过程也从这四阶段展开讨论,如图6-1所示。

图6-1 大数据嵌入的农产品开发过程

1. 概念开发

概念开发阶段的任务是识别客户需求,形成并评估产品概念。产品概念是对产品功能、性能、外形等属性的描述。概念开发阶段的主要活动包括识别客户需求、生成产品概念、选择产品概念、确定产品规格等,大数据嵌入的农产品概念开发如图6-2所示。

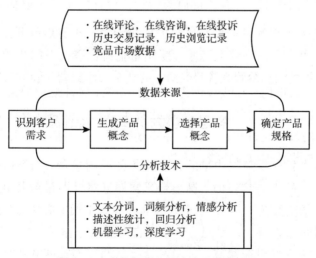

图6-2 大数据嵌入的农产品概念开发

该阶段用到的大数据主要源自三方面，一是客户撰写的文本数字，如在线评论、在线咨询、在线投诉等；二是客户访问和交易过程中产生的历史记录，如订单信息、网站或移动客户端访问日志；三是竞品市场数据，如电商平台热销商品交易数据、产品规格数据以及在线评论数据。

该阶段用到的技术，一是非结构化文本分析技术，如分词、词频统计、在线评论情感分析等；二是定量分析，如描述性统计分析、回归分析等；三是数据挖掘技术，如机器学习、深度学习等。

在概念开发阶段，大数据主要应用于创意概念筛选和商业分析，包括识别创新想法、开发产品概念、识别关键业务机会、新产品开发项目提案、市场机会分析、产品和服务表现评估、可行性分析、成本和时间评估、风险评估等。

拼多多建立了"农货智能处理系统"，利用海量消费者数据和机器学习技术为农产品生产者和经营者开发、升级和定制农产品及加工品提出建议。与此同时，拼多多还与多地农业生产者合作建立"多多农园"，通过大数据用"建档立卡户"的方式直连4亿消费者，将市场的需求反馈到供应端，让农产品实现从种植到最后售卖的无缝连接。通过这种形式，多多农园以数字化的先进手段，将消费端"最后一公里"与原产地"最初一公里"紧密连接了起来，从供给侧两端助力产业变革。

2. 产品设计

产品设计是将客户需求转化为真实产品的过程。与工业品相比，农产品设计受制于制作工艺、营养健康等因素，设计的重点主要体现在产品规格确定、工艺流程设计、包装外形设计等方面，尤其是包装设计占据农产品设计的主要内容。大数据嵌入的农产品设计如图6-3所示。

该阶段用到的大数据主要源自三方面，一是客户撰写的文本数字，如在线评论、在线咨询、在线投诉等；二是农产品属性规格数据，传统环境下由于农业信息化程度较低，通常缺乏该类数据，电商的发展促进了农产品属性规格的数字化进程；三是竞品市场数据，如电商平台热销商品交易数据、产品规格数据以及在线评论数据。

该阶段用到的技术，一是用户画像技术，通过消费者人口统计特征、行为特征、交易特征等构建标签（tag），将客户情景化分类，以便开发个性化的农产品；二是定量分析，如描述性统计分析、回归分析等；三是数据挖掘技术，如机器学习、深度学习等。

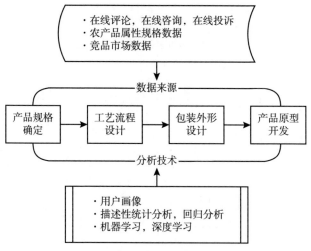

图 6 - 3　大数据嵌入的农产品设计

在农产品设计阶段，大数据主要应用于原型产品的开发与评估，以便把握新产品目标市场定位，生产适销对路的"爆款"农产品。

S 坚果电商十分重视商业大数据分析，通过会员信息、订单信息、消费者反馈信息等进行新产品开发和迭代升级，不断将品类拓展至坚果、干果、果干、花茶、零食等多品类休闲食品。通过大数据分析，S 坚果电商开发出"爆款"产品——每日坚果①，并运用营销思维指导产品研发，锁定健康和日常两个大场景，其中"早餐拍档""唠嗑神器"两个场景反映了大批消费者的需求。在产品设计上，S 坚果电商对于原料标准、加工工艺以及最终成品的要求远高于行业水平，细致到果仁成品的颗粒大小、饱满程度和含水量。每日坚果已成为 S 坚果电商的主要营业收入来源，2021 年上半年每日坚果销售额超 5 亿元，位列天猫混合坚果品类第一名。

3. 产品测试

产品测试是新产品正式投放市场前通过试产的原型产品在小范围消费者中试用并获取反馈信息的过程。有效的产品测试有利于新产品达到预期上市投放水平，减少新产品市场失败的概率。农产品测试主要包括产品原型评估、物流配送测试、受众接受度评估以及市场预测等，大数据嵌入的农产品测试如图 6 -4 所示。

---

①　每日坚果由巴旦木仁、开心果仁、榛子仁、夏威夷果仁、腰果仁、核桃果仁、蓝莓干、黑加仑葡萄干以及蔓越莓干搭配而成，每小袋 25 克。

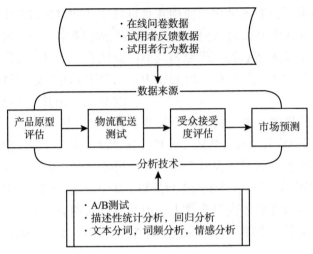

图 6 – 4 大数据嵌入的农产品测试

该阶段用到的大数据主要源自三方面，一是在线问卷调查，这是针对试用消费者的调查，包括农产品的口感、外形等接受度、满意度；二是试用者反馈数据，通过农产品试用平台、会员系统、试用者微信群等互联网工具接收试用者反馈信息；三是试用者行为数据，通过视频监控、传感器等设备获取消费者在使用过程中的行为反应数据。

该阶段用到的技术，一是 A/B 测试，针对不同的产品设计方案开发出原型产品，收集受试者反应数据，进行对照试验；二是定量分析，如描述性统计分析、回归分析等；三是非结构化文本分析技术，如分词、词频统计、在线评论情感分析等。

在农产品测试阶段，大数据主要应用于评估产品原型的市场表现、测试新产品开发中可替代的工艺、测试新产品接受度和使用情况、评估产品和服务的提供程度等。

为了做好新产品的测试工作，京东推出了专门的试用平台（try. jd. com），其中包含"生鲜美食""食品饮料"等农产品初级品和加工品品类，如漳州红心柚、大荔冬枣等。通过推出模拟产品试用（例如 A/B 测试）小规模获取消费者反馈，进而了解新产品的购买行为和消费者偏好，验证需求和定价预测，并优化购买体验。京东产品试用平台的一项关键创新是将供应链运营整合到产品试用计划中。例如，在按地理位置选择目标客户时，平台不仅评估目标地理市场的转换和学习潜力，还评估物流实施情况（即配送中心的库存可用性、运输成本和交付周期）（Mak and Max，2021）。

4. 市场投放

市场投放是新产品开发的最终阶段，目标是实现最初指定的商业目标。该阶段对大数据有广泛的应用，从客户的视角看，企业对于数据的收集涵盖客户旅程的每个阶段：意识、考虑、购买、保留和宣传（Wang et al.，2020）。市场投放阶段主要有制订生产计划、制定营销策略、接受客户反馈、评估合作伙伴等活动，大数据嵌入的农产品市场投放如图 6-5 所示。

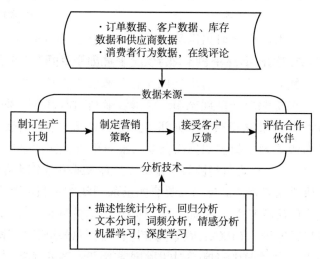

图 6-5 大数据嵌入的农产品投放

该阶段用到的大数据主要源自两方面，一是交易类商务数据，包括订单数据、客户数据、库存数据和供应商数据等，这类数据位于企业 ERP 系统中；二是消费者行为数据，包括互联网访问行为数据、在线评论数据等，这类数据来自第三方电商平台或自建自营独立电商网站。

该阶段用到的技术，一是定量分析，如描述性统计分析、回归分析等；二是非结构化文本分析技术，如分词、词频统计、在线评论情感分析等；三是数据挖掘技术，如机器学习、深度学习等。

在农产品市场投放阶段，根据订单数据、客户数据、库存数据和供应商数据进行产品发布和营销。在销售过程中，客户偏好、偏好人群、订单位置分布等信息可以改善产品设计、生产、物流和销售进度。在物流阶段，由于物流全球化的趋势极大地增加了数据量，因此迫切需要有效的决策策略来解决复杂的问题，无论是在仓库管理还是运输优化方面。

拼多多开发了"农货中央处理系统"，由前台、中台和后台三部分构成，前台的功能是客户获取和销售，包括用户行为分析和购买预测、商品推荐、游戏营销（如多多果园等）；中台的功能是管理信息系统，包括农户管理、新农人管理、产区管理、订单管理、生产及销售预测等；后台的功能是系统支撑及数据处理，包括商务智能系统、物流调度系统、客户服务系统、IT 系统等。该系统将输入各大产区包括地理位置、特色产品、成熟周期等信息，经由系统运算后，将各类农产品在成熟期内匹配给消费者。拼多多通过前后端数据和算法的结合，能够真正实现 4 亿消费者直连 2.3 亿农户的新型农产品产销体系。

6.2.3　大数据分析举例：农产品销量影响因素

本小节以电商平台生鲜农产品销量及商品属性数据为例，说明运用 Python 进行农产品销量影响因素分析的方法。

1. 案例背景

在淘宝和天猫平台，每种商品会显示"产品参数""价格""月销量"等字段值，利用这些数据，可以分析影响商品销量的主要因素，以便为商家选品和产品开发提供借鉴。

本案例数据采集于 2018 年 10 月至 2019 年 4 月，通过淘宝网分别搜索"苹果"关键词，每个关键词返回 100 页搜索结果，每页平均显示 48 款商品链接，返回的商品来自淘宝和天猫两个平台。首先，获取所有搜索商品的网址、标题、店铺名、商品详情等基本信息，经过技术分析，滤掉非生鲜农产品类目商品，形成生鲜农产品商品链接列表。然后，每月固定时间（每月 28 日凌晨开始）对列表商品的动态数据采集一次，包括月销量、累计评价数、价格、店铺信誉等数据项，连续采集 6 次。最后，生成 7 个数据文件：文件"第一次.csv"字段说明如表 6 - 1 所示。

表 6 - 1　　　　　　　　　　数据文件字段说明

字段名	字段说明	字段名	字段说明
ID	每条商品信息的唯一标志	基本信息	商品基本属性，包括生产日期、净含量、包装方式、品牌、苹果果径、产地、水果种类、厂名、厂址、厂家联系方式、保质期等字段
标题	商品的标题	净含量	苹果的净重量

"基本信息"字段的内容示例如下：

生产日期：2018 年 10 月 02 日至 2018 年 10 月 02 日‖品牌：甘福园‖价格：51～100 元‖产地：中国大陆‖省份：甘肃省‖城市：天水市‖是否为有机食品：否‖同城服务：同城 24 小时物流送货上门‖包装方式：包装‖售卖方式：单品‖套餐份量：3 人份‖套餐周期：1 周‖配送频次：1 周 2 次‖水果种类：其他‖热卖时间：1 月 2 月 3 月 4 月 8 月 9 月 10 月 11 月 12 月‖净含量：1100g‖生鲜储存温度：0～8℃‖苹果果径：70mm（含）～75mm（不含）‖厂名：甘福园旗舰店‖厂址：甘福园旗舰店‖厂家联系方式：18099391650‖配料表：天水黄元帅苹果‖储藏方法：低温保鲜‖保质期：7‖食品添加剂：无‖‖‖‖

文件"第二次 . csv""第三次 . csv""第四次 . csv""第五次 . csv""第六次 . csv""第七次 . csv"字段说明如表 6－2 所示。

表 6－2　　　　　　　　　　　数据文件字段说明

字段名	字段说明	字段名	字段说明
ID	每条商品信息的唯一标志	活动价	商品实际的销售价格
月销量	商品前 30 天的累计销量		

为了对比天猫和淘宝苹果销量影响因素，后续均为两个平台数据独立分析。

2. 数据处理

首先，建立苹果属性相关的专业词库，然后对文件"第一次 . csv"的"基本信息"进行分词、统计词频，提取词频大于等于 100 的关键词，如表 6－3、表 6－4 所示。

表 6 – 3 天猫高频词

关键词	词频	关键词	词频	关键词	词频	关键词	词频
80mm	268	四川省	45	河南省	16	杨小二	8
75mm	257	W 水果网店	45	4250g	15	花牛	8
红富士	221	90mm	44	照旺庄	14	铜川	8
85mm	153	天水花牛	42	陇南	14	福瑞达	8
陕西省	137	蛇果	37	栖霞	13	徐州	8
70mm	123	凉山彝族自治州	35	四川	13	白水	8
云南省	79	山西省	32	江苏省	12	8 斤	8
洛川	77	运城市	31	徐州市	12	吉县	8
烟台市	75	渭南市	31	云南	11	万荣	7
阿克苏	74	4000g	31	栖霞市	11	临猗县	7
山东省	73	10 斤	30	大沙河	11	升森	7
昭通市	70	盐源	28	三门峡市	11	滇圣	7
新疆	70	易果生鲜	26	齐峰缘	10	丑苹果	6
甘肃省	67	5 斤	26	齐峰	10	昭森园	6
烟台	65	2250g	25	眉县	10	信康	6
2500g	64	5000g	25	昭阳区	10	成都市	6
甘福园	63	65mm	24	甘肃	10	昆明市	6
4500g	62	1250g	23	95mm	10	诗慕	6
上海	60	咸阳市	22	阿克苏市	10	2400g	6
昭通	59	山东	21	西安市	10	陇原宝贝	6
易果	52	2000g	20	5kg	10	灵宝市	6
阿克苏地区	52	壹农壹果	20	河南	9	礼盒装	6
延安市	51	洛川县	18	三门峡	9	咸阳	6
天水市	48	礼县	18	山西	9	运城	6
陕西	47	新西兰	16	60mm	8	溢维士	6

表 6-4　　　　　　　　　　　　　淘宝高频词

关键词	词频	关键词	词频	关键词	词频	关键词	词频
红富士	307	糖心	17	Rockit	5	辽宁	2
10斤	297	高原	17	丑苹果	5	吉林	2
包邮	255	不打蜡	16	香蕉苹果	5	瓦房店	2
丑苹果	182	礼县	15	冰糖	5	沙刮泥	2
云南	94	延边	14	延吉	5	安绿	2
昭通	93	新西兰	14	临猗	5	西吉县	2
烟台	90	国光	14	壶口	5	丑果	2
5斤	80	花牛	14	运城	4	西昌	2
山东	72	天水花牛	14	青森	4	泸沽湖	2
栖霞	60	十斤	13	印度	4	平凉	2
陕西	59	蛇果	13	大连	4	85mm	2
阿克苏	44	龙井	12	山地	4	泸定	2
盐源	41	黄金	12	礼盒	4	康定	2
新疆	41	礼盒装	11	延安	4	礼泉	2
大凉山	40	顺丰	9	日本	3	阿坝州	2
甘肃	35	大沙河	9	河北	3	寒富	2
粉面	34	丰县	8	心包	3	吉县	2
洛川	29	硒	8	高山	3	收藏	2
四川	28	富士	7	邵通	3	先发	2
苹果梨	22	徐州	7	发顺丰	2	香甜	2
8斤	20	无蜡	7	越南	2	果脆	2
山西	19	灵宝	6	万荣	2	包邮一	2
元帅	19	寺河山	6	凉山	2	达杠	2
进口	18	天水	6	红玫瑰	2	现卖	2
王林	18	红蛇果	6	80mm	2	特等	2

　　最后，得到苹果高频词词云，如图 6-6、图 6-7 所示。

　　从两张表以及两张图可以看出，高频词有共同之处，如 "红富士" "新疆" "阿克苏" "烟台" "陕西" 等，这说明 "红富士" 是两个平台销售的热门苹果，热销产地为 "新疆" "阿克苏" "烟台" "陕西" 等。然而，两张词云图也存在很大的差异，天猫平台的高频词还有苹果果径、品牌、重量等，而淘宝平台还热销"丑苹果"，这是四川凉山地区的特产，选择淘宝说明商家多为小商户。另外，淘宝消费者很关注是否"包邮"、是否"顺丰"发货等。

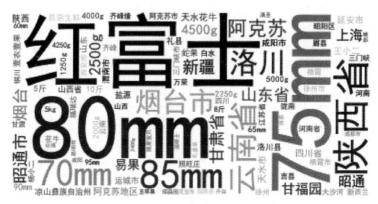

图6-6　天猫热销苹果高频词词云

图6-7　淘宝热销苹果高频词词云

3. 变量提取

词频统计后，去掉与苹果属性不相关的词汇，合并同义词，得到反映苹果销量特征的词汇，将其作为特征字段，数据类型为布尔型，1代表商品属性中包含该字段，0代表商品属性中不包含该字段。在此基础上，将其余6个数据文件通过商品"ID"与文件"第一次.csv"连接在一张表上，最终形成如图6-8、图6-9的数据表，用于后续的回归分析。

	链接	活动价	月销量	净含量	80mm	红富士	洛川	阿克苏	新疆	...	信康	成都市	昆明市	诗慕	陇原宝贝	灵宝市	礼盒装	咸阳	运城	滋维士
0	567616550265	8.8	637	260	1	0	0	0	0	...	0	0	0	0	0	0	0	0	0	0
1	566746139816	9.9	1486	280	1	0	0	0	0	...	0	0	0	0	0	0	0	0	0	0
2	549435980202	59.0	765	350	1	0	0	0	0	...	0	0	0	0	0	0	0	0	0	0
...	...	...	...	...	...	...	...	...	...	...	...	...	...	...	...	...	...	...	...	...
1975	530393233437	98.0	590	3500	1	1	0	0	0	...	0	0	0	0	0	0	0	0	0	0

1976 rows × 74 columns

图 6-8 天猫回归分析数据集

	链接	活动价	月销量	净含量	红富士	10斤	丑苹果	云南	昭通	...	吉林	瓦房店	安缘	西吉县	泸沽湖	平凉	85mm	泸定	康定	礼泉
0	579066772192	29.9	563	200	0	0	1	1	1	...	0	0	0	0	0	0	0	0	0	0
1	579045303489	58.0	117	5000	0	1	0	0	0	...	0	0	0	0	0	0	0	0	0	0
2	576995896114	68.0	39	250	0	0	1	0	1	...	0	0	0	0	0	0	0	0	0	0
...	...	...	...	...	...	...	...	...	...	...	...	...	...	...	...	...	...	...	...	...
2051	578202776423	999.0	10	5000	1	1	1	1	1	...	0	0	0	0	0	0	0	0	0	0

2052 rows × 74 columns

图 6-9 淘宝回归分析数据集

4. 回归分析

天猫苹果销量回归分析如表 6-5 所示。

表 6-5　　　　　　　　　　天猫苹果销量回归分析

关键词	(1)	(2)	(3)	(4)	(5)	(6)
	logy	logy	logy	logy	logy	logy
logprice	-1.641 *** (0.091)	-1.592 *** (0.096)	-1.645 *** (0.103)	-1.604 *** (0.104)	-1.565 *** (0.107)	-1.778 *** (0.119)
甘福园	1.626 *** (0.166)	1.461 *** (0.169)	1.475 *** (0.169)	1.455 *** (0.169)	1.407 *** (0.170)	1.392 *** (0.172)
W 水果网店	2.863 *** (0.271)	2.800 *** (0.270)	2.835 *** (0.272)	2.796 *** (0.271)	2.759 *** (0.273)	2.397 *** (0.282)

续表

关键词	（1）	（2）	（3）	（4）	（5）	（6）
	logy	logy	logy	logy	logy	logy
易果生鲜	2.578 *** (0.183)	2.738 *** (0.181)	2.257 *** (0.334)	2.272 *** (0.333)	2.254 *** (0.333)	2.174 *** (0.332)
福瑞达	3.285 *** (0.390)	2.086 *** (0.454)	2.342 *** (0.485)	2.344 *** (0.484)	2.336 *** (0.483)	2.323 *** (0.482)
滇圣	1.513 ** (0.619)	1.719 *** (0.605)	1.718 *** (0.605)	1.709 *** (0.604)	1.579 *** (0.607)	1.592 *** (0.603)
诗慕	2.437 *** (0.828)	2.460 *** (0.810)	2.470 *** (0.809)	2.453 *** (0.808)	2.425 *** (0.807)	2.334 *** (0.805)
阿克苏		0.835 *** (0.142)	0.822 * (0.448)	0.845 * (0.447)	0.927 ** (0.449)	1.503 *** (0.460)
照旺庄		1.646 *** (0.271)	1.666 *** (0.271)	1.640 *** (0.271)	1.653 *** (0.271)	1.700 *** (0.272)
大沙河		0.964 (0.630)	0.726 (0.668)	0.713 (0.667)	0.667 (0.667)	0.733 (0.663)
徐州		0.383 (0.603)	−1.638 (1.358)	−1.650 (1.356)	−1.626 (1.354)	−1.649 (1.347)
运城		0.615 *** (0.195)	0.622 *** (0.195)	0.622 *** (0.195)	0.606 *** (0.195)	0.672 *** (0.195)
新疆			0.0396 (0.433)	−0.00726 (0.433)	−0.0506 (0.434)	−0.459 (0.440)
上海			0.529 * (0.310)	0.466 (0.310)	0.400 (0.312)	0.634 ** (0.319)
江苏省			2.213 (1.423)	2.242 (1.420)	2.271 (1.419)	2.252 (1.410)
礼盒装				−0.996 *** (0.342)	−0.906 *** (0.344)	−0.827 ** (0.343)
65mm					0.366 * (0.212)	0.267 (0.212)

续表

关键词	(1)	(2)	(3)	(4)	(5)	(6)
	logy	logy	logy	logy	logy	logy
80mm					0.0262 (0.209)	-0.0640 (0.210)
90mm					-0.235* (0.138)	-0.147 (0.140)
1250g						1.048*** (0.235)
5 斤						0.0863 (0.120)
4000g						-0.244 (0.162)
10 斤						-0.142 (0.131)
_cons	9.159*** (0.189)	8.870*** (0.201)	8.960*** (0.212)	8.900*** (0.212)	8.815*** (0.315)	9.305*** (0.366)
N	1975	1975	1975	1975	1975	1975
r2	0.24	0.28	0.28	0.28	0.28	0.29
r2_a	0.237	0.271	0.272	0.274	0.276	0.284
F	88.533	62.025	50.062	47.644	40.565	35.119

注：表中括号内为 t 值；*、**、*** 分别表示在 10%、5% 和 1% 水平下显著。

如表 6-5 所示，回归模型共 6 组，由于价格是销量的主要影响因素，因此每组模型均包含，结果显示非常显著。除价格外，第（1）组为品牌名，包含甘福园、W 水果网店、易果生鲜、福瑞达、滇圣、诗慕等 6 个变量，实证结果均为显著，这说明天猫平台消费者十分重视品牌。第（2）组增加了地市级地名，有阿克苏、照旺庄、大沙河、徐州、运城等 5 个变量，其中阿克苏、照旺庄、运城 3 个变量通过检验，而大沙河、徐州并不显著。第（3）组增加了省、直辖市、自治区地名，包含新疆、上海、江苏省等 3 个变量，除上海呈现弱相关外，基本不显著，这可以能与地域范围太广有关。需要注意的是，上海并不是苹果的主产区，但呈弱相关，这主要是因为部分天猫店位于上海，或者商品在上海分拨。第（4）组增加了一个变量——礼盒装，呈显著负相关，这说明网购水果以自己消费为主，礼盒装因价格过高会影响销量。第（5）组增加了苹果果径，有 65mm、80mm、90mm 等 3 个变量，其中 65mm 和 90mm 弱相关，80mm 不显著，这说明不同大小的果径销量比较均匀，主要原因是果径大小影响价格。第（6）组增加了苹果重量，包含 1250g、5 斤、4000g、10 斤等 4 个变量，除 1250g 显著外，其余均不显著，说明小包装苹果非常畅销。

另外，在回归分析中发现，高频词"红富士"并不显著，这可能是众多天猫店铺销售"红富士"，已成为进入天猫的基本门槛。

淘宝苹果销量回归分析如表 6-6 所示。

表 6-6　　　　　　　　　　　　　淘宝苹果销量回归分析

关键词	（1）	（2）	（3）	（4）	（5）	（6）
	logy	logy	logy	logy	logy	logy
logprice	-0.587*** (0.057)	-0.606*** (0.057)	-0.603*** (0.057)	-0.597*** (0.060)	-0.601*** (0.060)	-0.767*** (0.065)
红富士	0.0728 (0.082)	0.00681 (0.085)	0.00787 (0.086)	0.00932 (0.085)	-0.00287 (0.086)	0.0537 (0.085)
丑苹果	0.295*** (0.099)	0.222** (0.112)	0.222** (0.113)	0.256** (0.113)	0.261** (0.113)	0.136 (0.113)
冰糖	0.135 (0.093)	-0.0134 (0.107)	-0.0208 (0.110)	-0.0341 (0.109)	-0.0237 (0.110)	-0.0457 (0.109)
昭通		0.691*** (0.134)	0.590** (0.259)	0.583** (0.258)	0.584** (0.257)	0.629** (0.254)
栖霞		0.559*** (0.109)	0.557*** (0.109)	0.588*** (0.109)	0.611*** (0.109)	0.581*** (0.110)
阿克苏		0.594*** (0.150)	0.779** (0.313)	0.731** (0.312)	0.730** (0.312)	0.786** (0.308)
新疆			-0.210 (0.325)	-0.252 (0.325)	-0.250 (0.324)	-0.320 (0.320)
云南			0.108 (0.264)	0.101 (0.264)	0.0966 (0.263)	0.329 (0.261)

续表

关键词	（1）	（2）	（3）	（4）	（5）	（6）
	logy	logy	logy	logy	logy	logy
礼盒装				−0.590 *** (0.210)	−0.586 *** (0.209)	−0.704 *** (0.212)
顺丰				0.682 *** (0.223)	0.689 *** (0.223)	0.702 *** (0.221)
80mm					−0.489 (0.477)	−0.558 (0.471)
85mm					0.906 ** (0.461)	0.833 * (0.455)
5斤						−0.151 (0.132)
8斤						0.373 * (0.213)
10斤						−0.643 *** (0.108)
_cons	5.798 *** (0.146)	5.719 *** (0.146)	5.715 *** (0.147)	5.700 *** (0.148)	5.703 *** (0.148)	6.420 *** (0.200)
N	2052	2052	2052	2052	2052	2052
r2	0.07	0.10	0.10	0.11	0.11	0.13
r2_a	0.067	0.094	0.094	0.100	0.102	0.127
F	38.055	31.531	24.570	21.766	18.827	19.650

注：表中括号内为 t 值；*、**、*** 分别表示在 10%、5% 和 1% 水平下显著。

与天猫回归分析类似，淘宝也分为 6 组回归模型，价格为必备解释变量，且非常显著，呈负相关，符合常理。除价格外，第（1）组为苹果品种，这是天猫没有的，包含红富士、丑苹果、冰糖等 3 个变量，仅丑苹果显著，这说明四川凉山州的丑苹果在淘宝上非常畅销。第（2）组增加了地市级地名，有昭通、栖霞、阿克苏等 3 个变量，三个地级市变量均很显著，这与天猫形成差异，主要是因为天猫消费者注重品牌，而淘宝消费者因店主多为个人或小网商，较难通过品牌识别苹果，因此将重点转向地理标志产品。第（3）组增加了省、直辖市、自治区地名，包含新疆、云南等2个变量，与天猫一样，地域范围太大，不显著。第（4）组增加了两个变量，一是礼盒装，与天猫一样，呈显著负相关，这说明网购水果以自己消费为主，礼盒装因价格过高会影响销量；二是顺丰，呈显著正相关，说明消费者很看重高质量物流配送服务。第（5）组增加了苹果果径，有80mm、850mm等2个变量，基本上不显著，这说明不同大小的果径销量比较均匀，主要原因是果径大小影响价格。第（6）组增加了苹果重量，包含5斤、8斤、10斤等3个变量，10斤非常显著，说明淘宝的苹果销售以量取胜。

通过两组数据的对比分析，天猫和淘宝的苹果销量影响因素有共性，但更多地体现出差异化，这为苹果电商经营主体提供了很有价值的决策参考。

6.3 大数据背景下农产品智慧供应链构建策略

中国的农业经营主体以小农户为主。根据第三次全国农业普查数据，截至2016年底，全国有2.07亿农业经营户，其中规模经营户为398万户，仅占总体的1.9%，而余的98.1%为小农户，户均耕地面积不足6亩。中国人多地少的国情决定了小农户在未来很长时间内依然是农业经营的主体部分，小农户以家庭成员为劳动力，具有规模小、分散经营等特征，与现代农业要求的规模化、工业化、市场化、产业化存在巨大鸿沟，小农户有机衔接现代农业是发展有中国特色农业的必经之路（罗必良，2020）。

"小农户直面大市场"存在信息不对称、流通成本高、流通环节多等问题。创新农产品流通模式，优化农产品供应链结构，一直是学界关注的重要问题。赵晓飞和李崇光（2012）将新中国农产品流通渠道发展历程划分为探索、成长、快速发展和逐渐成熟四个阶段。赵大伟等（2019）系统性梳理了中国农产品流通渠道的主要类型，认为传统渠道包括"农户＋收购小贩＋批发商＋终端零售＋消费者""合作社＋（产地—销地）批发商＋终端零售＋消费者""合作社＋龙头企业＋批发商＋终端零售＋消费者""合作社＋物流＋连锁超市＋消费者""农户＋中介型农产品公司＋连锁超市＋消费者""农户＋生产基地＋连锁超市＋消费者"，新型渠道包括"综合类电商平台＋自有物流配送体系＋消费者""垂直型电商平台＋自有冷链物流＋消费者""物流延伸型电商平台（自有物流配送体系＋线上电商平台/线下门

店 + 消费者）" "O2O 型电商平台 + 第三方物流配送 + 大型连锁超市 + 消费者" 等。

电商的出现一度被实践界和学界认为是破解"小农户直面大市场"难题的"救命稻草"，然而，经过多年的实践探索，人们发现小农户通过电商直面大市场并非易事（王胜和丁忠兵，2015）。互联网扩大了市场边界、降低了进入门槛但因其马太效应强化了市场集中度，倒逼企业规模化发展，从而导致竞争越发激烈。工业品因标准化生产、机械化作业容易实现规模化、产业化，且物流配送要求相对较低，容易实现电商销售。农产品尤其是中国以小农户为主要经营主体的生产方式，面对电商规模化、标准化要求，以及冷链等仓储物流基础设施的巨大投入，导致流量和物流成本"双高"，农产品流通效率并未得到提升甚至在很多情况下比传统流通模式效率还低。

因此，解决流量和物流成本"双高"难题，疏通农产品电商上行通道，成为农产品电商实践和理论界关注的新命题。近年来，移动互联网、物联网、云计算以及人工智能等技术的普及，使产业向数字化转型，推动供应链实现供需精准匹配。在此情形下，基于大数据构建农产品 F2C（farmer to customer）智慧供应链，将有望降低农产品电商的流量和物流成本。

6.3.1　F2C 供应链典型模式分析

F2C 模式即农销对接模式，指的是农产品从生产端直接传递到消费端的流通模式（但斌等，2021）。在实践中，F2C 模式通常存在一个流通企业和一个零售终端，例如，农超对接模式中超市通常承担流通企业和零售终端的职能，电商销售模式中零售终端为电商平台而流通企业为电商企业。

目前，以小农户为经营主体的 F2C 供应链典型模式主要有两种，一是农超对接模式，二是电商销售模式，下面对这两种模式的供应链特征及优缺点进行分析。

1. 农超对接模式

农超对接模式有"农户 + 农业合作社 + 超市" "农户 + 龙头企业 + 超市" "农户 + 基地 + 超市"等表现形式，其中，农业合作社是"小农户直面大市场"的最佳中间组织（郭锦墉和徐磊，2016）。农业合作社具有众多优势，它既能保护小农户的利益，又能将分散的小农户聚集起来形成规模优势、提升市场竞争力，还能提高生产质量、降低生产成本。

图 6 – 10 所示为"农户 + 农业合作社 + 超市"的供应链结构。超市拥有较为固定的消费群体，根据以往销量情况，超市对所售农产品进行销量预测并形成采购计划，农业合作社根据采购计划向小农户分解生产计划进行生产。当农产品成熟时，超市委托第三方或自建仓储物流企业进行直采并配送至超市各网点，最后消费者前往超市购买农产品并自行捎带回家。

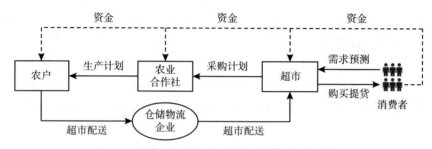

图 6 – 10　"农户 + 农业合作社 + 超市"供应链结构

与传统的以批发市场为中心的流通模式相比，"农户 + 农业合作社 + 超市"模式具有诸多优势。第一，减少了中间环节。传统流通模式须经过产地、销地等多级批发商才能进入零售终端，产品信息难以溯源，渠道信息衔接不对称，容易产生"牛鞭效应"。"农户 + 农业合作社 + 超市"模式直面生产者和消费者，直采直销，市场反应迅速，运输成本和损耗率得到有效控制。第二，保障市场有效供给。超市与农业生产者签立订单合同，既保障了农户的利益又使超市的农产品供应稳定，还降低了渠道成员的市场风险。第三，提高了农产品质量。超市通过订单合同约束农产品的等级、标准化、安全性等指标，使小农户通过农村合作社实现现代农业发展的有机衔接。

然而，"农户 + 农业合作社 + 超市"模式也有许多缺点。第一，超市面对的消费市场有限。当前，中国的超市品牌和数量众多，每个超市覆盖的消费群体非常有限。由于农产品生产周期较长，产量受天气等外部环境影响较大，成熟销售时难以做到供需精准匹配，"谷贱伤农"现象依然存在。第二，农户销往的区域范围不大。由于超市采用现场销售模式，生鲜农产品的销售期限短，加上农业合作社或者超市需承担物流配送任务，这导致超市通常对接近郊农户，进一步缩小了农产品的市场空间。第三，超市的运营成本较高。超市尤其是大型超市因网点较多、地处商业繁华地段，运营管理成本较高，导致农产品售价偏高。另外，生鲜农产品并非超市的

"利润款"，品种相对较为单一，因此超市很难成为农产品的主要销售通道。第四，渠道成员间信息共享不足。农超对接模式的信息流以直线型为主，缺乏位居中心地位的信息平台，从而导致小农户较难获取消费者需求信息，超市在整个供应链体系中处于绝对的中心地位，小农户只能通过订单合作实现生产任务，农产品开发及生产决定权较弱。

总之，农超对接模式虽然在一定程度上提高了农产品供应链效率，但仍然未解决"小农户直面大市场"过程中信息不对称、流通成本高及小农户利益难以得到保护等问题。

2. 电商销售模式

在电商销售模式中，"小农户直面大市场"的典型表现形式为"农户＋农业合作社＋电商企业＋电商平台"，电商企业在生产端通过农业合作社与小农户对接，在需求端通过第三方电商平台与消费者对接。由于像淘宝（天猫）、拼多多、京东商城这类大型电商平台具有动辄上亿的消费群体，使得小农户能够真正直面巨大的市场。

图6－11为"农户＋农业合作社＋电商企业＋电商平台"的供应链结构。电商平台承载销售终端的职能，它掌握着互联网流量的分发权，制定了农产品交易规则，提供农产品交易环境。然而，由于第三方电商平台主要提供交易经纪服务，并不是"农户＋农业合作社＋电商企业＋电商平台"供应链的核心成员。在供应链中，电商企业是信息流、物流和资金流的中心和控制者。电商企业通过电商平台获取市场行情并做出需求预测，之后向农业合作社发出采购计划，农业合作社根据采购计划向小农户分解生产

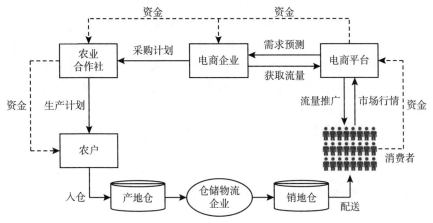

图6－11　"农户＋农业合作社＋电商企业＋电商平台"供应链结构

计划进行生产。当农产品成熟时，电商企业通过产地直采并将农产品存放到产地仓或分拨到销地仓，当消费者通过电商平台购买农产品时，电商企业便委托仓储物流企业从仓库拣货并配送至消费者。当然，电商企业也可采取预售等方式缩短农产品的仓储存放期从而降低物流成本。

与农超对接模式相比，"农户＋农业合作社＋电商企业＋电商平台"模式具有诸多优势。第一，市场空间巨大。互联网具有跨时空特征，一家电商平台可以覆盖数以亿计的消费群体，电商企业仅需开设一个网店，真正做到"仅此一家，别无分号"，减少了线下数量众多的超市网点运营费用。第二，销售形式多样，物流配送灵活。与超市单一的现场销售不同，电商销售可以是即时购买、预售、团购等多种形式，由于销量巨大，电商企业通常采用分仓模式，通过物流信息系统可以轻松实现就近配送，消费者购买体验明显提升。第三，农户更接近消费者。电商平台是一个开放式的信息系统，农产品的销量及在线评论很容易被农户获取，这给农户提供了一个真正直面消费者的信息通道，小农户未来"生产什么、生产多少"的决策引入了消费者的反馈信息，变得更加准确。第四，电商企业对接的小农户更多。在电商环境下，巨大的市场空间、分布式的仓储体系及高效的物流配送等因素让电商企业能够与更多的小农户对接，从而实现规模化、产业化发展。

然而，"农户＋农业合作社＋电商企业＋电商平台"模式也有许多缺点。首先，市场竞争激烈，流量成本不断攀升。电商平台的低门槛是一把双刃剑，它不仅降低了电商企业的进入门槛，也加剧了市场的竞争程度。电商平台最宝贵的资源是互联网流量，有限的流量在激烈的市场竞争下变得更加稀缺，电商企业的流量成本不断攀升，摊薄了农产品的利润率。其次，仓储物流成本较高。分布式仓储、跨区域配送带来了高昂的物流成本和损耗率，这进一步增加了农产品的流通成本。第三，"谷贱伤农"现象依然存在。虽然农业生产者对市场的了解比过去多，但农产品漫长的生产周期既受制于天气等自然条件，加之消费者的需求变化快，很难像工业品一样做到按需生产，农产品供需矛盾仍然没有解决。

因此，如何降低流量成本、物流成本并实现供需精准匹配是当前急需解决的重要议题。

6.3.2 智慧供应链构建技术基础

数字技术、大数据和人工智能推动智慧供应链的发展。传统供应链的规划决策主要由区域、季度、品类和品牌等维度决定，如今，企业拥有更为精细和精确的实时数据，如搜索、点击、浏览、关注、喜好和购物数据，以及丰富的情景数据，如人口统计信息、社交网络连接、消费者历史购买、产品属性（直至产品图像的像素级）等。利用机器学习工具，企业能够识别产品、消费者及购买行为间的复杂关系。这些洞察可以帮助企业运用于供应链管理，从设计到生产、从销售到物流做出智慧的运营决策（Mak and Max，2021）。

1. 用户画像

用户画像（user persona）源自设计科学，用于强调以用户为中心的交互设计过程（Johansson and Messeter，2005）。用户角色是真实用户的虚拟抽象，通过用户的人口统计特征、行为与动作、兴趣与爱好、动机与目的等数据记录对用户进行分类，其基本要素包括用户属性、特征和标签（宋美琦等，2019）。用户属性包括静态属性和动态属性，静态属性主要指人口统计特征，动态属性为行为与动作等属性，用户特征指通过一定技术手段从属性中提取的共性特征，用户标签是用户特征的进一步精练，通过一些关键词形象地表达用户特征。

用户画像概念应用到营销领域就是客户画像，用于营销领域的市场细分、目标客户选择和市场定位，并进一步拓展到网络零售、在线旅游、银行业、物流与供应链等领域（李飞，2019）。与传统的市场细分相比，客户画像有许多新的特征：一是利于个性化推荐，客户画像用若干标签（即tag）表达用户特征，这些标签可以自由组合，能够很好地匹配个性化推荐系统，做到"千人千面"。二是突出情景化，客户在不同的情景下有不同的情绪和需求，比如接近中午时，某人如果在家可能会选择点外卖，而如果在外面可能会寻找饭店，不同的情境即使是同一个消费者其需求截然不同，客户画像能够将情景嵌入市场细分中，做到"一人千面"。

用户画像的构建流程主要有三步：数据收集、特征抽取和标签创建（宋美琦等，2019）。电商平台的全流程数字化为用户画像提供了全方位的数据来源，从客户点击、浏览、收藏、加购物车、在线沟通到订单提交，从客户个人信息到订单信息到物流配送再到购后评价一应俱全，通过电商平台就能收集到客户的详尽数据，完成数据收集任务。特征提取和标签创建属于信息科学领域，典型的方法包括基于本体或概念的构建、基于主题或话题的构建、基于兴趣或偏好的构建、基于行为或日志的构建以及多维度融合的构建等（高广尚，2019），用到的具体技术包括描述性统计、自然语言处理、数据挖掘、机器学习以及可视化技术等（宋美琦等，2019）。

用户画像在市场研究与营销推广方面有广泛的应用（宋美琦等，2019）。宏观层面上，用户画像可用于市场趋势分析、客户群体细分以及产品定位等营销战略制定，这为获取农产品市场行情、预测农产品市场趋势及农产品选品等提供了重要的分析工具。例如，应用基于演化分析的用户画像技术可以预测农产品市场的新动向、新特征。中观层面上，用户画像可用于个性化推荐和精准营销等运营优化，这为农产品"货找人"提供了技术实现，用于供应链管理可以实现库存的快速消化。例如，当进入收获季，各地农户均会出现局部性供过于求的情况，应用用户画像技术实现精准个性化推荐，能够在短时间内为农户解决滞销难题。微观层面上，用户画像可用于用户特征识别、基础信息查询和用户需求分析等价值发现，这为获取农产品客户需求、农产品开发等提供了重要的分析工具。例如，根据在线评论可以获知客户对农产品甜度等口感属性的反馈，进而推出诸如"19 度甜"的苹果等农产品。

2. 机器学习

机器学习是指通过计算机算法学习数据中的潜在模式并根据这些模式进行预测的过程，具体来说，机器学习通过对某项任务的经验进行训练，并根据特定绩效指标来判断是否学习成功（Wang et al. , 2020）。与机器学习相近的术语还有数据挖掘、人工智能。数据挖掘是指从业务数据中挖掘隐藏的、有趣的、正确的知识，以便促进管理决策。数据挖掘的很多算法来自统计学和机器学习，数据的存储和检索手段来自数据库技术。人工智能是指使机器具有类似人类的智能特性，如视觉识别、语音识别、自然语言处理等，机器学习是人工智能的重要技术基础。

机器学习的基本流程包括数据获取、数据清洗、数据拆分、特征工程、算法选择、超参数调整、学习效果评估等步骤，学习算法包括有监督学习和无监督学习两类（周志华，2016）。有监督学习又可分为分类和回归，其区别是被解释变量为连续变量的为回归，被解释变量为离散变量则为分类。有监督学习的典型算法有等线性模型、决策树、神经网络、支持向量机、贝叶斯模型及集成学习算法等。无监督学习主要是聚类算法，典型算法有等划分方法（如 K - Means、K - Medoids 和 Clarans 算法）、层次分析方法（如 Birch、Cure 和 Chameleon 算法）、基于密度的方法（如 Dbscan、Denclue 和 Optics 算法）、基于网格的方法（如 Sting、Clioue 和 Wave - cluster 算法）等。学习效果的评价十分重要，聚类分析的评价指标有 ARI 评价法、AMI

评价法、V – measure 评分、FMI 评价法、轮廓系数评价法、Calinski – Hara-basz 指数评价法等，分类分析的评价指标有 Precision（精确率）、Recall（召回率）、F1 值等，回归分析的评价指标有平均绝对误差、均方误差、中值绝对误差、可解释方差值、R^2 值等。

机器学习在供应链管理中有广泛的应用。通过机器学习，企业根据精准需求预测，实时共享需求和库存数据，灵活分配配送路线，在跨地理位置分散的仓储设施部署虚拟库存池，从而在不影响效率的情况下实现敏捷性；使用电商平台提供的市场和消费者数据，企业能够及时（甚至在发生之前）识别和预测市场结构变化，从而增强供应链适应性；各参与方协调分拨和配送流程，确保物流和电商平台之间紧密的数字集成，促进"仓配一体化"，以实现供应链的高效率和灵活性；依托在线评论、用户搜索等大数据分析，联合供应商、品牌商预测消费者需求、购买行为和市场趋势，快速响应市场变化，通过大数据分析用户对产品特点和款式的需求，预测销售价格和数量帮助供应商匹配供需，实现供应链的智能管理（马彦华和路红艳，2018；Mak and Max，2021）。

6.3.3　F2C 智慧供应链构建思路

如何做到以少聚多？如何减少损耗？如何实现供需智能匹配？如何提高物流效率？是构建 F2C 智慧供应链的核心议题。

F2C 智慧供应链是在电商环境下，充分获取生产者、流通者和消费者的大数据，生产者根据消费者需求预测制订生产计划，电商平台根据生产者农产品产量精准推荐给消费者，从而实现供需智能匹配；当消费者提交订单后，电商企业在仓储物流企业的支持下，通过产地直采和直配完成订单履行。

需要强调的是，F2C 智慧供应链不同于传统 B2B 农产品电商模式，该模式针对大宗（或批量）农产品进行供需匹配，在一定程度上解决了供需双方信息不对称的问题，但该模式未能触及 C 端（即消费者），从 B 端到 C 端的流通模式仍然是传统模式；F2C 智慧供应链也不同传统 B2C 农产品电商模式（见图 6 – 11），该模式虽能直面消费者，但缺乏对消费者需求的深入洞察，且交易过程仍为"人找货"方式，无法实现供需智能匹配，也无法实现"直采直配"的高效物流模式。

F2C 智慧供应链整体框架如图 6 – 12 所示。图中涉及的供应链节点包括农户、农业合作社、电商企业、电商平台、仓储物流企业及消费者等，该供应链不能简单地用"拉式"或"推式"进行划分，而是"拉推结合式"。一方面，F2C智慧供应链通过电商平台大数据对消费者进行用户画像，根据消费者人口统计特征、消费行为特征、购买场景特征创建特征标签，结合历史销售数据预测下一期农产品市场需求，电商企业根据预测数据制订采购计划，农业合作社根据电商企业的采购计划制订生产计划供农户生产决策。由于存在需求预测偏差及受天气等因素的产量偏差，仅通过需求预测（即"拉"）很难实现农产品供需匹配。因此，另一方面，在销售过程中，F2C智慧供应链通过电商平台采用个性化推荐技术，根据用户画像生成的消费者特征标签，精准推荐给需要购买农产品的消费者，达到了"货找人"（即"推"）的目的。通过基于信息流的"拉""推"操作，实现了供需智能匹配。在物流方面，根据精确的交易信息，电商企业可以委托仓储物流企业在"正确的时间"实现产地直采，然后及时直配至"正确的地点"，从而减少库存缓冲时间，降低仓储物流成本，减少农产品流通损耗，提升农产品配送效率。在利益分配方面，由于各方均掌握及时供需信息，且供应链的执行以合作博弈为基础，按照沙普利值分配原则，小农户的利益得到最大限度的保护。

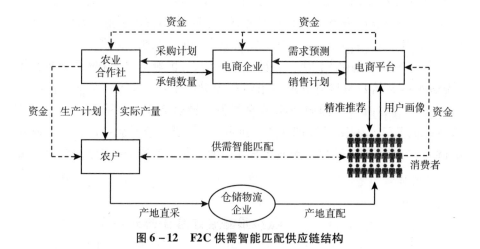

图6-12　F2C供需智能匹配供应链结构

6.3.4　F2C智慧供应链构建策略

根据图6-12内容，F2C智慧供应链得以实施的关键点可以用16个字概括：按需生产、精准推荐、直采直配、合作共赢。

1. 按需生产

在F2C智慧供应链中，电商平台一方面根据大数据预测消费者需求，另一方面从农户端获取生产能力情况，在此基础上向电商企业下达销售计划，电商企业根据销售计划向农业合作社发出采购计划，最后由农业合作社向小农户分解生产计划。F2C智慧供应链生产决策过程如图6-13所示。

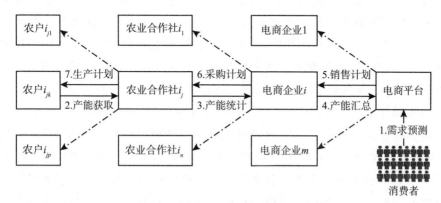

图6-13　生产决策过程

电商平台运用用户画像、机器学习等技术，构建基于历史销量、商品属性、交易特征、人口统计特征、交易场景特征、自然环境特征及市场趋势特征等维度的农产品需求预测模型，由于电商环境下数据资源丰富，预测精度远高于传统商业环境，为生产者提供了重要的决策依据。

区别于传统电商平台仅承担交易经纪职能、销售计划由电商企业自主决策，F2C智慧供应链中的电商平台还收集各家电商企业签约农产品供应商的生产能力数据，并据此"下达"销售计划，即将农产品销量决策权由电商企业转移到电商平台，电商企业仅是电商平台的"业务员"和"执行者"，这种集中决策可控性强，缓解了供应链逐级汇总信息导致的"牛鞭效应"。

在F2C智慧供应链中，电商平台因直面消费者且掌握市场大数据，在生产决策过程中起到了决定性作用，电商企业作为电商平台的入驻方，承担了电商平台的销售任务，电商平台根据需求预测将销售计划分解给入驻的电商企业。在农产品电商销售中，电商企业一是起到了承上启下的作用，它对上执行电商平台的销售任务，对下与农业合作社紧密合作，保证"货源"的充足供应；二是与其他电商企业一道参与市场竞争，包括需求获取、产品定价与开发、客户关系管理等职能；三是农产品交易的管理者，每笔农产品交易的资金流、信息流和物流均由电商平台控制与协调。农业合作社和小农户作为供应商，在 F2C 智慧供应链中主要承担生产任务，它们与电商企业是紧密的合作关系，站在电商平台的视角看，农业合作社和小农户与电商企业是一个利益整体，不可分开。

在实践中，京东商城、拼多多等电商平台已经开展智慧供应链实践，它们以消费者对制造商（customer-to-manufacturer，C2M）为目标，通过消费者需求反向定制优化供应链，取得了初步的成效。京东商城利用大数据技术，形成覆盖"商品、价格、计划、库存、协同"五大领域的智慧供应链解决方案（马彦华和路红艳，2018）。拼多多自主研发了"农货智能处理系统"，用于农产品成熟期的精准需求匹配，取得显著效果。2020 年，拼多多农产品总交易规模超过 2700 亿元，同比增长 107%。

2. 精准推荐

在第 5 章中已经分析，互联网流量是电商销售的一个决定性因素。传统电商平台基于搜索分配流量，属于"人找货"模式，因流量分发的"马太效应"，难以实现供需双方的精准匹配。移动电商平台因掌握了消费者的个人信息及地理位置信息，促使个性化推荐得以实现。因此，平台的流量分发不再以搜索为基础，而改为以用户画像为依据实现个性化推荐，即将商品推荐给可能购买的潜在目标群体，这属于"货找人"模式。

与"人找货"模式相比，"货找人"模式的供需匹配度更高，这对于农产品的快速销售有很大帮助。虽然 F2C 智慧供应链做到了按需生产，但由于农产品生产周期漫长，生产初期的需求预测在农产品收获时会产生偏差，加上农产品受天气等自然环境影响较大，实际产量与预期产量存在较大偏差，再加上小农户因自身条件限制在执行生产计划时也会产生偏差，三类偏差叠加后很难维持预测时的供需平衡，这也是农产品供应链比工业品难度更大的主要原因。在一定的偏差范围内，"货找人"模式能够更有效地匹配供需关系。当农产品供给不足时，通过个性化推荐，将紧缺的农产品销售给最需要的客户，能够实现收益最大化；当农产品丰收时，通过"货找人"模式快速销售农产品，从而解决滞销问题。例如，拼多多推出的"农地云拼"模式，就是借助大数据、云计算、分布式人工智能等手段，在供应端将分散在各地的农业产能聚合形成云端大农产；在需求端通过个性化推荐将客源聚合，让供需双方在"云端"精准匹配，让贫困地区的农产品直连全国大市场。

"货找人"模式并非仅通过基于用户画像和机器学习的个性化推荐技术

才能实现，社交电商与直播带货也是重要的方式。在社交电商中，消费者通过"分享"手段将自己认为满意的商品推荐给亲朋好友，亲朋好友接纳后再次"分享"，如此嵌套形成"病毒式传播"，营销效果非常明显。与电商平台的个性化推荐不同，社交分享被称为"私域流量"，"私域流量"的利用缓解了集中制流量分配的"马太效应"，促使流量分配更加均匀。国内知名电商平台拼多多还推出了一种称为"拼购"的社交电商模式，该模式以多人拼购比单人独立购买价格更低为"噱头"促使购买者将购买信息分享到朋友圈带动更多的消费者购买。拼购模式以价格折扣为动力，通过社交分享实现口碑传播，以熟人背书激发消费者的购物欲和分享欲。直播带货是另一种形式的社交电商，它以 KOL 为主播，通过主播向粉丝推介商品促成购买的电商形式。直播带货营造了娱乐化的购物环境，在 KOL 生动有趣的商品推介下，粉丝感官充盈、卷入加深，加上直播间内带头购物者的羊群效应，大大促进了购物转化率。据媒体报道，头部带货主播薇娅 2016～2020 年，累计公益直播扶贫助农超过 100 场，帮助安徽砀山梨膏、云南小粒咖啡、陕西富平柿饼、山东平阴玫瑰等特色农产品成为爆款，引导销售额超 6 亿元。

3. 直采直配

农产品产地直采是指电商企业直接对接农业生产者，减少供应链的中间商，有利于提高农产品物流效率，减少农产品流通损耗，保持农产品新鲜度。产地直采的基础是基于按需生产和精准推荐的供需智能匹配，让生产者与消费者距离更近。对于电商企业而言，产地直采能够参照工业品供应商管理模式管理农业合作社，有效控制农产品质量。例如，生鲜农产品新零售企业——盒马鲜生对合作基地的审核包括资质、规模、设施、种植水平、管理、人员、品质、价格、加工以及供应能力等，涉及的评价指标非常广泛，这将倒逼农业合作社走上现代农业发展道路。

农产品产地直配是指电商企业接到消费者订单后，直接从产地物流配送至消费者，省去了农产品入库出库的环节。与产地直采类似，产地直配有利于提高农产品物流效率，减少农产品流通损耗，保持农产品新鲜度。产地直配增加了产地的职能，由传统的批量发货变为直接针对终端消费者的单件快递发货，这就要求产地的仓储物流基础设施健全，物流配送能力强大。由于中国地理辽阔，有着丰富农产品资源的新疆、西藏等地区离内陆地区较远，且当地交通欠发达，产地直配并非最佳模式，实践中通常采用在中途某交通要塞处设立物流分拨中心的做法，进一步降低物流成本、提高物流效率。

直采直配模式要求电商企业能在短时间内将供应商的农产品售罄，因此，除了供需精准匹配外，预售是一种行之有效的方法。预售是指在生鲜农产品收获前期消费者可接受的一段时间内，把即将收获的农产品出售给消费者的交易方式。消费者在预售时已完成订单的支付，且预售期时间较长，通常可以售出所有农产品，这对于解决农产品"滞销"问题提供了一种有效方案。预售生鲜农产品已成为各大电商平台的"标配"销售模式，如天猫通过"聚划算"预售苹果等农产品，既为消费者带来了价格实惠、新鲜的农产品，又减少了因"滞销"导致的农产品损耗。

4. 合作共赢

在 F2C 智慧供应链中，电商平台处于核心地位，它掌控着消费市场，并通过农产品智能分析系统实现供需匹配；电商企业承担了农产品供应链的运营职能和农产品电商的交易职能；农业合作社及其农户作为生产者和供应商，为消费者提供所需的农产品。因此，电商平台、电商企业和生产者在 F2C 智慧供应链中各司其职、缺一不可，只有在他们的紧密合作下才能让 F2C 智慧供应链"三流"畅通。

根据第 5 章的分析，三者之间的关系为合作博弈关系，合作博弈是指参与者能够联合达成一个具有约束力且可强制执行的协议的博弈类型，合作博弈强调的是集体理性，强调效率、公正、公平。利益分配是合作博弈的重要概念，每个参与者从联盟中分配的收益正好是各种联盟形式的最大总收益，每个参与者从联盟中分配到的收益不小于单独经营所得收益。在 F2C 智慧供应链中，由于供应链的履行需要电商平台、电商企业和小农户的紧密配合，小农户的权力比传统农产品供应链更强。加上 F2C 智慧供应链的市场信息对小农户开放，消除了传统供应链信息不对称问题，进一步利于小农户与联盟成员的博弈。因此，F2C 智慧供应链有利于保护小农户的利益。在实践中，拼多多通过"农货智能处理系统"，推出"多多农园"项目，已在云南怒江州、保山、文山、临沧等地区进行实践探索，能有利于推动农业产业链下沉，进而增加对当地土地以及劳动力等生产要素的需求，使得乡村常住人口中包括老人、妇女在内的非技能型人口，可以通过出租土地、被雇佣的方式，获得更多的收入，贫困地区的内生动力和自我发展能力不断提高[1]。

---

[1] 商务部国际贸易经济合作研究院课题组 . 2019 中国电商兴农发展报告 [R]. 2020.

6.4　面向小微经营者的农产品社区 O2O 模式构建策略

小微经营者是指经营规模较小的公司制企业、个体工商户，包括小店、摊位以及和流动经营的商贩（巴曙松，2020）。小微经营者采用自雇形式（如夫妻店、家庭作坊等）和小规模雇佣形式（一般雇员不超过 20 人）（张晓波等，2021），经营渠道以线下为主，面向社区消费者，也包括利用第三方平台从事电商销售的小微企业和个体网商。在农产品上行生态系统中，大部分从事农产品流通的经营者为小微经营者，包括小微企业、个体工商户以及直接从事销售的农户及农业合作社，销售渠道为线上或线下。

小微经营者是国民经济的毛细血管和中坚力量，对于带动就业创业、激发经济活力、服务改善民生等发挥了巨大的作用。在生鲜农产品终端市场中，以农贸市场摊位、街边社区小店等形式存在的小微经营者是直接对接和服务消费者的主要力量。虽然大型超市、连锁店也拥有广泛的目标消费群体，但因农产品数量、品种繁多，大型超市、连锁店的规模化作业无法满足消费者的个性化、多样化需求，小微经营者的灵活性则正能满足消费者的这些需求。因此，对于生鲜农产品流通市场而言，小微经营者有其存在的必要性和合理性。

然而，电商的冲击导致线下零售终端的客流量锐减，电商的规模化和垄断性特征又使小微经营者难以触"电"，小微经营者面临巨大的流量困境。如何通过自身转型顺应居民消费习惯和消费方式的变化，在数字经济浪潮中不被淘汰，是小微经营者应对市场变化必须思考和解决的难题。本节提出的农产品社区 O2O 模式，为破解小微经营者流量困境提供了一条行之有效的途径。

6.4.1　小微经营者流量困境解析

在提出破解小微经营者流量困境的解决方案前，需要揭示造成小微经营者流量困境的本源。

1. 普通实体小店坪效不断下降

"坪"是一个面积单位，1 坪约等于 3.3 平方米。坪效是衡量实体门店运营效率的关键指标，它是指门店每坪面积在一定时间范围内产出的营业收入（李然等，2021），时间范围可以是日、周、月或年等。本节以年为时间计算范围，以平方米为单位面积。坪效的计算公式如下：

$$坪效 = 门店总营业收入 \div 门店总面积 \tag{6.1}$$

根据国家统计局出版的中国统计年鉴数据，连锁零售企业中，专卖店、仓储会员店的坪效最高，其次是便利店和专业点，超市、大型超市、百货店及折扣店坪效最低。不同业态连锁零售企业坪效对比如表6-7所示。

表6-7　　　　　　　　不同业态连锁零售企业坪效　　　　单位：万元/平方米·年

指标	2015 年	2016 年	2017 年	2018 年	2019 年
便利店	2.59	2.60	2.53	1.98	2.31
折扣店	1.67	1.63	1.38	1.81	0.78
超市	1.63	1.60	1.67	1.66	1.62
大型超市	1.47	1.36	1.25	1.31	1.25
仓储会员店	3.59	3.80	3.38	3.30	4.05
百货店	1.83	1.42	1.33	1.51	1.33
专业店	2.42	2.41	2.62	2.59	2.43
专卖店	3.72	4.34	4.32	4.41	4.77

资料来源：2016~2020年的《中国统计年鉴》。

近年来出现的新零售门店以数字化为依托，结合线上线下开展营销活动，坪效远高于传统实体门店。根据前瞻产业研究院数据，2017年苹果专卖、小米之家的年平方米坪效分别为37万元和27万元，生鲜品牌盒马的坪效也高达6万元。

与连锁零售企业相比，小微经营者开设的实体小店坪效很低。尤其是新冠疫情暴发期间，小微经营者成为最脆弱的群体之一（巴曙松，2020），2020年第三季度的营业收入中位数还不到2.5万元（张晓波等，2021）。从营销视角分析，除了受新冠疫情影响外，实体小店面临的最大问题是流量困境。

随着电商的发展，线下零售终端市场尤其是线下小店、摊位受到了巨大的挑战。一是电商在智能手机、在线支付以及物流快递的推动下发展迅速且已深入人心，逐渐改变了中国消费者的购物习惯，越来越多的消费者选择足不出户的"72×4"购物方式。根据国家统计局数据，2021年上半年全国网上零售额达6.11万亿元，同比增长23.2%，占社会消费品零售总额的比重为23.7%，电商在不断"抢占"线下零售的市场份额，消费者即使"上街"购物也多选择休闲购物一体化的大型商业综合体而非线下普通零售小店。二是实体门店运营成本高。近年来，因房价不断上涨导致商铺租金上涨，加上实体门店库存压力较大，如遇选址不当、管理能力低下等现实问题，小微经营者更难应对日益下降的线下人流量。

2. 互联网流量的马太效应显著

当实体门店的人流量不断下降时，不少小微经营者选择在第三方电商平台开设网店，期望通过"渠道革命"扭转日益恶化的经营状况。与开设实体店相比，开设网店确实正在一些优势，比如面对的消费群体非常庞大、库存压力小且商品种类及SKU更加丰富等。

然而，当前的第三方电商平台，如淘宝（天猫）、京东等虽然存在巨大的消费者流量，但因门槛低入驻商家数量也非常庞大，平均到每家网店已经非常稀少。电商平台为了提升商品总交易额（gross merchandise volume, GMV），将其流量分发的核心指标定为商家品牌、商品历史销量、商品评价等，让有实力、有规模的商家获得更多的流量进而卖出更多的商品，随着销量的增加，这些核心指标绝对值不断攀升，从而出现流量分发的马太效应。面对这种流量分发规则，小微经营者几乎分不到流量。另外，对于小微经营者而言，入驻电商平台的条件和固定运营成本并不低。以天猫为例，商家只能是公司，且注册费用不低于100万元，持有商标，需要按年缴纳技术服务费，以及按照交易额支付一定比例的佣金，站内推广还要支付高昂的广告费。

从以上分析可以看出，在传统模式下，小微经营者无论是开设线下实体门店还是线上网店，都面临流量困境。创新经营模式，突出消费者流量的马太效应，降低运营成本，是改善小微经营者经营状况的关键议题。

6.4.2　农产品社区O2O模式构建思路

解决小微经营者流量困境的关键是破除集中式流量分发方式，将流量分散化。集中式流量通常被互联网平台控制，如淘宝（天猫）、京东商城、百度等，该类流量在实践中被称为"公域流量"；与"公域流量"相对的是"私域流量"，主要是指个人能够自由掌控、反复、免费直接触达消费者的零散流量，如朋友圈、微信群及平台私信等，私域流量建立在人与人之间信任关系之上（段淳林，2019）。

由于每个人接触到的朋友数量是有限的，因此私域流量是典型的分散式流量。面向小微经营者的农产品社区 O2O 模式就是基于人际关系私域流量的经营模式，它的作用范围限制在社区层级，通过熟人关系的口碑传播建立"团购群"或"购物群"，销售形式以"货找人"的"推荐—订购"为主，物流形式以社区自提为主。

农产品社区 O2O 模式线上线下相结合的形式，线上实现商品的营销推广和订单确定，线下完成商品自提的过程。农产品社区 O2O 模式不同于传统线下社区零售，线下社区零售要求消费者到店"实地"选择商品，属于"人找货"模式。农产品社区 O2O 模式也不同于平台型社区团购模式，该模式由平台统一控制供应链，其社区团长主要承担商品分发的作用。本节的农产品社区 O2O 模式由小微经营者自主进货、自主销售，社交平台仅起到工具作用。

面向小微经营者的农产品社区 O2O 模式如图 6 - 14 所示。图中，小微经营者一方面在数字化平台的支持下，与供应链服务商或农产品生产者建立业务往来；另一方面在社交工具的支持下与消费者建立联系。首先，供应链服务商或农产品生产者向小微经营者推送可批发的产品信息（即图 6 - 14 中"产品信息 1"），小微经营者根据自己的潜在消费群体和历史销售记录，遴选出拟销售的产品并将出售信息（即图 6 - 14 中"产品信息 2"）通过社交工具（如微信群、朋友圈或者平台私信等）群发给消费者，消费者根据自己的喜好决定是否订购或预订（完成支付）。然后，小微经营者统计订购信息并向供应链服务商或直接向农产品生产者提交供货信息，供应链服务商或第三方物流服务商将采购的货品配送至小微经营者实体门店或货品存放点。最后，消费者接到小微经营者提货信息后自助前往实体门店或货品存放点提货，未支付者完成支付。

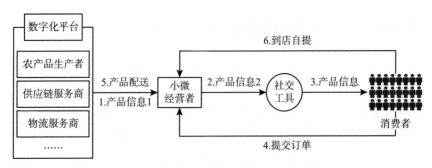

图 6 - 14　农产品小微经营者社区 O2O 模式

6.4.3　农产品社区 O2O 模式构建策略

面向小微经营者的农产品社区 O2O 模式得以实施的关键点有三个，一是支持小微经营者私域流量的社群营销，二是需要连接供应端、管理小微经营者进销存及客户的数字化平台，三是支持从农产品生产者到社区的仓储物流体系。

1. 社群营销

"社区"一词的英文为 community，是指以地域为界线，通过人们之间的相互关系和情感联系形成的社会关系网络（王战和冯帆，2017）。网络社区突破了传统线下社群在地理位置上的"半径"局限，以网络社交工具为纽带进行联系。互联网广泛流行以后，传统的基于地理位置的社区也发生了变化。一是沟通方式部分在线化，形成线上线下相结合（O2O）的沟通互动模式；二是地理边界模糊化，虽然仍然以居民小区等为边界，但也会存在小区外的周边居民加入社区，辐射半径明显扩大。

"社群"一词兼有社区、群组的含义，在实践中通常特指利用网络社交工具建立的社群，如微信群、QQ 群、朋友圈等。陈丹引和闵学勤认为，居民参与社群存在邻里效应（陈丹引和闵学勤，2021）。所谓邻里效应，是指个人的态度、喜好和行为受到周围邻里特征和行为的影响，并表现出与其他邻里成员一致的倾向。邻里效应产生的动力机制主要有三方面，一是社群成员之间因共同感兴趣的问题发表观点或分享信息而产生的互动效应，二是社群成员之间在表达和分享信息的过程中会学习模仿进而扩大互动频次，三是社群成员之间在表达和分享信息的过程中为了支持或反对某种观点（行为）产生的从众效应进而增加的参与人次。

商家利用网络社群开展的营销活动称为社群营销，农产品社区 O2O 小店的社群营销的模式如图 6-15 所示。

图 6-15 中，社区小店通过数字化平台的进销存云系统进行日常业务管理，小店同时配备智能销售设备，如 POS 机、监控设备、人像采集设备等。当小店获得供应链服务商的产品供应信息后，通过微信群、朋友圈或 QQ 群进行商品销售信息分享，群内消费者根据需求下单或预定，待商品抵达小店后，通知购买者到店自提。

社群营销利用了群内成员之间的弱连接优势（代玉梅，2011）。社会学家格拉诺维特（Granovetter）提出了人际连带强度的概念，并用认识时间的

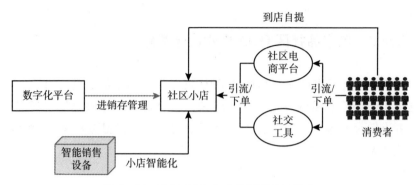

图 6 – 15　社区 O2O 小店的社群营销模式

长短、互动的频率、亲密性和互惠性服务内容四个维度进行测量。根据这四个维度，将人际连带强度分为三种：强连接、弱连接和无连接。格拉诺维特的研究表明，弱连接在社会网络中发挥重要作用，它可以创造额外的社会流动机会，也能让信息扩散到更广泛的人群中。通俗地讲，社群营销利用半熟人社交这种弱连接关系，既能扩大商品信息传播范围，又能通过熟人之间的信任为商品背书。

　　社群营销的一个关键点是通过关键意见消费者（key opinion consumer，KOC）"种草"（段淳林，2019）。KOC 是消费者群体中的 KOL，他们在日常消费中有较鲜明的主张或观点，并乐于分享生活经验，受到同群体消费者的普遍认同。"种草"属于网络语言，意思为"商品推荐"。KOC 通过商品筛选、亲身体验推广商品，社群成员基于对 KOC 的信任购买商品。"种草"最早流行于美妆领域，KOC 在社交平台上通过"仿妆/主题妆容教学→开箱视频→体验晒单→定期盘点→好物分享→明星话题借势→知识分享→专业测评→软性植入→产品试色→节日好物推荐→粉丝福利时间"等环节实现"种草带货"。农产品的商品属性和美妆非常相似，在购买决策时需要体验尝试，KOC 的"种草"行为可以有效弥补线上预订无法亲身体验的缺陷。

　　社群营销的另一个关键点是优质低价。KOC 获得群内成员认同的基础是推荐的商品具有"优质低价"特性。社区 O2O 小店出售的商品品类以高频生鲜农产品为主，该类商品为社区消费者日常生活必需品，农业生产者的优质农产品在社区 KOC 的分享与推荐下加上因较低的履约成本导致的低价策略，很容易形成"爆款"。社区团购平台兴盛优选出售的生鲜农产品之所以畅销，与低价策略高度相关。表 6 – 8 是 2020 年兴盛优选等社区团购平台与永辉生活的高频生鲜农产品的价格对比，从表6－8中可以看出，低价是社区团购的典型特征。

表6－8　　　　　　　不同零售模式生鲜农产品价格对比

品类	兴盛优选	多多买菜	美团优选	橙心优选	永辉生活
马铃薯	1.0	—	1.5	0.9	2.8
藕	4.0	3.0	2.9	4.5	4.9
番茄	3.0	2.8	2.8	4.0	8.5
花菜	2.3	2.3	2.0	2.8	6.9
山药	3.0	3.0	3.5	2.8	7.0
胡萝卜	1.3	1.4	—	1.5	1.9
黄瓜	1.9	1.9	1.4	1.0	2.6
包菜	1.2	1.3	—	1.3	5.7
生姜	5.0	5.6	3.7	—	7.8
白菜	2.5	1.0	1.0	1.7	—
茄子	3.3	—	4.1	—	4.1
金针菇	2.5	3.8	—	4.5	6.7
梨	3.5	2.0	2.0	1.6	3.6
红心火龙果	3.0	5.6	2.8	6.7	7.8
蜜柚	2.4	2.7	1.8	2.0	8.6
冬枣	7.0	5.0	—	5.0	8.9
香蕉	3.0	3.3	3.0	3.3	3.9
苹果	3.8	3.2	4.0	6.0	8.6
蜜橘	2.0	2.0	2.9	4.0	3.2
红提	9.4	10.0	9.8	10.0	11.9
龙眼	6.0	6.9	3.7	5.0	12.9
哈密瓜	1.0	4.0	5.5	3.3	5.3
鸡翅	18.0	—	14.9	17.0	33.9
带鱼	8.0	—	8.0	7.0	9.9
虾仁	26.0	—	28.3	39.0	43.2

资料来源：开源证券研究所发布的《社区团购：下沉市场的零售效率革命》，2020 年。

2. 数字化平台

数字化平台为社区小店提供云服务接入及其配套服务，既降低小微经营者数字化转型的技术门槛和运营成本，又保留其灵活的经营管理方式[①]。其一，数字化平台提供了货源无限丰富的线上采购市场。小微经营者无须额外投入便能轻松找到优质、特色、品牌农产品，并通过在线环境达成订货协议，供应商也可根据小微经营者的目标消费群体和经营情况推荐或授权产品销售。其二，数字化平台帮助社区小店实现精细经营管理。受限于人力资源，社区小店不少停留在靠手工记账、凭臆断决策的粗放式经营层次上，数字化平台为社区小店提供了进销存云管理系统，小微经营者能实时了解社区小店的商品库存、利润以及客户等情况。其三，数字化平台降低了小微经营者应用商务智能的门槛。由于缺乏专业"买手"，社区小店选品存在较强的主观性和随意性，容易导致商品滞销、周转缓慢等问题。数字化平台继承云商务智能分析系统，可根据地理位置、消费者用户画像等标签，向社区小店智能推荐商品，并进行销售预测。其四，数字化平台提供了解忧纾困的金融服务。数字化平台通过积累的社区小店业务数据，为其提供数字金融解决方案，小微经营者可以享受预付订货、仓单质押、极速到账甚至赊购等金融服务，大大缓解了银行贷款难的问题。

数字化平台的职能主要分为 B2b 和 b2c 两个模块，如图 6-16 所示。

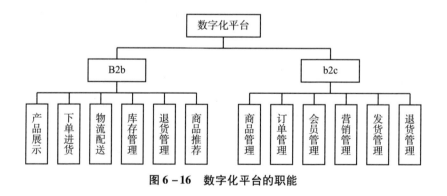

图 6-16 数字化平台的职能

B2b 模块的基本功能是供应链管理系统，它将上游供应商（B）——供应链服务商或者农产品生产者、第三方物流企业无缝集成在一个平台上，为社区小店（b）提供云供应链管理。从社区小店的身份看，B2b 模块包括

---

① 商务部流通产业促进中心. 中国线下零售小店数字化转型报告［R］. 2020.

产品展示、下单进货、物流配送、库存管理、退货管理（社区小店退至供应商）以及商品推荐等功能。产品展示功能类似阿里巴巴的 1688 网上采购平台，来自不同的农产品供应商汇聚在一起，形成海量的农产品批发市场供社区小店挑选。商品推荐功能是基于社区小店目标群体、经营状况以及供应商推出的农产品，通过商务智能系统为社区小店个性化推荐采购的货品，避免小微经营者盲目采购。下单进货、物流配送、库存管理、退货管理（社区小店退至供应商）则实现社区小店采购与库存信息管理职能。b2c 模块的基本功能是面向消费者（c）的零售管理系统，它为社区小店（b）提供基于云服务的低成本信息管理。b2c 模块包括商品管理、订单管理、会员管理、营销管理、发货管理以及退货管理等子模块，实现网络营销、销售管理及客户管理等功能。

数字化平台本质上是一个数字化生态系统，平台企业提供基于云服务的信息基础设施，农产品生产者、供应链服务商、第三方物流企业以及社区小店均是平台企业的用户，通过不同的会员类型注册入驻数字化平台。表面上看，数字化平台与第三方 B2B 电商平台，如阿里巴巴 1688 采购平台具有类似的功能，但它们在本质上是不一样的。1688 采购平台提供交易规则和交易撮合并通过交易佣金获得收益，而数字化平台仅提供信息沟通和管理职能，是一个云管理工具，盈利模式以信息服务费为主，不参与交易撮合和交易辅助。

在实践中，电商平台企业已开始推出类似信息管理工具，成为数字化平台的雏形。京东在 2015 年成立"新通路"事业部，依托京东的商品、供应链和技术优势，打造秉承京东管理模式与品牌理念、拥有正品货源的"京东便利店"。2016 年，京东新通路推出"京东掌柜宝"，建立面向更多普通小店经营者的一站 B2B 订货平台。随后，打造了包括"智慧门店管理系统""行者动销平台""慧眼大数据系统"在内，从品牌商、门店到消费者的一整套数字化信息系统。阿里巴巴在 2016 年成立"零售通"事业部，旨在通过数字化赋能帮助小店升级成为具备全方位便民消费服务功能的互联网智慧商店。作为 App 上线的"零售通"成为小店的 B2B 线上订货平台。2018 年，阿里零售通进一步发布智慧门店管家"如意 POS"系统，提供一整套数字化解决方案。另外，阿里巴巴在"菜鸟"专门建立零售通物流保障团队。依托大数据预测技术，菜鸟可以对商品送货日期做出精准预判。以此为基础，零售通推出"迟就赔"服务，保证商品准时送达，使店主更加放心。中国邮政推出了服务于商超型便民服务站的管理系统"邮掌柜"，帮助店主实现进货、销售、流水查询、库存管理等便捷服务。与 IBM 开展数据合作的"雅堂小超",以及美宜佳、芙蓉兴盛、众库、掌合天下、中商惠民等诸多区域性的连锁便利店品牌或供应链服务商,也都将数字化、信息化作为经营的重点与方向。

3. 物流模式

农产品仓储物流体系是农产品上行的关键环节,它包括产地预冷、包装、仓储、运输、配送等,这些环节构成了物流供应链领域的一个产业(张喜才,2020)。农产品仓储物流构建的基本原则是减少损耗、提高效率、降低成本,根据该原则,社区 O2O 物流模式如图 6 – 17 所示。图中,供应链服务商通过中心/城市仓、网格仓将农产品配送至社区小店。

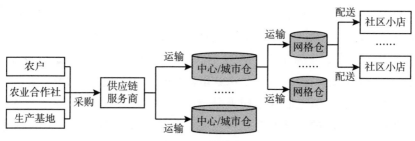

图 6 – 17　社区 O2O 物流模式

中心仓是农产品的分拨仓,主要建在全国的区域中心,如某农产品电商平台按照华北、华中、华南、东北、东南、西北、西南七大区域建设中心仓。当业务量增大时,也会逐渐扩张,如京东的"亚洲一号"中心仓截至 2020 年已超过 30 个。城市仓也属于农产品的分拨仓,只是数量上比中心仓更多,几乎在每个城市设立。当中心仓数量较少时,城市仓通常充当中心仓的二级分拨仓,但当电商平台的业务量较大时,中心仓逐渐覆盖全国大部分城市,此时中心仓和城市仓就合二为一了,承担相同的职能。

供应链服务商把农产品运送到中心仓或城市仓后,按照消费者区域进行分拣,然后将农产品配送到各个区域的网格仓。网格仓是链接中心仓或城市仓和社区小店的中转站,网格仓是社区 O2O "首日预售 + 次日自提"模式的产物,采取以销定采模式,减少农产品损耗降低物流成本。网格仓是实现快速分拨、快速配送设置的一个物流操作作业场地,其职责是负责接收中心仓或城市仓送达的农产品分拣到社区小店,配送司机按线路对区域内社区小店前一天订单进行配送(喜崇彬,2021)。

社区 O2O 物流模式的配送终点是社区小店，社区小店既是农产品的临时仓库，也是消费者的自提地点，社区小店实现了"店仓一体化"。"店仓一体化"模式以社区线下小店为中心，小店既是小型的"生鲜超市"，又是线上配送的线下仓储。"店仓一体化"模式通常服务周边 1 ~ 3 公里的社区居民，消费者既可以到小店购物消费，也可以选择在社交软件下单后到店自提。

社区 O2O 的仓储建设可以是电商平台、供应链服务商甚至农产品生产者，但从成本效益的角度，采用云仓模式是一种好的选择。所谓云仓，是指在一个统一的信息系统（包含订单管理、仓库管理、运输管理等功能）的管理下，将来自不同主体、不同规格的仓储整合在一起，统一规划、统一使用（张敏洁，2019）。通俗地讲，云仓模式利用全国仓储和运输资源，为客户提供从产地到仓库、经销商、门店和消费者的全链路供应链优化，包括生产计划、商品提货、仓库选址、运输方式和资源配置。云仓提供的服务非常灵活，既可为客户提供"总仓 + 分仓"操作模式，又可根据客户的运作特点，选择区域分仓、季节性分仓和活动分仓等方式。

生鲜农产品流通离不开冷链物流，冷链物流主要包含冷链仓储和冷链运输两部分（王茂春和俞媛，2018）。冷链仓储主要用于冷库的投入，农产品冷库是以人工制冷的方法对易腐食品进行加工和储藏的冷藏设施，冷库的应用非常广泛，用于物流流通环节的冷库，为市场、运输中转储存预备农产品使用。冷链运输是指在运输过程的每一个环节，（包括装卸、搬运、包装、转变运输方式等）均在一定的温度下进行的运输。在冷链运输全过程中，无论是装卸搬运、变更运输方式、更换包装设备等环节，都应使所运输货物始终保持一定温度。冷链运输方式可以是公路运输、水路运输、铁路运输和航空运输，也可以是多种运输方式组成的综合运输方式。

为了降低农产品物流成本，采用"首日预售 + 次日自提"是一种好的模式。"首日预售"实现了农产品销售量的提前确定，可以有效降低仓储库存量、降低成本；"次日自提"一是利用夜间运输、降低运输费用，二是采用自提减去"最后一公里"的配送费用，从而达到物流效率不降但成本明显下降的目的。传统生鲜批发市场交易高峰期往往在凌晨时段，"首日预售 + 次日自提"模式集合预售订单后，中心仓与网格仓高强度分拣作业集中在凌晨 1 点至 7 点。社区小店类似批发末端节点，消费者在社区小店处完成商品交付，形成线上线下零售场景闭环。

兴盛优选是国内知名的社区电商平台，主要定位是解决家庭消费者的日常需求，提供包括蔬菜水果，肉禽水产，米面粮油，日用百货等全品类精选商品，依托社区实体便利店，通过"预售＋自提"的模式为用户提供服务。兴盛优选主要采取三级仓配模式，即"共享仓→中心仓→网格仓"模式。供应商的货物会最先到达共享仓，在共享仓进行分拨整理后，用载重 16～18 吨的大货车送到中心仓；中心仓再将货物用载重 1.8～6 吨的货车送到各个城市的首页仓，首页仓再将货物配送到网格仓，网格仓进行分拣之后，送到乡镇或社区的自提点①。

　　社区 O2O 仓储物流系统使得城市级以下农产品履约形式发生改变，库存承担环节向上游前移。对比前置仓、（社区）超市、菜场等业态可以看出，社区电商使得城市级以下的商品履约形式发生改变，由于预售自提与次日达的设定，中心仓与网格仓均采用平地作业方式，分拣过程不存在上下架操作。同时商品仓拣配周期一般控制在 12～18 小时，导致其在平台仓库停留时间大大缩短，中心仓与网格仓仅履行快速流转分拨的职能，城市级以下供应节点承担库存的环节往上游推移，要求供应商更快备货和发货，库存压力转移至供应商或共享仓。社区 O2O 效率提升的内在机制来自两方面，一是基于预售制的以销定采以及，二是通过库存环节向上游前移实现更好的分销匹配，最终能一定程度上降低损耗、加快周转，实现供应链压缩与提速②。

---

　① 社区电商专题（一）：从兴盛优选看社区电商的未来［R］. 德邦证券，2021.
　② 社区电商：下沉市场零售创新重构大快消供应链体系［R］. 广发证券，2021.

第 7 章　农村电商生态系统中
农产品上行的保障措施

7.1　基 本 思 路

农村电商生态系统中，存在一类物种，包括信息基础设施提供者、仓储物流提供者、电商服务提供者、科研机构、标准化组织、行业协会、政府机构等，它们虽然在农产品上行活动中不是关键物种，但却从各不同层面支持和保障交易顺利实施。其中，农村信息基础设施是农村电商生态系统的"电力设施"，完善农村信息基础设施才能保障农产品"带电"上行；农产品物流配送网络是农村电商生态系统的"交通枢纽"，健全农产品物流配送网络才能保障农产品"快速"上行；县域电商公共服务体系是农村电商生态系统的"配套服务"，优化县域电商公共服务体系才能保障农产品"高效"上行；农村电商人才市场是农村电商生态系统的"生命之源"，培育农村电商人才市场才能保障农产品"智慧"上行。

7.2　完善农村信息基础设施

农村信息基础设施包括农村网络基础设施、农村信息服务基础设施、智慧农业生产基础设施和农村公共数据服务平台等。

7.2.1　升级农村通信网络基础设施

根据工业和信息化部发布的数据，截至 2021 年，我国行政村已实现宽带全覆盖，解决了农村地区接入互联网的基本能力。为了更好地服务农产品电商活动，满足短视频、直播、虚拟现实（virtual reality，VR）、增强现实（augmented reality，AR）、智慧农业、数字乡村等大流量业务的需求，"十四五"期间，国家应从两个层面升级农村通信网络基础设施。

一是偏远地区要加快 4G 移动网络建设，推动宽带广度和深度覆盖。虽然这些地区已通移动网络，但还存在大量 2G、3G 网络，且基站数量不足，信号较差。对于民族地区、革命老区、脱贫地区，要完善人口聚居密度较高区域、扶贫搬迁安置生活区、生产作业区、交通要道沿线、农林场等区域的 4G 网络覆盖；对于边疆地区，逐步完善边境村寨公共活动场所以及边境口岸、边防哨所及周边道路的 4G 网络覆盖，光纤、移动网络无法覆盖处可运用卫星通信等多种方式接入宽带服务。

二是通信网络基础设施较好的农村地区要加快新一代网络基础设施建设，弥合城乡"数字鸿沟"。5G 的速率是 4G 的 10~100 倍，时延仅 4G 的 1/10，5G 的广泛应用能牵伸出一系列创新商务应用。"十三五"期间，我国已建成 5G 基站 70 万余个，但基本都在地级以上城市，县级及农村地区的 5G 覆盖率还很低，城乡差距巨大。千兆光纤网络是新基建的重要组成与承载底座，光纤网络覆盖率是数字化转型的重要指标。"十三五"期间，千兆光纤网络已在我国主要城市逐步部署，但农村地区还基本处于空白状态。IP 地址是信息设备接入互联网的基本标识，已有 IP 协议以 IPv4 为主，由 32 位构成。IPv4 的主要缺陷是地址资源不足，限制了互联网应用范围。IPv6 地址由 128 位构成，地址数量远多于 IPv4，是 IPv4 地址数的 8×10^{28} 倍，使其在可预见的未来完全够用。"十三五"期间，我国大力推进 IPv6 技术，活跃终端已接近 5 亿个，但主要集中在城市区域，农村地区的应用率极低。5G、千兆光纤网络、IPv6 是新一代网络基础设施的主要内容，对于完善农村电商生态系统具有重要意义。因此，"十四五"期间，有条件的农村地区应加快推进 5G 网络建设，加快部署千兆光纤网络，提升 IPv6 端到端贯通能力。

7.2.2 完善农村信息服务基础设施

由于地理位置、人居环境、网络设施、信息技术应用能力等因素，农村地区接入和使用互联网应用通常需要信息服务基础设施的支撑。农村信息服务基础设施是指为农村居民提供生产、生活、商务等领域信息服务的站点和设施，包括农村电子商务服务站（点）、村级信息服务站等①。

农村电子商务服务站（点）是商务部"电子商务进农村"项目的重要建设内容，根据国家标准《农村电子商务服务站（点）服务与管理规范》（GB/T 38354-2019）的定义，农村电子商务服务站（点）是指利用电子商务平台，为驻村人群提供商品代购、产品代销、电子商务知识培训、物流配送等便民服务的村级服务站（点）。根据商务部发布的数据，"十三五"期间，全国共建有农村电子商务服务站（点）54.7 万个，覆盖全部行政村的 78.9%。农村电子商务服务站（点）的建设受到了"电子商务进农村"项目的资金支持，通过改建和新建完成。

村级信息服务站是农业部"信息进村入户"工程的重要建设内容，根据农业部《信息进村入户村级信息服务站建设规范（试行）》，村级信息服务站（也称"益农信息社"）分为标准站、专业站和简易站三类，标准站依托行政村建设，选择交通便利、农户密集的地区，对信息基础设施较为完善的场所进行改造，为村民提供日常生活、电子商务、培训体验等服务；专业站依托家庭农场、专业大户、农业合作社、龙头企业等农业经营主体建设，围绕农业生产、经营活动为其成员提供信息服务；简易站依托农资店、兽药饲料门市、便民超市等，提供农业生产资料、生活消费品代买和电子商务等服务。"十三五"期间，受农业农村部"信息进村入户"工程资金资助，全国已有超过 80% 的行政村建有益农信息社。

商务部农村电子商务服务站（点）和农业农村部村级信息服务站作为农村信息服务基础设施，在农产品电商发展过程中发挥了积极作用。然而，这些信息服务网点还存在诸多问题。首先，发展不平衡，东部地区发展较好，中西部较为落后。事实上，相较于东部地区，中西部地区更需要信息服务。其次，信息服务职能单一，信息设备设施不能满足需求。许多信息服务网点主要的职能是商品展示和销售，更像一个便利店，与信息服务、电商服务相关的业务非常欠缺。第三，行政化、形式化有余而市场化不足，虽然诸多信息服务网点统一了文案标识、设备配置、功能设计、门店装修，但多以接受上级评估、检查为目标，较少考虑村民的实际需求，从而导致经营不善，不少网点在政策资金花光后便关张或转型。鉴于此，"十四五"期间，建议相关政府部门开展农村信息服务基础设施的全面调查，了解网

---

① 中央网信办信息化发展局，农业农村部市场与信息化司，国家发展改革委创新和高技术发展司等. 数字乡村建设指南 1.0 [R]. 2021.

点经营中的问题和困难，县级层面统筹建设，遵循"多站合一""一站多用"原则，以村民的实际需求为导向，提出升级、优化、完善的2.0版本。

7.2.3 建设数字农业生产基础设施

信息化对于农产品上行的促进作用，除了提高流通效率外，还包括生产环节的优化。通过生产数字化，实现生产环境的智能感知、智能预警、智能决策、智能分析，进而生产出高质量、标准化的农产品（阮俊虎等，2020）。

农业生产数字化主要包括种业数字化、种植业数字化、林草数字化、畜牧业数字化、渔业渔政数字化、农产品分拣智能化等。其中，种业数字化实现育种科研、制种繁种的多场景信息化，其基础设施主要包括品种创新智能化服务系统、种业政务信息服务平台等；种植业数字化为种植各环节流程提供智能决策，其基础设施主要包括"三情"（墒情、苗情、灾情）监测平台、病虫害监测平台、农田自动化生产管理系统、数字农场等；林草数字化处理和解决林草系统的生产和经营管理问题，其基础设施主要包括智慧林草云平台、数字林场等；畜牧业数字化实现畜牧养殖数字化智能化管理，其基础设施主要包括动物疫病监测平台、畜牧养殖监管平台、养殖场直联直报平台、数字牧场（养殖场）等；渔业渔政数字化提升渔业生产和渔业管理决策的能力与水平，其基础设施主要包括渔船渔港动态监控管理系统、渔业生产大数据平台、渔政执法监管平台、数字渔场等；农产品分拣智能化实现农产品智能分级、分拣和包装，其基础设施主要包括智能分级分拣装置、数字化车间、农产品分拣信息管理系统等。

农业生产数字化运用到的信息装备主要包括物联网和大数据平台两类。农业物联网利用传感器实时收集现场数据，例如，土壤传感器可实时测定土壤水分含量、电导率和温度，气象传感器可实时测定空气温湿度、光照强度、雨量大小，植物生理传感器可实时测定植株叶面湿度、果实的生长尺寸、茎秆直径微变化，畜牧水产传感器可实时测定养殖环境（包括照度、温度、湿度等）以及水体中余氯的含量、pH、浊度。农业物联网还利用卫星遥感和无人机等拍摄图像和获取气象数据，帮助确定播种、施肥、灌溉、喷药和收割的最佳方法。农业大数据平台主要有三大功能，一是收集存储来自农业物联网获得取数据，二是应用统计技术、机器学习技术进行大数据分析，三是可视化呈现，以便辅助决策。

数字农业生产基础设施的应用场景非常广泛，涉及的主管部门和运作项目众多，不同应用场景存在设备交叉重叠等情况，国家主管部门应加强统筹规划，按照"国家—省级—县级—经营主体"四级进行职能划分，规范各级技术标准和数据接口，通过政府补贴、科研院所参与、经营主体主导、市场化运营的方式建设。建设过程中，还要充分考虑信息智能装备的科技进步与技术迭代，坚持科学性、系统性、前瞻性、经济性四大原则，实现农业生产数字装备的有效配置和最佳实践。

7.2.4　构建农村公共数据服务平台

要实现数字技术与农业农村经济的深度融合，必须把数据作为基本要素，重视基础数据资源建设。农村公共数据服务平台是基础数据资源的主要载体，它起到汇聚、共享、治理和应用农业农村大数据的作用。农村公共数据服务平台的数据源涉及民政、公安、自然资源、农业农村、商务、市场监管等相关部门，包括省、市、县、乡、村五个层级，与农产品上行相关的数据主要包括农业自然资源大数据、农业经营主体大数据、农产品市场大数据、特色农产品产业集群大数据等[1][2]。

农业自然资源大数据主要包括耕地基本信息数据和渔业水资源基本信息数据两部分。耕地基本信息数据主要来源包括农村土地承包经营权确权登记、永久基本农田划定、高标准农田上图入库、耕地质量调查监测、粮食生产功能区和重要农产品生产保护区划定、设施农用地备案等数据，通过数据处理和整合，形成基本地块权属、面积、空间分布、质量、种植类型等大数据。渔业水资源数据主要来源包括渔业水域空间分布、渔船渔港和渔业航标等数据，通过数据处理和整合，形成覆盖内陆水域以及重要海域和渔场的渔业水域资源大数据。

农业经营主体大数据主要包括农村土地承包经营权确权登记、新型农业经营主体直报信息、家庭农场名录、农业补贴发放、投入品监管等数据。由于农业经营主体涉及面非常广、数据项繁多且具有动态性，因此建议建立全国性农业经营主体基础信息直报平台，制定农业经营主体基本信息数

---

① 中央网信办信息化发展局，农业农村部市场与信息化司，国家发展改革委创新和高技术发展司等．数字乡村建设指南 1.0 [R].2021.

② 农业农村部，中央网络安全和信息化委员会办公室．数字农业农村发展规划（2019－2025年）[R].2019.

据规范、接口调用规范，提供农业经营主体客户端，要求农业经营主体在办理项目申报、补贴发放、监管检查等行政事务时完善和更新基本信息，逐步形成覆盖面广、准确及时的农业经营主体大数据。

农产品市场大数据主要包括农产品基本属性、各类市场（田头市场、批发市场、零售市场等）交易信息（时间、平均价格、交易量和交易对象等）、质量安全溯源等数据。由于农产品市场大数据涉及市场信息等敏感内容，数据拥有方（各类电商平台、政府相关统计部门等）通常缺乏共享积极性，政府要加快培育数据要素市场，成立行业协会，建立农产品市场大数据规范和标准，创新数据要素市场商业模式，重视数据隐私保护和安全审查，研究制定数据产权制度，加快农产品市场大数据的资源共享和价值利用。

特色农产品产业集群大数据是指针对农村特色农产品集聚区域，基于特色农产品全产业链，收集经营主体、产品品类、生产基地、质量标准以及生产、加工、流通、销售、品牌等方面基础数据，通过数据处理和整合，建立特色农产品价格指数，开发特色农产品"产业动态画像"可视化仪表盘，为产业发展提供数据支撑与决策支持。特色农产品产业集群大数据的建设层级以县级或地级为宜，依据是特色农产品产业集群的覆盖区域。在建设内容上，切忌全国统一模板，而应遵循特色农业的自身特性、市场状况，以服务于集群内经营主体为目标。

7.3 健全农产品物流配送网络

农产品物流配送网络包括县级物流配送中心、农村冷链物流设施、共享仓储设备设施和农产品流通骨干网等。

7.3.1 升级县级物流配送中心

县级物流配送中心是农产品物流配送网络的核心节点，它承载了农村地区物流"最初一公里"和"最后一公里"的分拨、配送职能，是农产品上行和工业品下行的关键条件。"十三五"以来，在"电子商务进农村"示范工程及国内知名电商平台农村电商项目的推进下，县级物流配送中心建设取得了巨大的成绩，实现了从"0"到"1"的跨越。然而，大多数县级物流配送中心一是职能单一，通常在闲置资源基础上经过简单改建装修而成，主要承载物流快递企业的分拨任务，鲜有农产品上行必备的分级、分拣、包装、存储等职能；二是业务量小、入驻的物流快递企业、供应链服务企业少，有的县级物流配送中心仅为一家物流企业独建独享，严重制约了物流配送中心的发展，更有甚者因业务量过低导致县级物流配送中心"名存实亡"。县级物流配送中心要面向乡镇、村及本地生产流通企业、邮政快递企业、合作社、家庭农场等各类主体，提供仓储、分拣、中转、配送等服务，升级县级物流配送中心势在必行。

升级改造的要点主要包括以下四方面。一是做到"政府引导，市场主导，企业主体"。现有县级物流配送中心大多数是在国家政策资金的扶持下建成的，具有显著的行政特征，即政府主导，缺点是效率不高、市场不活、后期资金投入不足。因此，升级改造县级物流配送中心，首先要改变"政府主导"的现状。当然，在县级物流配送中心升级改造的过程中，政府的作用仍然是首要的，政府要引导全县的物流配送企业聚集发展，对物流配送中心的选址、用地起决定性作用，避免资源分散、重复建设。但是，对于物流配送中心的发展模式、系统规划，政府不应过多干预，要结合县情，让市场主导，发挥物流配送企业的主体作用。二是做到"整合资源，量力而行"。与大中型城市相比，县域的市场体量有限，物流配送企业若"单兵作战"将缺乏成本优势进而减少了入驻县域的积极性。创新商业模式，引入云物流、云仓储以及共同配送等新模式，实现各方物流服务企业量力而行、资源整合，既有利于降低农村物流配送成本，提高农村物流配送效率，也有利于各方物流配送企业的生存与发展。三是做到"系统规划，功能齐全"。县级物流配送中心不仅仅具有分拨、配送职能，对于农产品上行而言，收购、分级、分拣、加工、包装、存储、发货等职能更为重要，县级物流配送中心运营方要通过系统规划，逐步满足农业经营主体的实际需求，解决农产品上行过程中的物流"痛点"，既是县级物流配送中心的重要业务内容，也疏通了农产品上行的"最初一公里"通道。四是做到"开放合作，平台思维"。县级物流配送中心既是运营服务商的营利平台，更是县域商业基础设施的重要组成部分，具有一定的公共品属性，运营服务商要用平台思维来经营物流配送中心，将其做成一个开放合作的系统，提供服务和交易的规范、规则，面向最广泛的利益相关者提供"接口"服务，把平台做大做强，力争产生最大社会价值和创造最大经济效益。

7.3.2　建设产区冷链物流设施

农产品冷链物流的主要环节包括产地预冷、冷藏储存、冷藏车运输、冷库储存、保鲜配送等。农产品冷链物流设施建设，是现代农业发展的重大牵引性工程，可以有效提升农产品产区储藏保鲜和产后商品化处理能力。近年来，随着农产品电商的迅速发展，各类生鲜电商平台、生鲜连锁企业、第三方物流快递企业非常重视农产品保鲜冷链设施，取得了巨大的成绩。然而，地处农村的农产品产区，冷链物流设施的数量严重不足，硬件设施十分落后。事实上，与城市相比，在农产品产区建设冷链仓储设施，既具有成本低、经济效益高等优势，还达到农产品"最初一公里"保鲜、抑制供需不平衡的目的。

农产品产区冷链物流设施主要包括通风储藏库、机械冷库、气调储藏库以及预冷及配套设施设备等。通风储藏库主要用于马铃薯、甘薯、山药、大白菜、胡萝卜、生姜等耐贮型农产品，主产区可以采用自然通风和机械通风相结合的方式，建设地下、半地下储藏窖或地上通风储藏库。机械冷库主要用于果蔬及其他种植类农产品，主产区可以采用土建式或组装式建筑结构，配备机械制冷设备，新建保温隔热性能良好、低温环境适宜的冷库和果蔬速冻库；也可对闲置的房屋、厂房、窑洞等进行保温隔热改造，安装制冷设备，改建为机械冷库。气调储藏库主要用于苹果、梨、香蕉等呼吸跃变型农产品，主产区可以配备有关专用气调设备，建设气密性较高、可调节气体浓度和组分的气调储藏库。预冷及配套设施设备则是根据产品特性、市场发展和储运加工的实际需要，规模较大的设施，可配套建设强制通风预冷、差压预冷或真空预冷等预冷库或预冷设施，配备必要的称量、清洗、分级、检测、信息采集等设备以及新建储藏设施专用的供配电设备。

农产品产区冷链物流设施建设，可以利用农业产业园、示范园、电商孵化园或物流园区等现有资源，建设或改造具有集中采购和跨区域配送能力的产地低温直销配送中心，提供线上线下融合的分拣包装、储藏保鲜、分拨配送等低温直销和品牌增值服务。支持家庭农场、农民合作社、农村集体经济组织等建设规模适度的分选、预冷、冷藏、冷冻等设施设备。鼓励新型农业经营主体，应用现代管理理念、标准和技术，建设和运营对接产业需求和市场供给的农产品冷藏保鲜设施和产地低温直销配送中心，开展低温处理、集中储藏、规模配送等专业化、全程化服务。充分发挥农民合作社、产业化龙头企业和农产品批发市场骨干作用，通过高频次、市场化、规模化等农产品仓储保鲜冷链物流交易活动，探索构建适应跨地域、反季节、大流通和多产融合的标准，逐步形成统一规范、符合市场需求、覆盖全产业链的集成技术和业态流程标准体系。

7.3.3　共建共享仓储设备设施

在农产品上行过程中，仓储起到了质量保持、供需缓冲、效率提升等作用。农产品电商经营者运营投入的成本中，仓储成本占比普遍较大。为了提高配送效率及农产品保鲜，电商经营者除了建设产地仓外，还会根据产品特征和市场需求，建立大区分拨仓、城市中心仓、配送前置仓等，如果采用自建自营的方式，经常会出现仓储闲置或"爆仓"的现象，物流成本效率难以优化。随着信息系统和大数据的深入应用，共享仓储模式逐渐应用于第三方仓储服务领域（张富强等，2021）。

共享仓储属于共享经济的组成部分，共享经济实现的基础是平台经济（谢富胜等，2019）。共享仓储是指通过整合全国（甚至全球）范围内的农产品产业链资源，以便实现从产地至终端消费者的一站式农产品仓储物流解决方案。共享仓储模式要顺利实施，首要条件是建立一个共享平台。共享平台的职责包括制定共享规则、吸引社会仓储资源入驻、基于大数据的闲置资源查询、仓储供需智能匹配、产品智能配送、供应链金融以及履约监督等。共享平台的建设及经营主体应该是企业，政府不要主导共享平台的建设。由于共享平台投入巨大且存在较大的风险，政府不宜给予扶持资金，创立者应按照市场规则吸纳风险投资。

共享仓储的一个重要职能是分布式库存的智能调配，即在 ERP、OMS、WMS、TMS、DMS 等全链管理信息系统的支持下，基于消费数据进行库存分析预测，实现智能化库存调配。智能调配实现的基础是信息共享，作为一个共享平台，仓储物流管理信息系统的拥有方众多，实现数据共享的前提是所有参与者要达成一个规范，包括共享信息的内容、格式、时效、传输协议、安全与保密措施、隐私保护等。在共享信息规范的编制过程中，政府组织和行业协会应发挥相应的作用。

除了共享平台外，共享仓储设备设施的建设模式也非常关键。农产品（尤其是生鲜农产品）共享仓储，基本服务应为各类生鲜产品提供冷藏、冷冻、恒温、常温等环境的存储、质检、加工、分拣、打包、出入库、库存管理、包装设计等，设备设施应满足专业化、现代化、自动化、智能化等特点，且网点覆盖全国（甚至更大范围），设备设施的建设成本巨大，任何单一企业均不能胜任。创新共享仓储建设模式，通过制定仓储共享规范，一是调动社会资源，鼓励第三方供应链和仓储物流服务企业建立大区或城市中心仓以及配送前置仓，解决农产品销地共享仓建设问题；二是鼓励具有一定规模、有相应经济条件的农业经营主体，如家庭农场、农业合作社、农业产业龙头企业等在农产品主产区建立共享仓，满足农产品主产区经营者需求；三是在地理位置偏远、经济条件较弱的脱贫区域，通过政府扶持资金、社会捐赠等方式建立适度规模的公共仓储，缓解脱贫农户产地存储难题。

7.3.4 完善农产品物流骨干网

农产品物流骨干网是国家物流枢纽的重要组成部分，承载了农产品集散、整理、存储、分拨、运输、配送等多种职能，是农产品物流配送网络的主干通道和核心节点（李芏巍等，2021）。农产品物流骨干网是农产品上行的"大动脉"，建设农产品物流骨干网，有利于提高农产品供给质量和效率，促进农业增效、农村发展和农民增收；有利于稳定农产品市场运行，提升公共服务能力和水平；有利于拉动社会资本投入，打造经济发展新动力，助力经济稳定增长。

建设和完善农产品物流骨干网，要依据各地经济社会发展情况、交通区位、人口规模、农产品流通基础等因素，在全国农产品生产、集散和消费集中区域，支持全国性农产品物流骨干市场和企业强化基础设施，密切产销衔接，完善服务功能，形成以全国骨干农产品物流园区为节点，连接东西、贯穿南北、辐射内外的全国农产品流通骨干网。支持公益性农产品批发市场建设公共加工配送中心、公共信息服务平台、检验检测中心、消防安全监控中心、废弃物处理设施等公益性流通基础设施建设，完善公益功能实现的长效机制。

大型农产品智能物流园区是农产品物流骨干网的关键节点，在规划布局上，要围绕"一带一路"建设、京津冀协同发展、长江经济带发展、粤港澳大湾区建设、长三角一体化发展等，依据国土空间规划，在国家物流骨干网络的关键节点，选择部分基础条件成熟的承载城市分批建设大型农产品智能物流园区；在技术标准上，要以大数据、物联网、云计算、视频智能分析、GIS、人工智能、无线通信等新技术为依托，以智能化应用系统平台为支撑，将人、车、货、物等全面感知、数字连接并深度融合，聚焦科技化运营、品质化服务、数字化物流，重配整合园区资源并达到各方利益最大化，实现绿色高效、业务增值、链式效益、协同生态，最终达成可持续发展。另外，要以大型农产品智能物流园区为契机，培育形成一批资源整合能力强、运营模式先进的枢纽运营企业，促进区域内和跨区域物流活动组织化、规模化、网络化运行。

冷链物流基础设施是农产品物流骨干网的重要组成部分，加强农产品冷链物流基础设施建设，鼓励企业利用产地现有常温仓储设施改造或就近新建产后预冷、储藏保鲜、分级包装等冷链物流基础设施，开展分拣、包装等流通加工业务。鼓励企业创新冷链物流基础设施经营模式，开展多品种经营和"产销双向合作"，提高淡季期间设施利用率。发展第三方冷链物流全程监控平台，加强全程温度、湿度监控，减少"断链"隐患，保障生鲜农产品品质和消费安全。发展"生鲜电商＋冷链宅配""中央厨房＋食材冷链配送"等冷链物流新模式，改善消费者体验。

7.4　优化县域电商公共服务体系

县域电商公共服务平台包括县级电商公共服务中心、农产品质量监测体系、农村电商创业环境和农产品电商行业协会等。

7.4.1　升级县域电商产业园区

农业农村电商经营主体在应用实施电商的过程中，普遍面临缺乏专业配套服务等问题，县域电商产业园区具有聚集电商从业者，促进电商要素资源集中，加强业内人士的交流和沟通，共享电商资源和服务等职能，是一种典型的公共服务平台。"十三五"以来，在政策推动及平台驱动下，全国各地纷纷建设县域电商产业园区，实现了从0到1的飞跃。然而，不少县域电商产业园区存在招商困难、生存难以为继。分析其原因，一是在传统工业园区的基础上变个名字、换个招牌，没有实质性的服务；二是虽然是新建园区，但缺乏对电商服务体系的认知，要么定位大而全，要么建设重硬轻软，要么运营缺乏电商基因。

县域电商产业园区的建设需要考虑多方面的问题。一是规划，县委县政府在电商产业园区的建设中要发挥指导和规划作用，依据全县整体规划并科学分析电商实际需求，提出电商产业园区建设的指导意见，明确电商产业园区建设数量与类型以及用地要求。二是选址，建设和运营方要充分考虑园区所在位置的交通出行及生活配套便利度，早期部分园区运营者认为电商属于线上业务，园区位置可以选在离县中心较远的高速公路旁，结果导致招商困难，已入驻园区的企业因招不到员工被迫撤离。三是园区规模，应根据覆盖区域的电商企业承载量进行规划，切忌贪大也不要因面积过小缺乏发展空间。四是定位与功能，全国有 2000 多个县，电商发展情况千差万别，有的县已形成规模较大的电商产业，其园区定位与功能主要放在降本增效上；有的县还处于电商发展初期，园区则应定位于提供专业的电商服务上；还有的县聚集了大量的特色农产品，对物流配送和冷链设施需求较大，园区则可主打农产品电商物流配送服务。五是硬件设施，电商产业园区对网络带宽的要求较高，园区在规划建设时应充分考虑带宽需求量，以满足入驻商户集中并发式在线推广与交易、网络直播、视频会议等大带宽需求。

新建或升级县域电商产业园区，要把握电商经营的基本特征，坚持需求导向、突出特色的发展原则，力争基础设施完善、功能齐全、服务周到、价格低廉。在园区招商经营中，要创新办公场地租赁模式，依据企业发展阶段阶梯定租金，优化入驻企业职员生活、就餐环境，提高网络带宽、降低上网费用，对接第三方公司开展财务管理、商标注册、知识产权、管理指导等专业化服务。提供第三方电商服务是园区的重要职能，运营方要用心打造完备的电商服务体系，对接第三方公司提供电商平台、产品摄影、网页制作、网络推广、信息技术、物流快递、客服托管、咨询培训、电商代运营等服务。建立电商园区线上服务平台，提供跨行业、跨学科、跨地域的线上交流和资源链接服务。

7.4.2 构建农产品质量监测体系

质量安全是农产品上行的生命线。习近平指出，农产品质量安全是"产出来"和"管出来"的，要求通过"四个最严"（最严谨的标准、最严格的监管、最严厉的处罚、最严肃的问责），建立食品安全现代化治理体系，提高从农田到餐桌全过程监管能力，提升食品全链条质量安全保障水平。农产品种类繁多,从种植类产品、养殖类产品、种子幼苗、饲料化肥、土壤等到储存、运输和配送均存在质量安全隐患,检验检测覆盖面非常广泛,涉及近4000项检测参数,没有系统、科学、规范的农产品质量监测体系很难保证农产品质量安全。

农产品质量安全检验检测机构是农产品质量监测体系的重要组成部分。农业农村部明确指出,农产品质量安全检验检测机构属于公益性机构,地方政府应结合本地特色农产品发展现状,做好功能定位和规划设计,并以农业农村部颁布的《地市级农产品质量安全监督检验检测机构建设标准》(NY/T 2244 - 2012)和《县级农产品质量安全监督检测机构建设标准》(NY/T 2245 - 2012)为依据,在建设规模与项目构成、项目选址与总平面设计、工艺流程、仪器设备、建设用地与规划布局等方面达到行业标准。地级检测机构一是负责抽检、监督抽查检测、复检等工作,二是负责县级及以下检测机构的技术指导工作,三是承担标准宣传、技术咨询等服务工作。县级检测机构一是负责日常性检测工作,二是负责乡镇农产品质量安全监管站、农产品生产基地、农贸市场等的技术指导工作,三是承担标准宣传和技术培训、技术咨询等服务工作。

农产品质量安全溯源系统也是农产品质量监测体系的重要组成部分。农产品质量安全溯源是指运用现代信息技术,对农产品生产、收储运等环节中与质量安全有关的信息进行记录和存储,并将记录存储的信息通过二维码、条形码等方式附着在农产品及其包装上,实现终端销售农产品源头可追溯、流向可追踪、信息可查询、过程可管控、责任可界定,保障公众消费安全。农产品上行过程中,行业协会或经营主体应建立农产品电商溯源相适应的数据管理制度,对数据采集、记录、保存、传输进行规范管理。追溯参与方应对产品、物流单元、位臵进行唯一标识,确保追溯单元标识信息的真实唯一性,记录并共享追溯数据。追溯单元提供方与接收方之间应至少交换和记录各自系统内追溯单元的一个共用的标识,以确保对产品追溯时信息交换的通畅。所有追溯单元应提供其标识信息,并从追溯单元源头附上标签、标记或标注。追溯单元标识信息应为全球唯一的标识代码,该代码应直接附在追溯单元上。在技术上,应积极探索基于区块链的农产品质量安全溯源方式和实现手段。在运营模式方面,农产品质量安全溯源系统应为第三方公共服务平台,运营方应在政府的监管下通过行业协会、服务企业以及农产品经营主体多方参与下独立经营。

7.4.3　营造农村电商创业环境

电子商务是一种新型的农产品流通模式，具有进入门槛低、市场机会大等特征，非常适合创业者；创业者选择农产品电商，开拓蓝海市场，又能极大推动农产品上行步伐。因此，营造农村电商创业环境，对于推动农产品上行、促进农民增收具有重要意义。农村电商创业的主要影响因素包括市场、人力、文化、环境、政策、金融等。农产品电商处于发展初期，农业经营者面临巨大的市场机会，市场为有利因素。人力资源及创业文化具有一定的外生性，在短期内较难改变。因此，相对于其他因素，改善创业环境、推出扶持政策以及加大金融服务是营造农村电商创业环境的着力点和重要抓手。

在创业环境方面，把县域电商产业园区作为突破口，积极培育电商产业园区创客文化，强化园区的创业孵化职能，鼓励园区建设创客空间、创业咖啡、创新工场等新型众创空间，推动基于"互联网＋"的创业创新活动加速发展。积极发展共享办公模式，提供配备完善、拎包入驻的办公场所及一站式企业级管家服务，营造具有高度设计感和舒适度的办公空间，以及高黏度、高品质商业资源互动社群。从园区内遴选创业导师，开展电商创业培训，提高创业技能本领。搭建资源对接平台，通过开展各层级电商创业大赛、农村青年考察交流活动，积聚更多创业资源，促进项目、资金、技术、人才、信息等有效对接，激发青年创业潜能。搭建农村电商创业见习平台，提供创业实训或孵化等服务。

在扶持政策方面，"十四五"期间，总结前期政策实施的经验和不足，推出"电商进农村""'互联网＋'农产品出村进城工程升级版"，切实助力农业经营者农产品上行。围绕"政府提供平台、平台集聚资源、资源服务创业"的思路，组织开展专项活动，为农业经营主体电商创业提供服务。积极吸引新农人电商创业，统筹考虑社保、住房、教育、医疗等公共服务，及时将返乡电商创业人员纳入公共服务范围，做好返乡人员创业服务、社保关系转移接续等工作，探索完善涉农电商创业人员社会兜底保障机制，降低创业风险。深化农村社区建设试点，提升农村社区支持涉农电商创业和吸纳就业的能力，逐步建立城乡社区农民工服务衔接机制。

在金融服务方面，按照政府引导、市场化运作、专业化管理的原则，设立农村电商创业发展基金，带动社会资本共同加大对农村电商创业的投入，促进初创期电商经营主体成长。发展农村普惠金融，引导加大涉农资金投放，运用金融服务"三农"发展的相关政策措施。协调信贷机构简化农村电商经营主体小额短期贷款办理手续，对信誉良好、符合政策条件的农村电商经营主体，可按规定享受创业担保贷款及贴息政策。引导涉农电商经营主体利用资本市场融资，对接天使投资、风险投资、私募股权投资等机构参与投资。

7.4.4　成立农产品电商行业协会

对企业而言，行业协会主要有两大作用，一是具有发挥集体效应的作用，协会让产业内企业聚集在一起，共享人力资源、促进产业集群发展、产生知识与技术外溢；二是弥补政府的有限理性，搭起企业与政府的桥梁，缓解两者之间的信息不对称现象，参与政策研究，建立行业规范，承接政府职能转移，提升政府产业政策的有效性（曹荣庆等，2018；郁建兴，2018）。

农产品电商行业协会的运作模式主要有三种，一是自上而下式，协会在主管部门的指导下，由政府官员（现任或退休）担任会长、企业作为会员单位参与的组织形式，该模式建立的协会定位于政府职能的补充，协会职责主要包括制定章程和公约、颁布奖励政策、控制流通环节、建立信誉体系、实施行业治理等，该模式后因国家明确规定协会与行政机构脱钩而逐渐减少；二是自下而上式，协会由同行业企业自发形成，会长或理事长由龙头企业担任并提供主要运作资金，该类协会的职责主要是产业资源和要素聚集与共享、技术培训、展会组织与营销推广、农产品地理标志品牌申请与认证等；三是混合式，协会成员由政、产、学、研多方力量构成，发挥政府、市场、行业以及研究机构之间的桥梁作用，该类协会的职责主要是构建交流沟通平台、开展技术合作、协调政府关系、匹配产业资源等（马述忠和沈国华，2025）。以上三种运作模式各有优缺点，但又有一个共同目标——服务会员企业、推动产业发展。

农产品标准规范的起草制定与监督实施是农产品电商行业协会的一项重要职能。地方特色农产品通常呈现出聚集现象，数量庞大的农业生产者在同一片土地（水域）中各自生产，生产规范、质量标准难以统一，行业协会对此应积极参与甚至成为主导方。例如，山东省烟台市大樱桃协会对当地生产的大樱桃进行电商销售质量分级，出台了行业团体标准《烟台大樱桃电商产品质量分级》（T/YTCA 003 - 2020），从基本要求、果实直径、可溶性固形物、果形等维度将大樱桃分为五级，同时还规范了检验规则、包装、标志标签等。

农产品地理标志保护是农产品电商行业协会的又一项重要职能。农产品地理标志是地方特色农产品的区域品牌，是市场竞争的重要因素，获得农产品地理标志并实施认证保护将大幅度提升农产品的市场竞争力，行业协会对此也应积极参与甚至成为主导方。近年来，阳澄湖大闸蟹通过电商已开拓出巨大的消费市场，当地种植户因此受益。但是，一些不法商户为了追逐利益最大化将大量假冒伪劣产品冒充阳澄湖大闸蟹销售，既侵害了消费者利益也让阳澄湖大闸蟹品牌受损。为此，当地经营者建立苏州市阳澄湖大闸蟹行业协会，申请注册"阳澄湖大闸蟹"农产品地理标志，并制作防伪扣对会员企业农产品进行认证标志，对于不规范使用认证标志的会员企业实施罚款、除名等惩罚，有效地保护了阳澄湖大闸蟹地理标志品牌形象。

7.5　培育农村电商人才市场

农村电商人才体系包括农村电商带头人、农村电商管理人才、农村电商实操人员和县域电商专家团队等。

7.5.1　培育农村电商带头人

带头人是指在某领域具有较高的知识储备和实践能力、在群体中起示范带头作用的人，农村电商带头人则指在特定村镇范围内，熟练掌握电商知识与技能，具有较强的实践能力，勇于创新、敢于创业的农村"能人"。该类人才通常具有企业家精神，市场洞察力敏锐且敢于冒险，发现市场机会后在政府的鼓励下尝试创业实践，取得阶段性成功后通过农村熟人关系实现知识溢出和资源共享，带动周边农户创业致富（李小建等，2013）。已有大量文献研究表明，农村电商带头人是推动农村电商产业集群形成的重要因素（雷兵和刘蒙蒙，2017）。

各地县委县政府要推出电商创业"带头人"培养计划，吸引大学生、退伍军人、合作社社员等、企业经营者返乡创业，争取村村都有带头人。

利用农村特有的亲缘关系、邻里关系等社会通道，推动电商项目在村庄内部扩散和提升。建立团干部联系点制度，推动乡镇团委委员与培养对象结成帮扶对子，了解培养对象实际需求，推动解决实际问题。组织带头人参与政府部门相关活动，了解国家强农惠农富农具体政策，反映电商创业实际需求，解决用地难、雇工难、融资难等实际问题，积极争取有关支持。通过县域电商创业孵化园等载体营造创业环境和氛围，积极主动对接电商交易平台、短视频直播平台等平台企业在县域电商园区设立办事处、营销服务中心，形成特色农产品电商上行产业集群，通过资源共享、知识溢出、社会网络、示范带动等驱动力有效促进农产品电商发展。

从现有实践来看，农村电商带头人的一个重要群体是新农人，他们具有互联网思维，聚集在城市或县城周边，从事高附加值的绿色生态农产品生产与电商上行，其中，有本地农村青年，也有返乡人员，甚至外来创业者，这些新农人具有新思维、新理念、新营销、新组织、新知识等特征（汪向东，2014）。新农人的出现弥补了农村"空巢现象"严重、创业能人短缺的问题，推动了农产品流通方式变革、生产经营方式转变、一二三产业融合发展，实现了城市要素资源向农村地区的流动（张红宇等，2016）。因此，各地县委县政府要吸引新农人到当地开展农产品电商创业，支持新农人与涉农企业、农民合作社、家庭农场等加强合作，开展网店货源对接，并利用第三方电商平台，拓宽特色品牌农产品的销售渠道。组织新农人参与农业农村电商专项建设工作，支持新农人领创建县级区域电商服务中心和乡镇服务站、村级服务点。依托各级涉农创业青年协会组织，推动成立电子商务分会，为新农人提供沟通交流平台。引导和鼓励行业龙头企业、大型物流企业发挥优势，拓展乡村信息资源、物流仓储等技术和服务网络，为新农人创业提供支撑。另外，新农人多为跨界创业，对农村、农业较为陌生，不善于与农民交往和沟通，地方政府要密切跟踪新农人发展动态，帮助他们适应农村生活习惯和工作方式，尽快融入其中。

7.5.2　吸引农村电商管理人才

电商运营涉及战略规划、产品开发、供应链管理、营销与渠道管理、客户管理、信息管理以及数据分析等多个领域，属于知识密集型业务活动。其中，中高端管理人才是电商运营团队的中坚力量，起到承上启下、达成战略目标的作用。中高端管理人才一般由实践经验丰富、具有一定管理能力的专业技术人员担任，由于电子商务方兴未艾，即使在大中型城市，中高端电商管理人才也是电商企业高薪聘请的对象，农村地区则更是匮乏。

从业务类型上划分，电商人才可分为技术类、运营类和管理类。技术类人才是指从事网站建设与维护、网页设计与制作、搜索引擎优化、视频策划与制作、信息系统开发与维护等工作，电商企业的部门信息技术类工作通过第三方外包实现，但仍存在大量的日常性工作，比如网站或信息系统维护、网页制作、视频制作、搜索引擎优化等，这就需要招聘技术类管理人员，主管企业的信息技术工作。运营类人才是指从事电商平台店铺运营、网络营销、采购与供应链管理、仓储与物流配送管理、退换货与售后服务、客户关系管理、数据分析与辅助决策等工作，运营工作是农产品电商企业的主体和核心，岗位和员工数占比最大，运营类中高端管理人才为各类别业务主管，他们对公司的经营发展起到关键性作用。管理类人才是指从事人力资源、财务会计、行政与外联以及后勤等工作，与技术类和运营类管理人才相比，该类管理人才与非电商企业差距不大，人力资源相对丰富，但若这类人员缺乏电商企业管理经验，仍需要通过培训、磨合才能胜任。

对于中高端电商管理人才，县委县政府要制定高端人才引进政策，实施电商经理人培养计划，探索企业多地办公模式，利用业务外包培养团队，开展分类分层电商知识培训，整合各方智库资源，利用外脑提供智力支持，培育县域电商人才市场，实现电商人才内生供给，筑牢县域电商发展根基。县委县政府要鼓励企业引进在外工作的本籍电商经理人，提供适当的岗位津贴补助，帮助解决生活、子女入学等现实困难，利用乡土亲情使其扎根故乡，充实企业高层电商人才队伍。农产品电商企业也要注重企业内部电商后备人才培养，建立业务驱动的合作关系，形成线上线下互动的电商经理人交流平台，采用学徒制、导师制、企业家培训等方式，创新中高端人才培养模式，培养既懂电商运营、又懂管理的电商经理人。另外，农产品电商企业可以通过建立"前店后厂"的组织架构和工作模式，以县域企业总部为"后厂"，在人力资源充足的城市设立"前店"电商部门，利用互联网、企业内部信息系统实现双向互动。

7.5.3　培训农村电商实操人员

企业电商运营中，面向基层的实操人员需求量最大，涵盖网店运营、在线客户、网络营销、包装物流、摄影美工、多媒体制作等多个岗位，因此，调动农民积极性，加大农村电商实操人员培训力度，是加快农产品电商上行的重要保障。然而，农民个体差异较大，尤其是驻守在农村的农民，受教育程度不高，这加大了电商培训工作。"十三五"期间。商务部主导的"电子商务进农村"项目的一项重要内容就是电商培训，要求对基层干部、合作社员、创业青年、具备条件贫困户等开展电商培训，内容涵盖美工、产品设计、宣传、营销等实操技能，取得了显著的成效。然而，培训过程中存在重数量轻质量、重形式轻实效的"一锤子"培训，缺乏区别不同受众有针对性培训和培训后的跟踪服务。

"十四五"期间，各地要充分调研电商经营主体实际需求，组织电商教育专家制定全县电商知识培训规划方案，做到系统性、针对性、实用性、前瞻性。建立科学规范培训机制，分类分层培训电商知识。针对不同受众的电商知识需求，分类分层组织培训内容、方式。将电商知识类别划分为理论知识、实践知识和操作技能三大块，培训人员也要按照年龄、受教育程度、互联网使用经验等进行分类。针对特定的受众制订详细教学计划、培训大纲，采取案例教学、上机操作、随岗实习等多种教学方法。通过开设农村电商公开课，宣传政府的一系列相关政策、措施，让更多农民掌握网购、网销的本领，把农业小生产与网销大市场连接起来，增强农民的品牌和营销意识。通过案例分享与经验交流，让更多农村电商能借鉴他人的经验，选择适合自己的发展路径，尽快获得更多收益。引入"现代学徒制"培训模式，遴选有潜力的青年农民，通过与职业院校、电商企业深度合作，高校教师、企业师傅联合传授，通过订单式培养、委托培养、脱产进修等形式，对青年农民开展电商实操技能培训培养。鼓励社会培训机构利用市场机制开展电商知识培训，政府给予政策及资金支持。联合培训机构开发网络资源课程，开展电商知识远程教学。各类培训机构要以学员为中心，做好学员思想心理辅导工作，调动学习积极性，提高学习兴趣，将学员被动接受培训转变为主动学习。

7.5.4　组建县域电商专家团队

电子商务是基于信息技术尤其是互联网技术的商业模式创新，一些新兴的概念如数字经济、平台规则、双边市场、商业生态系统、流量分发、区块链、元宇宙、数字孪生、互联网金融、用户画像、个性化推荐等层出不穷，农村电商如何发展、农产品企业如何有效运用电商、县域经济基础与电商发展之间存在什么样的关系、县域电商产业园区如何定位与规划、农产品怎样做直播带货等诸多问题不仅困扰农村电商经营者，也让地方政府感到困惑，因此，各地建立电商专家咨询团队势在必行。

县域电商专家团队的成员要兼顾理论与实践、宏观与微观、国内与省内三方面。团队成员不仅有来自高等学校、科研院所、咨询机构的理论专家，还要有来自不同类别企业的实战应用专家；既要有长期研究国家政策、产业发展、战略规划的宏观问题专家，也要有致力于企业一线、从事平台运营、供应链管理、网络营销等领域的微观问题专家；既要有全国甚至全球知名的著名专家，也要有能长期与农村保持互动的省内和本地专家。县域电商专家团队的组建要规范正式，县政府相关部门要与专家签订咨询合作协议，有聘期及实质性工作内容，不搞形象工程和"一锤子买卖"。

地方政府要鼓励企事业单位、其他社会组织、个人捐赠资助电商智库建设，对符合条件的公益性捐赠，依法落实公益性捐赠税前扣除政策。建立电商智库与企业的帮扶机制，定期深入企业解决技术难题，帮助企业制定电商运营规划，辅助企业电商战略决策，把握电商发展方向，举办电商知识讲座，培养、推荐电商人才，及时输入新思维、新理论、新方法，对接外部优势资源，推动县域电商快速健康发展。地方政府要邀请电商专家参与政府部门以政府采购、直接委托、课题合作等形式开展政策研究、决策评估、政策解读等活动。建立电商专家委员会向党政机关提供电商咨询报告、政策方案、规划设计、调研数据、意见建议的制度化渠道。发挥电商专家优势，委托评估政策实施效果、评估预算决算执行效果、评估政府绩效。

第8章 结 语

8.1 研 究 结 论

本书基于商业生态系统、价值链、供应链、合作博弈等理论，第一，调查研究了电子商务赋能农产品上行的现状，包括现实意义、发展动力、发展现状、面临困境与发展机遇；第二，将农村电商生态系统分为龙头企业主导型、电商企业主导型和中小网商聚集型等三种结构，采用多案例研究，构建了面向农产品上行的电商生态系统概念模型；第三，以农产品电商企业为领导种群，农业生产者、电商平台等为关键种群，解析电商环境下农产品上行的价值活动，定义农产品上行畅通度概念，运用系统动力学建模与仿真，揭示农村电商生态系统中农产品上行的阻滞机制；第四，从协调物种关系的视角提出农产品上行的疏通策略，从完善生态环境的视角提出农产品上行的保障措施。

通过研究，得出以下结论：

（1）农产品上行需要生态系统支持。

农产品上行的复杂性特征需要完善的农村电商生态系统。该生态系统中，一是存在生产者、加工者、流通者、电商平台以及消费者等关键物种，它们承担了农产品从田间地头到消费者的流通全过程；二是存在信息基础设施提供者、仓储物流提供者、电商服务提供者、农业科研机构、标准化组织、行业协会、政府机构等支持物种，它们为生态系统的物质循环、信息传递和能量流动提供支持保障。在关键物种中，有一类物种是生态系统的发起者和主导者，它们是领导物种，主要有农业产业化龙头企业、头部农产品电商企业以及中小型农业经营者三种类型。在演化机制上，龙头企业主导型在开展电商应用前已形成成熟的传统商业生态系统，后因电商发展倒逼销售渠道变革，因此在构建电商生态系统时主要补充电商平台、电商服务提供者等物种。

（2）农产品上行阻滞致因复杂多维。

农产品上行包括农产品开发、供应链管理和电商销售等基本活动，以及财务管理、人力资源管理和管理信息系统等辅助活动，其产品流、信息流和价值流的任一环节受阻将无法实现畅通上行。具体而言，产品流的畅通主要受制于三个方面，一是市场竞争力，即农产品在市场竞争中取胜获利的能力，其决定因素主要有价格、质量、特色、口碑等；二是供应能力，即农产品的市场供给能力，其决定因素主要有农产品生产规模和采购能力；三是物流配送效率，主要决定因素有物流配送模式和仓储物流能力。信息流的畅通主要受制于两个方面，一方面互联网流量获取，低成本获取足够多的流量是农产品上行的基础和前提；另一方面电商企业信息化水平，业务信息的处理、传递与利用也直接影响农产品上行的顺利实施。价值流的畅通主要受制于两个方面，第一，农产品附加值，即农产品开发、供应链管理、电商销售等活动产生的增加值；第二，利益分配，如何做到公正公平，保障农业生产者和电商企业等种群的利益，是农村电商生态系统可持续发展的基础。

（3）转变物种关系是疏通上行梗阻的根本途径。

当前，全国诸多地方建立了县级电商公共服务中心和电商产业园区，农村电商生态系统物种不断壮大。然而，即使各类物种健全成熟，农产品上行也未必畅通无阻。当前实践中仍存在三大阻力，一是产品同质化严重，二是供应链效率低下，三是电商流量成本高。从生态系统的视角分析，致因是物种之间的关系不协调，即生产者与消费者存在捕食关系、流通者与消费者存在捕食关系、电商企业与电商平台存在寄生关系，将其转变为互利关系才是破解农产品上行阻滞的根本途径。在数字农业环境下，农村电商生态系统各物种之间连接更加紧密，这为物种关系转变提供了可能性。具体做法是，农产品开发方面，基于电商平台的历史交易记录和会员信息，始终将消费者需求放在首位，通过在概念开发、产品设计、产品测试及投放市场等环节嵌入大数据，开发并生产出满足消费者个性化需求的农产品；供应链管理方面，在充分获取生产者、流通者和消费者大数据的基础上，依据消费者需求制订生产计划，根据用户画像精准营销，以订单为中心实现直采直配，从而提升农产品供应链效率、降低流通成本；电商销售方面，针对小微经营者面临的流量困境，通过社会化媒体工具，以线下社区为目标市场，挖掘私域流量资源，采用 O2O 模式，线上实现商品的营销推广和订单确定，线下完成商品自提，从而有效避免传统电商集中式流量分发导致的高额成本。

（4）完善生态环境是疏通上行梗阻的重要保障。

农村信息基础设施是农村电商生态系统的"电力设施"，升级农村通信网络基础设施、完善农村信息服务基础设施、建设智慧农业生产基础设施、构建农村公共数据服务平台才能保障农产品"带电"上行。农产品物流配送网络是农村电商生态系统的"交通枢纽"，升级县级物流配送中心、建设农村冷链物流设施、共建共享仓储设备设施、完善农产品流通骨干网才能保障农产品"快速"上行。县域电商公共服务体系是农村电商生态系统的"配套服务"，升级县级电商公共服务中心、构建农产品质量监测体系、营造农村电商创业环境、成立农产品电商行业协会才能保障农产品"高效"上行。农村电商人才市场是农村电商生态系统的"生命之源"，培育农村电商带头人、吸引农村电商管理人才、培训农村电商实操人员、组建县域电商专家团队才能保障农产品"智慧"上行。

8.2　进一步展望

在实践中，农产品上行还有诸多待解决的问题：

（1）小农户有效对接电商市场的机制和途径。

中国农户"小而散"的经营现状与电商市场的规模效应是一对矛盾，创新农产品电商模式，找到小农户有效对接电商市场的机制和途径，是本研究领域的进一步拓展。

（2）农产品 C2F 智慧供应链的理论与实践。

农产品生产周期长且产量质量受气候等环境影响，与工业品有很大的差异，需要进一步探寻消费者直连农户（customer-to-farmer，C2F）智慧供应链构建的理论与方法。

（3）农产品直播电商的理论与方法。

直播电商将极大地影响农产品上行方式，农产品直播电商的基本内涵、内在机制和模式路径尚需深入研究。

主要参考文献

[1] 巴曙松. 关于解决当前小微经营者融资难问题的政策建议 [J]. 人民论坛·学术前沿, 2020 (12).

[2] 毕玮, 陈胜男. 农村电商生态系统构建——破除农产品上行困境 [J]. 中国农业会计, 2019 (1).

[3] 蔡根女. 农业企业经营管理学: 第3版 [M]. 北京: 高等教育出版社, 2014.

[4] 曹荣庆, 沈俊杰, 张静. 电商协会提升农村电商产业集群竞争力的作用 [J]. 西北农林科技大学学报 (社会科学版), 2018, 18 (1).

[5] 曾亿武, 郭红东, 金松青. 电子商务有益于农民增收吗?——来自江苏沭阳的证据 [J]. 中国农村经济, 2018 (2).

[6] 曾亿武, 郭红东. 电子商务协会促进淘宝村发展的机理及其运行机制——以广东省揭阳市军埔村的实践为例 [J]. 中国农村经济, 2016 (6).

[7] 曾亿武, 万粒, 郭红东. 农业电子商务国内外研究现状与展望 [J]. 中国农村观察, 2016 (3).

[8] 陈丹引, 闵学勤. 线上社区参与的邻里效应——基于社区微信群的实证分析 [J]. 社会发展研究, 2021, 8 (3).

[9] 陈国青, 郭迅华, 马宝君. 管理信息系统: 原理、方法与应用: 第三版 [M]. 北京: 高等教育出版社, 2019.

[10] 陈剑, 刘运辉. 数智化使能运营管理变革: 从供应链到供应链生态系统 [J]. 管理世界, 2021, 37 (11).

[11] 陈镜羽, 黄辉. 我国生鲜农产品电子商务冷链物流现状与发展研究 [J]. 科技管理研究, 2015 (6).

[12] 陈晓栋, 黄伙水. 安溪铁观音的传统加工工艺及要点 [J]. 福建茶叶, 2009, 31 (2).

[13] 陈以增, 王斌达. 大数据驱动下顾客参与的产品开发方法研究 [J]. 科技进步与对策, 2015, 32 (10).

[14] 陈永平. 基于资源拓展视角的农产品物流业价值创造能力提升 [J]. 当代财经, 2014 (4).

[15] 池仁勇, 乐乐. 基于产业集群理论的淘宝村微生态系统研究 [J]. 浙江工业大学学报 (社会科学版), 2017 (4).

[16] 迟晓英, 宣国良. 价值链研究发展综述 [J]. 外国经济与管理, 2000 (1).

[17] 崔丽丽, 王骊静, 王井泉. 社会创新因素促进"淘宝村"电子商务发展的实证分析——以浙江丽水为例 [J]. 中国农村经济, 2014 (12).

[18] 代玉梅. 自媒体的传播学解读 [J]. 新闻与传播研究, 2011, 18 (5).

[19] 但斌, 吴胜男, 王磊. 生鲜农产品供应链"互联网＋"农消对接实现路径——基于信任共同体构建视角的多案例研究 [J]. 南开管理评论, 2021, 24 (3).

[20] 但斌, 郑开维, 吴胜男, 等. "互联网＋"生鲜农产品供应链C2B商业模式的实现路径——基于拼好货的案例研究 [J]. 经济与管理研究, 2018, 39 (2).

[21] 董坤祥, 侯文华, 丁慧平, 等. 创新导向的农村电商集群发展研究——基于遂昌模式和沙集模式的分析 [J]. 农业经济问题, 2016 (10).

[22] 董祺. 中国企业信息化创新之路有多远？——基于电子信息企业面板数据的实证研究 [J]. 管理世界, 2013 (7).

[23] 杜国柱, 王博涛. 商业生态系统与自然生态系统的比较研究 [J]. 北京邮电大学学报 (社会科学版), 2007 (5).

[24] 杜志雄. "新农人"引领中国农业转型的功能值得重视 [J]. 世界农业, 2015 (9).

[25] 段淳林. KOC：私域流量时代的营销新风口 [J]. 中国广告, 2019 (11).

[26] 范保群. 商业生态系统竞争方式及其启示 [J]. 商业经济与管理, 2005 (11).

[27] 方美琪. 社会经济系统的复杂性——概念、根源及对策 [J]. 首都师范大学学报 (社会科学版), 2003 (1).

[28] 傅新红. 农业经济学 [M]. 北京：高等教育出版社, 2016.

[29] 高广尚. 用户画像构建方法研究综述 [J]. 数据分析与知识发现, 2019, 3 (3).

[30] 葛继红，周曙东，王文昊. 互联网时代农产品运销再造——来自"褚橙"的例证 [J]. 农业经济问题，2016（10）.

[31] 关海玲，陈建成，钱一武. 电子商务环境下农产品交易模式及发展研究 [J]. 中国流通经济，2010（1）.

[32] 桂曙光. 创业之初你不可不知的融资知识 [M]. 北京：机械工业出版社，2011.

[33] 郭锦墉，徐磊. 农民合作社参与"农超对接"研究：述评与展望 [J]. 农林经济管理学报，2016，15（5）.

[34] 郭坤，张树山，孙毅. 吉林省农产品电子商务生态系统构建策略研究 [J]. 地理科学，2018，38（6）.

[35] 韩炜，邓渝. 商业生态系统研究述评与展望 [J]. 南开管理评论，2020，23（3）.

[36] 韩炜，杨俊，胡新华，等. 商业模式创新如何塑造商业生态系统属性差异？——基于两家新创企业的跨案例纵向研究与理论模型构建 [J]. 管理世界，2021，37（1）.

[37] 何德华，韩晓宇，李优柱. 生鲜农产品电子商务消费者购买意愿研究 [J]. 西北农林科技大学学报（社会科学版），2014（4）.

[38] 贺盛瑜，马会杰. 农产品冷链物流生态系统的演化机理 [J]. 农村经济，2016（10）.

[39] 贺曦鸣，胡赛全，易成，等. 平台服务和物流服务对网络商家信心的影响——商家信誉的调节作用 [J]. 中国管理科学，2015，23（6）.

[40] 洪涛，洪勇. 2016年我国农产品电商发展回顾与2017年展望 [J]. 商业经济研究，2017（12）.

[41] 洪银兴，郑江淮，Zheng J. 反哺农业的产业组织与市场组织——基于农产品价值链的分析 [J]. 管理世界，2009（5）.

[42] 侯振兴. 区域农户农企采纳农产品电子商务的影响因素 [J]. 西北农林科技大学学报（社会科学版），2018（1）.

[43] 胡岗岚，卢向华，黄丽华. 电子商务生态系统及其协调机制研究——以阿里巴巴集团为例 [J]. 软科学，2009，23（9）.

[44] 胡岗岚，卢向华，黄丽华. 电子商务生态系统及其演化路径 [J]. 经济管理，2009，31（6）.

[45] 胡天石，傅铁信. 中国农产品电子商务发展分析 [J]. 农业经济问题，2005（5）.

［46］黄季焜，马恒运．中国主要农产品生产成本与主要国际竞争者的比较［J］．中国农村经济，2000（5）.

［47］黄丽娟，赵文德，窦子欣，等．基于系统动力学的农村电商生态系统构建及仿真研究［J］．广州大学学报（社会科学版），2017（8）.

［48］黄勇．基于Shapley值法的猪肉供应链利益分配机制研究［J］．农业技术经济，2017，262（2）.

［49］黄祖辉，刘东英．我国农产品物流体系建设与制度分析［J］．农业经济问题，2005（4）.

［50］黄祖辉．准确把握中国乡村振兴战略［J］．中国农村经济，2018（4）.

［51］纪良纲，王佳溟．"互联网＋"背景下生鲜农产品流通电商模式与提质增效研究［J］．河北经贸大学学报，2020，41（1）.

［52］姜尚荣，乔晗，张思，等．价值共创研究前沿：生态系统和商业模式创新［J］．管理评论，2020，32（2）.

［53］荆新，王化成，刘俊彦．财务管理学：第8版［M］．北京：中国人民大学出版社，2018.

［54］康培，孙剑，邓彦宇．网络购物临场感、信任与消费者在线粘性——以B2C模式下消费者网购生鲜农产品为例［J］．企业经济，2018，37（7）.

［55］柯炳生．提高农产品竞争力：理论、现状与政策建议［J］．农业经济问题，2003（2）.

［56］科宾，施特劳斯．质性研究的基础：形成扎根理论的程序与方法：第三版［M］．重庆：重庆大学出版社，2015.

［57］蓝海涛，周振．我国"互联网＋农村经济"发展现状与政策建议［J］．宏观经济管理，2018（7）.

［58］雷兵，常知刚，钟镇．基于网络店铺订单数据的群体用户画像构建研究［J］．河南工业大学学报（社会科学版），2019，15（1）.

［59］雷兵，刘蒙蒙．创业家对淘宝村成长的影响研究［J］．科技和产业，2016，16（12）.

［60］雷兵，刘蒙蒙．农村电子商务产业集群的形成机制——基于典型淘宝村的案例分析［J］．科技管理研究，2017，37（11）.

［61］雷兵，刘小，钟镇．生鲜农产品网购中交易属性对消费者满意度的影响——基于水果品类在线评论挖掘分析［J］．企业科技与发展，2020

(12).

[62] 雷兵，王巧霞，刘小 . 地方特色、网络口碑与农产品上行 [J].中国软科学，2021（2）.

[63] 雷兵，钟镇 . 农村电子商务生态系统结构及其共生关系研究 [J].科技和产业，2017，17（11）.

[64] 雷兵 . 网络零售生态系统种群成长的系统动力学分析 [J]. 管理评论，2017，29（6）.

[65] 李秉龙，薛兴利 . 农业经济学：第 3 版 [M]. 北京：中国农业大学出版社，2015.

[66] 李芷巍，杨倩，甘盖凡，等 . 新基建战略下国家物流枢纽及重要物流基础设施发展机遇研究 [J]. 供应链管理，2020，1（10）.

[67] 李飞 . 全渠道客户旅程体验图——基于用户画像、客户体验图和客户旅程图的整合研究 [J]. 技术经济，2019，38（5）.

[68] 李晗，陆迁 . 产品质量认证能否提高农户技术效率——基于山东、河北典型蔬菜种植区的证据 [J]. 中国农村经济，2020（5）.

[69] 李蕾，林家宝 . 农产品电子商务对企业财务绩效的影响——基于组织敏捷性的视角 [J]. 华中农业大学学报（社会科学版），2019（2）.

[70] 李亮，刘洋，冯永春 . 管理案例研究：方法与应用 [M]. 北京：北京大学出版社，2020.

[71] 李琪，唐跃桓，任小静 . 电子商务发展、空间溢出与农民收入增长 [J]. 农业技术经济，2019（4）.

[72] 李然，孙涛，曹冬艳 . O2O 业态融合视角下的数字化新零售发展趋势研究 [J]. 当代经济管理，2021，43（4）.

[73] 李小建，罗庆，杨慧敏，等 . 专业村类型形成及影响因素研究 [J]. 经济地理，2013（7）.

[74] 李晓静，刘斐，夏显力 . 信息获取渠道对农户电商销售行为的影响研究——基于四川、陕西两省猕猴桃主产区的微观调研数据 [J]. 农村经济，2019（8）.

[75] 李旭 . 社会系统动力学：政策研究的原理、方法和应用 [M]. 上海：复旦大学出版社，2013.

[76] 梁强，邹立凯，宋丽红，等 . 组织印记、生态位与新创企业成长——基于组织生态学视角的质性研究 [J]. 管理世界，2017（6）.

[77] 梁运文，谭力文 . 商业生态系统价值结构、企业角色与战略选择

[J].南开管理评论,2005(1).

[78]廖泽芳,李婷,程云洁.中国与"一带一路"沿线国家贸易畅通障碍及潜力分析[J].上海经济研究,2017(1).

[79]林家宝,罗志梅,李婷.企业农产品电子商务采纳的影响机制研究——基于制度理论的视角[J].农业技术经济,2019(9).

[80]林家宝,万俊毅,鲁耀斌.生鲜农产品电子商务消费者信任影响因素分析:以水果为例[J].商业经济与管理,2015(5).

[81]刘宝红.采购与供应链管理:一个实践者的角度:第3版[M].北京:机械工业出版社,2019.

[82]刘建鑫,王可山.电商生鲜食品物流能力评价——以A电商企业肉类产品为例[J].中国流通经济,2018,32(5).

[83]刘婕,陈蕊.云南省农村电商集群生态系统的构建研究[J].云南农业大学学报(社会科学),2018,12(5).

[84]刘墨林,但斌,马崧萱.考虑保鲜努力与增值服务的生鲜电商供应链最优决策与协调[J].中国管理科学,2020,28(8).

[85]刘瑞峰.消费者特征与特色农产品购买行为的实证分析——基于北京、郑州和上海城市居民调查数据[J].中国农村经济,2014(5).

[86]刘威,王碧晨.流量社会:一种新的社会结构形态[J].浙江社会科学,2021(8).

[87]刘亚军,储新民.中国"淘宝村"的产业演化研究[J].中国软科学,2017(2).

[88]刘召云,孙世民,王继勇.我国农产品供应链管理的研究进展及趋势[J].商业研究,2009,383(3).

[89]卢宝周,谭彩彩,王芳芳,等.外生式农村电商生态系统构建过程及机制——基于农村淘宝的案例[J].系统管理学报,2020,29(2).

[90]卢宝周,谭彩彩,王芳芳,等.外生式农村电商生态系统构建过程与机制——基于农村淘宝的案例[J].系统管理学报,2020,29(4).

[91]鲁钊阳,廖杉杉.农产品电商发展的区域创业效应研究[J].中国软科学,2016(5).

[92]鲁钊阳,廖杉杉.农产品电商发展的增收效应研究[J].经济体制改革,2016(5).

[93]鲁钊阳.农产品地理标志在农产品电商中的增收脱贫效应[J].中国流通经济,2018,32(3).

[94] 罗必良. 小农经营、功能转换与策略选择——兼论小农户与现代农业融合发展的"第三条道路" [J]. 农业经济问题, 2020 (1).

[95] 吕丹, 张俊飚, 王雅鹏. 农产品电子商务采纳的增收机理研究——基于 589 个新型农业经营主体调查数据 [J]. 中国农业资源与区划, 2021, 42 (8).

[96] 吕一博, 韩少杰, 苏敬勤, 等. 大学驱动型开放式创新生态系统的构建研究 [J]. 管理评论, 2017, 29 (4).

[97] 马彪, 彭超, 薛岩, 等. 农产品电商会影响我国家庭农场的收入吗? [J]. 统计研究, 2021, 38 (9).

[98] 马述忠, 沈国华. 对浙江省农产品行业协会运作模式的案例分析 [J]. 中国农村经济, 2005 (1).

[99] 马晓河, 胡拥军. "互联网＋" 推动农村经济高质量发展的总体框架与政策设计 [J]. 宏观经济研究, 2020 (7).

[100] 马彦华, 路红艳. 智慧供应链推进供给侧结构性改革——以京东商城为例 [J]. 企业经济, 2018, 37 (6).

[101] 马遇伯, 李全新. 苹果种植适度规模经营研究——以陕西省白水县为例 [J]. 中国农业资源与区划, 2020, 41 (9).

[102] 迈克尔·波特. 竞争优势 [M]. 北京: 华夏出版社, 1997.

[103] 莫涛. 汇率变动、产品附加值和内涵经济增长 [J]. 国际金融研究, 2007 (1).

[104] 聂召英, 王伊欢. 链接与断裂: 小农户与互联网市场衔接机制研究——以农村电商的生产经营实践为例 [J]. 农业经济问题, 2021 (1).

[105] 潘剑英, 王重鸣. 商业生态系统理论模型回顾与研究展望 [J]. 外国经济与管理, 2012, 34 (9).

[106] 钱再见, 金太军. 公共政策执行主体与公共政策执行 "中梗阻" 现象 [J]. 中国行政管理, 2002 (2).

[107] 邱力生. 我国货币政策传导渠道梗阻症结及对策探索 [J]. 金融研究, 2000 (12).

[108] 邱子迅, 周亚虹. 电子商务对农村家庭增收作用的机制分析——基于需求与供给有效对接的微观检验 [J]. 中国农村经济, 2021 (4).

[109] 阮俊虎, 刘天军, 冯晓春, 等. 数字农业运营管理: 关键问题、理论方法与示范工程 [J]. 管理世界, 2020, 36 (8).

[110] 史修松, 魏拓, 刘琼. 农村电商产业集群发展模式与空间涉及

差异研究——江苏淘宝村的调查［J］. 现代经济探讨，2017（11）.

［111］税文兵，张进梅，何民. 农产品供应不确定下的提前采购决策［J］. 华南农业大学学报（社会科学版），2017，16（1）.

［112］司林胜. 企业 e 化转型的"能力陷阱"［J］. 经济管理，2004（15）.

［113］宋美琦，陈烨，张瑞. 用户画像研究述评［J］. 情报科学，2019，37（4）.

［114］汤英英，王子龙. 生产性服务企业信息化水平测度研究［J］. 中国管理科学，2014，22（S1）.

［115］唐红涛，郭凯歌. 农产品电商模式能实现最优生产效率吗？［J］. 商业经济与管理，2020（2）.

［116］唐跃桓，杨其静，李秋芸，等. 电子商务发展与农民增收——基于电子商务进农村综合示范政策的考察［J］. 中国农村经济，2020（6）.

［117］唐志荣，谌素华. 企业信息化水平评价指标体系研究［J］. 科学学与科学技术管理，2002（3）.

［118］田刚，张义，张蒙，等. 生鲜农产品电子商务模式创新对企业绩效的影响——兼论环境动态性与线上线下融合性的联合调节效应［J］. 农业技术经济，2018（8）.

［119］田世英，王剑. 我国农产品电子商务发展现状、展望与对策研究［J］. 中国农业资源与区划，2019，40（12）.

［120］汪淼军，张维迎，周黎安. 企业信息化投资的绩效及其影响因素：基于浙江企业的经验证据［J］. 中国社会科学，2007（6）.

［121］汪向东. "沙集模式"及其意义［J］. 互联网周刊，2010（23）.

［122］汪向东. "新农人"与新农人现象［J］. 新农业，2014（2）.

［123］王静. 我国农产品物流电子商务供应链网络结构与运行机制［J］. 学术论坛，2012（2）.

［124］王娟娟. 基于电子商务平台的农产品云物流发展［J］. 中国流通经济，2014（11）.

［125］王茂春，俞媛. 农产品仓储与运输管理实操［M］. 贵阳：贵州大学出版社，2018.

［126］王强，陈宏民，杨剑侠. 搜寻成本、声誉与网上交易市场价格离散［J］. 管理科学学报，2010，13（5）.

［127］王胜，丁忠兵. 农产品电商生态系统——个理论分析框架［J］.

中国农村观察, 2015 (4).

[128] 王胜, 屈阳, 王琳, 等. 集中连片贫困山区电商扶贫的探索及启示——以重庆秦巴山区、武陵山区国家级贫困区县为例 [J]. 管理世界, 2021, 37 (2).

[129] 王卫平, 冯燕. 吴地名蟹考述——兼论阳澄湖蟹品牌文化的形成 [J]. 中国农史, 2020, 39 (1).

[130] 王昕天, 康春鹏, 汪向东. 电商扶贫背景下贫困主体获得感影响因素研究 [J]. 农业经济问题, 2020 (3).

[131] 王艳玮, 王拖拖, 常莹莹. 生鲜农产品网上超市物流配送模式选择研究 [J]. 经济与管理, 2013 (4).

[132] 王燕, 张奇, 卫婧婧. 基于组织生态学的淘宝村发展模式案例研究 [J]. 未来与发展, 2016 (4).

[133] 王玉燕, 范润婕, 申亮, 等. 考虑产品质量和销售服务的三级电商供应链的主导模型研究 [J]. 管理工程学报, 2021, 35 (5).

[134] 王战, 冯帆. 社群经济背景下的品牌传播与营销策略研究 [J]. 湖南师范大学社会科学学报, 2017, 46 (1).

[135] 王志刚, 李腾飞, 黄圣男, 等. 基于 Shapley 值法的农超对接收益分配分析——以北京市绿富隆蔬菜产销合作社为例 [J]. 中国农村经济, 2013, 341 (5).

[136] 王志辉, 祝宏辉, 雷兵. 信息成本对农村网商间隐性知识转移的影响及作用机理研究 [J]. 情报理论与实践, 2021, 44 (5).

[137] 王中, 卢昆. 高端特色品牌农业的基本内涵及其经验启示——以平度"马家沟芹菜"品牌培育为例 [J]. 农业经济问题, 2009, 30 (12).

[138] 魏来, 陈宏. 绿色农产品电子商务平台对于供应链垂直协作体系的影响研究 [J]. 软科学, 2007 (5).

[139] 魏延安. 当前农村电商的进展、问题与趋势 [J]. 农业网络信息, 2017 (3).

[140] 魏延安. 怎样看待农产品电商的同质化 [J]. 黑龙江粮食, 2018 (2).

[141] 文学. 我国农产品加工现状、发展趋势及对策 [J]. 农业工程学报, 1998 (4).

[142] 乌利齐卡 T, 埃平格史 D. 产品设计与开发: 第 6 版 [M]. 北京: 机械工业出版社, 2018.

［143］吴春雅，夏紫莹，罗伟平．消费者网购地理标志农产品意愿与行为的偏差分析［J］．农业经济问题，2019（5）.

［144］吴德胜，李维安．声誉、搜寻成本与网上交易市场均衡［J］．经济学（季刊），2008（4）.

［145］吴清烈．电子商务管理［M］．北京：机械工业出版社，2009.

［146］喜崇彬．社区团购物流建设的发展与机遇［J］．物流技术与应用，2021，26（8）.

［147］肖静华，吴瑶，刘意，等．消费者数据化参与的研发创新——企业与消费者协同演化视角的双案例研究［J］．管理世界，2018，34（8）.

［148］肖开红，雷兵，钟镇．中国涉农电子商务政策的演进——基于2001—2018年国家层面政策文本的计量分析［J］．电子政务，2019（11）.

［149］谢富胜，吴越，王生升．平台经济全球化的政治经济学分析［J］．中国社会科学，2019，288（12）.

［150］谢金丽，胡冰川．农产品电商对农业产业化龙头企业的影响分析——基于倾向值匹配法（PSM）估计［J］．农村经济，2020（5）.

［151］谢识予．经济博弈论：第三版［M］．上海：复旦大学出版社，2006.

［152］徐丽艳，郑艳霞．农村电子商务助力乡村振兴的路径分析［J］．中国社会科学院研究生院学报，2021（2）.

［153］徐忠平．发展我国现代物流产业建立高效畅通的物流体系［J］．宏观经济研究，2006（1）.

［154］鄢姣．中国农业适度规模经营研究：一个文献综述［J］．农业经济与管理，2021（1）.

［155］颜锦江，蒋强，刘畅，等．精准扶贫下的智慧山村模式——以四川秦巴山区为例［J］．国土资源科技管理，2016（4）.

［156］颜燕华．正宗与时变：基于安溪铁观音的产业治理与生产实践研究［J］．社会，2020，40（5）.

［157］杨洁，周赟俊．贡献度视角下的生鲜农产品共同配送成本协调策略［J］．农林经济管理学报，2021（1）.

［158］杨静，刘培刚，王志成．新农村建设中农业电子商务模式创新研究［J］．中国科技论坛，2008（8）.

［159］姚於康，马康贫．农产品市场竞争力探讨［J］．中国农村经济，1999（11）.

[160] 叶欣. 人力资源是企业实现可持续发展的第一战略资源 [J]. 经济体制改革，2000 (S1).

[161] 叶秀敏. 涉农电子商务的主要形态及对农村社会转型的意义 [J]. 中国党政干部论坛，2014 (5).

[162] 易法敏，孙煜程，蔡轶. 政府促进农村电商发展的政策效应评估——来自"电子商务进农村综合示范"的经验研究 [J]. 南开经济研究，2021 (3).

[163] 易法敏. 农业企业电子商务应用的影响因素研究 [J]. 科研管理，2009 (3).

[164] 余云龙，冯颖. 不同冷链服务模式下生鲜农产品供应链决策 [J]. 中国管理科学，2020.

[165] 郁建兴. 改革开放 40 年中国行业协会商会发展 [J]. 行政论坛，2018，25 (6).

[166] 郁晓，赵文伟. 生鲜电子商务县域农业综合服务体系探究——基于遂昌 2.0 模式的剖析 [J]. 中国流通经济，2016 (4).

[167] 岳柳青，刘咏梅，陈倩. C2C 模式下消费者对农产品质量信号信任及影响因素研究——基于有序 Logistic 模型的实证分析 [J]. 南京农业大学学报（社会科学版），2017 (2).

[168] 张驰，宋瑛. 农产品电子商务研究新进展：行为、模式与体系 [J]. 中国流通经济，2017 (10).

[169] 张富强，张金源，李植新. 基于供需双向服务的共享仓储配送路径优化 [J]. 科技通报，2021 (3).

[170] 张红宇，赵铁桥，王维友，等. 农业供给侧结构性改革背景下的新农人发展调查 [J]. 中国农村经济，2016 (4).

[171] 张敏洁. 国内外物流业新业态发展研究 [J]. 中国流通经济，2019，33 (9).

[172] 张鸣，王明虎. 战略成本下价值链分析方法研究 [J]. 上海财经大学学报，2003 (4).

[173] 张庆民，孙树垒，吴士亮，等. 淘宝村农户网商群体持续成长演化研究 [J]. 农业技术经济，2019 (1).

[174] 张胜军，路征，邓翔. 我国农产品电子商务平台建设的评价及建议 [J]. 农村经济，2011 (10).

[175] 张维迎. 博弈论与信息经济学 [M]. 上海：上海人民出版

社，2004.

[176] 张喜才，孔祥智．中国农产品价值链变化、问题及对策研究 [J]．农村经济，2020（1）．

[177] 张喜才，李海玲．基于大数据的农产品现代冷链物流发展模式研究 [J]．科技管理研究，2020，40（7）．

[178] 张喜才．新冠肺炎疫情对农产品供应链影响及应对机制研究 [J]．农业经济与管理，2020（4）．

[179] 张晓波，孔涛．新冠肺炎疫情下我国小微经营者现状及信心指数 [J]．产业经济评论，2021（2）．

[180] 张旭梅，梁晓云，但斌．考虑消费者便利性的"互联网＋"生鲜农产品供应链O2O商业模式 [J]．当代经济管理，2018，40（1）．

[181] 张延龙，王明哲，钱静斐，等．中国农业产业化龙头企业发展特点、问题及发展思路 [J]．农业经济问题，2021（8）．

[182] 张应语，张梦佳，王强，等．基于感知收益－感知风险框架的O2O模式下生鲜农产品购买意愿研究 [J]．中国软科学，2015（6）．

[183] 张永强，高延雷，王刚毅，等．"互联网＋"背景下农产品电子商务两种典型模式分析 [J]．黑龙江畜牧兽医，2015（22）．

[184] 张耘堂，李东．原产地形象对农产品电商品牌化的影响路径研究 [J]．中国软科学，2016（5）．

[185] 赵达薇，刘乔，刘静．农产品冷链物流服务能力评价研究 [J]．管理现代化，2013（1）．

[186] 赵大伟，景爱萍，陈建梅．中国农产品流通渠道变革动力机制与政策导向 [J]．农业经济问题，2019（1）．

[187] 赵晓飞，李崇光．农产品流通渠道变革：演进规律、动力机制与发展趋势 [J]．管理世界，2012（3）．

[188] 赵晓飞．我国现代农产品供应链体系构建研究 [J]．农业经济问题，2012（1）．

[189] 赵志田，何永达，杨坚争．农产品电子商务物流理论构建及实证分析 [J]．商业经济与管理，2014（7）．

[190] 赵志田，杨坚争．电商环境下农产品物流理论架构、检验与发展策略——来自浙江丽水的数据 [J]．中国流通经济，2014（6）．

[191] 郑亚琴，李琪．整合网络信息链：发展农业电子商务的前提 [J]．情报杂志，2007（6）．

［192］钟耕深，崔祯珍. 商业生态系统隐喻的价值与局限性［J］. 山东大学学报（哲学社会科学版），2008（6）.

［193］周业付. 虚拟农产品供应链合作联盟构建及利益博弈［J］. 华东经济管理，2018，32（12）.

［194］周志华. 机器学习［M］. 北京：清华大学出版社，2016.

［195］Adner R. Match Your Innovation Strategy to Your Innovation Ecosystem［J］. Harvard business review，2006，84（4）.

［196］Anderson E W. Customer Satisfaction and Word of Mouth［J］. Journal of Service Research，1998，1（1）.

［197］Aramyan L H，Oude Lansink A G J M，Van Der Vorst J G a J，et al. Performance measurement in agri-food supply chains：a case study［J］. Supply Chain Management：An International Journal，2007，12（4）.

［198］Bacarin E，Madeira E R M，Medeiros C B. Contract E – Negotiation in Agricultural Supply Chains［J］. International Journal of Electronic Commerce，2008，12（4）.

［199］Bradlow E T，Gangwar M，Kopalle P，et al. The role of big data and predictive analytics in retailing［J］. Journal of Retailing，2017，93（1）.

［200］Burns A C，Bush R F，Sinha N. Marketing research［M］. 7. Pearson Harlow，2014.

［201］Chalkiadakis G，Elkind E，Wooldridge M. Cooperative Game Theory：Basic Concepts and Computational Challenges［J］. IEEE Intelligent Systems，2012，27（3）.

［202］Chopra S，Meindl P. Supply chain management：Strategy，planning，and operation（Sixth Edition）［M］. Boston：Pearson，2014.

［203］Chopra S. Supply Chain Management：Strategy，Planning，and Operation（7th edition）［M］. Boston：Pearson，2019.

［204］Christopher，Martin L. Logistics and Supply Chain Management［M］. London：Pitman Publishing，1992.

［205］De Koster R B M. Distribution structures for food home shopping［J］. International Journal of Physical Distribution & Logistics Management，2002，32（5）.

［206］Decker R，Trusov M. Estimating aggregate consumer preferences from online product reviews［J］. International Journal of Research in Marketing，

2010, 27 (4).

［207］Djelassi S, Decoopman I. Customers'participation in product development through crowdsourcing: Issues and implications ［J］. Industrial Marketing Management, 2013, 42 (5).

［208］Edelman B, Ostrovsky M, Schwarz M. Internet advertising and the generalized second-price auction: Selling billions of dollars worth of keywords ［J］. American economic review, 2007, 97 (1).

［209］Eisenhardt K M, Graebner M E. Theory building from cases: Opportunities and challenges ［J］. Academy of management journal, 2007, 50 (1).

［210］Eisenhardt K M. Building theories from case study research ［J］. Academy of management review, 1989, 14 (4).

［211］Fader P S, Hardie B G, Lee K L. RFM and CLV: Using iso-value curves for customer base analysis ［J］. Journal of marketing research, 2005, 42 (4).

［212］Forrester J W. System dynamics, systems thinking, and soft OR ［J］. System dynamics review, 1994, 10 (2－3).

［213］Fugate B S, Mentzer J T, Stank T P. Logistics Performance: Efficiency, Effectiveness, and Differentiation ［J］. Journal of Business Logistics, 2010, 31 (1).

［214］Garnsey E, Leong Y Y. Combining Resource－Based and Evolutionary Theory to Explain the Genesis of Bio-networks ［J］. Industry and Innovation, 2008, 15 (6).

［215］Hammer M, Champy J. Business Reengineering ［M］. Campus Verlag, 1996.

［216］Harland C M. Supply Chain Management: Relationships, Chains and Networks ［J］. British Journal of Management, 1996, 7 (s1).

［217］Hartigh E, Visscher W, Tol M, et al. Measuring the health of a business ecosystem ［C］. ECCON 2006 Annual meeting, 2006.

［218］Hitt M A, Ireland R D, Hoskisson R E. Strategic management: Concepts and cases: Competitiveness and globalization ［M］. Cengage Learning, 2016.

［219］Howieson J, Lawley M, Hastings K. Value chain analysis: an iterative and relational approach for agri-food chains ［J］. Supply Chain Management: An International Journal, 2016, 21 (3).

［220］Iansiti M, Levien R. Strategy as ecology ［J］. Harvard business review, 2004, 82 (3).

［221］Johansson M, Messeter J. Present-ing the user: constructing the persona ［J］. Digital Creativity, 2005, 16 (4).

［222］Kaplinsky R, Morris M. A Handbook for Value Chain Research ［R］. Paper for IDRC, 2002.

［223］Kinsey J. A Faster, Leaner, Supply Chain: New Uses of Information Technology ［J］. American Journal of Agricultural Economics, 2000, 82 (5).

［224］Krishnan V, Ulrich K T. Product Development Decisions: A Review of the Literature ［J］. Management Science, 2001, 47 (1).

［225］La Londe B J, Masters J M. Emerging Logistics Strategies ［J］. International Journal of Physical Distribution & Logistics Management, 1994, 24 (7).

［226］Lambert, Douglas M, James R S, et al. Fundamentals of Logistics Management ［M］. Boston: Irwin/McGraw – Hill, 1998.

［227］Lee H L. The triple – A supply chain ［J］. Harvard business review, 2004, 82 (10).

［228］Lee T, Bradlow E T. Automatic construction of conjoint attributes and levels from online customer reviews ［J］. University of Pennsylvania, The Wharton School Working Paper, 2007.

［229］Lemaire J. Cooperative Game Theory and its Insurance Applications ［J］. ASTIN Bulletin, 1991, 21 (1).

［230］Leong C, Pan S L, Newell S, et al. The emergence of self-organizing e-commerce ecosystems in remote villages of china: A tale of digital empowerment for rural development ［J］. Mis Quarterly, 2016, 40 (2).

［231］Li J, Tao F, Cheng Y, et al. Big Data in product lifecycle management ［J］. The International Journal of Advanced Manufacturing Technology, 2015, 81 (1).

［232］Lim M K, Mak H – Y, Shen Z – J M. Agility and Proximity Considerations in Supply Chain Design ［J］. Management Science, 2017, 63 (4).

［233］Lu X, Li Y, Zhang Z, et al. Consumer learning embedded in electronic word of mouth ［J］. Journal of Electronic Commerce Research, 2014, 15 (4).

［234］Mak H – Y, Max Shen Z – J. When Triple – A Supply Chains Meet

Digitalization: The Case of JD. com's C2M Model [J]. Production and Operations Management, 2021, 30 (3).

[235] Mcclure D. Startup metrics for pirates: AARRR [J]. Startup Metrics for Product Marketing & Product Management, 2007.

[236] Mentzer J T, Dewitt W, Keebler J S, et al. Defining Supply Chain Management [J]. Journal of Business Logistics, 2001, 22 (2).

[237] Molla A, Peszynski K, Pittayachawan S. The Use of E – Business in Agribusiness: Investigating the Influence of E – Readiness and OTE Factors [J]. Journal of Global Information Technology Management, 2010, 13 (1).

[238] Moore J F. The Death of Competition: Leadership & Strategy in the Age of Business Ecosystems [M]. New York: Harper Paperbacks, 1996.

[239] Moore J F. Predators and prey: A new ecology of competition [J]. Harvard business review, 1993, 71 (3).

[240] Moore J F. Predators and prey: a new ecology of competition [J]. Harvard Business Review, 1993, 71 (3).

[241] Murphy A J. (Re) Solving Space and Time: Fulfilment Issues in Online Grocery Retailing [J]. Environment and Planning A, 2003, 35 (7).

[242] New S J, Payne P. Research frameworks in logistics: three models, seven dinners and a survey [J]. International Journal of Physical Distribution & Logistics Management, 1995, 25 (10).

[243] Osborne M J. An Introduction to Game Theory [M]. Oxford: Oxford University Press, 2003.

[244] Pepall L, Dan R, Nomran G. Contemporary Industrial Organization: A Quantitative Approach [M]. Manhattan: Wiley, 2012.

[245] Porter M E. The Competitive Advantage: Creating and Sustaining Superior Performance [M]. NY: Free Press, 1998.

[246] Qi J, Zhang Z, Jeon S, et al. Mining customer requirements from online reviews: A product improvement perspective [J]. Information & Management, 2016, 53 (8).

[247] Romaniuk J, Nguyen C. Is consumer psychology research ready for today's attention economy? [J]. Journal of Marketing Management, 2017, 33 (11 – 12).

[248] Sausman C, Garcia M, Fearne A, et al. Sustainable Agricultural

Development: Challenges and Approaches in Southern and Eastern Mediterranean Countries [M]. Cham: Springer International Publishing, 2015.

[249] Scott C, Westbrook R. New Strategic Tools for Supply Chain Management [J]. International Journal of Physical Distribution & Logistics Management, 1991, 21 (1).

[250] Stevenson W J. Operations Management [M]. NY: McGraw Hill Higher Education, 2017.

[251] Tansley A G. The use and abuse of vegetational concepts and terms [J]. Ecology, 1935, 16 (3).

[252] Taylor D H. Value chain analysis: an approach to supply chain improvement in agri-food chains [J]. International Journal of Physical Distribution & Logistics Management, 2005, 35 (10).

[253] Tirole J, Jean T. The theory of industrial organization [M]. MA: MIT press, 1988.

[254] Tremblay C H, Tremblay V J. The Cournot – Bertrand model and the degree of product differentiation [J]. Economics Letters, 2011, 111 (3).

[255] Wan Y. The Matthew Effect in social commerce [J]. Electronic Markets, 2015, 25 (4).

[256] Wang X, Ryoo J H, Bendle N, et al. The role of machine learning analytics and metrics in retailing research [J]. Journal of Retailing, 2020.

[257] Wang Z, Li H, Ye Q, et al. Saliency effects of online reviews embedded in the description on sales: Moderating role of reputation [J]. Decision Support Systems, 2016, 87.

[258] Yin R K. Case study research and applications: Design and methods (5th edition) [M]. Thousand Oaks, CA: Sage, 2014.